WALTER LEISNER

Umweltschutz durch Eigentümer

Schriften zum Öffentlichen Recht

Band 519

Umweltschutz durch Eigentümer

unter besonderer Berücksichtigung des Agrarrechts

Zur Lehre von der Eigentümerverantwortung

Von

Prof. Dr. Walter Leisner

DUNCKER & HUMBLOT · BERLIN

CIP-Kurztitelaufnahme der Deutschen Bibliothek

Leisner, Walter:
Umweltschutz durch Eigentümer: unter bes. Berücks. d. Agrarrechts; zur Lehre von d. Eigentümerverantwortung / von Walter Leisner. – Berlin: Duncker u. Humblot, 1987.
(Schriften zum öffentlichen Recht; Bd. 519)
ISBN 3-428-06299-X

NE: GT

Satz: Werksatz Marschall, Berlin 45
Druck: Berliner Buchdruckerei Union GmbH, Berlin 61
Printed in Germany

ISBN 3-428-06299-X

Vorwort

Umweltschutz ist heute Thema Nr. 1 des öffentlichen Rechts. Nahezu durchgehend wird er im Gegensatz gesehen zum Eigentum — und in der Tat muß er häufig über Eigentumsbelastungen durchgesetzt werden. Der Primat der Umweltschutzinteressen erscheint jedoch so eindeutig, daß immer seltener in der juristischen Umweltdiskussion überhaupt noch näher vom Eigentumsgrundrecht die Rede ist; die Rechtsprechung geht davon aus, daß staatliche Maßnahmen hier in der Regel im Rahmen zulässiger Sozialbindung erfolgen.

Umweltschutz darf aber nicht nur gegen das Eigentum, er muß vor allem auch mit dem Eigentum erfolgen. Soll hier Artikel 14 GG nicht durch einen unabsehbaren Gesetzesvorbehalt ausgehöhlt, der Umweltschutz in bürokratischem Umweltdirigismus ineffizient werden, so ist ein „Umweltschutz durch Eigentümer" gefordert, durch jene Bürger, welche eben „ihr Gut am besten kennen", die Möglichkeiten und Gefahren, welche in ihm liegen.

Interessenparallelität zwischen Eigentümern und Staat gibt es vielfältig. Es gilt, den Blick für sie zu schärfen, sie nutzbar zu machen, praktisch, aber auch in grundsätzlicher Vertiefung.

Ein Versuch in diese Richtung wird hier unternommen: Es geht nicht um die Entwicklung billiger Harmonisierungsformeln; die Gegensätze zwischen Staat und Bürger dürfen nicht verschleiert werden, doch es muß mehr geschehen als bisher, um hier auch rechtlich zu befrieden.

Der Umweltschutz ist zu wichtig, als daß ein umweltpolitischer Zankapfel entstehen dürfte, gerade im Namen dieser gemeinsamen Interessen müssen die Bürger alle einig sein, auch die immer zahlreicheren Eigentümer unter ihnen, welche hier zugleich ihre Verantwortung und ihren Vorteil erkennen. Dann dient das Eigentum *„zugleich"* dem Besitzer und der Gemeinschaft, wie es das Grundgesetz will.

Mehr als jede andere Verfassungsgewährleistung ist die Eigentumsgarantie von ständiger Aushöhlung bedroht; ihre Kritiker setzen hier auch das Argument des Umweltschutzes ein. Dem kann nur begegnet werden, wenn Eigentum vom Gegner zum Helfer wird.

So sind dies Kapitel zum öffentlich-rechtlichen Umweltschutz, zugleich aber auch zur Lehre vom Eigentumsgrundrecht; und ebenso ist hier ein

Beitrag zu wichtigen Begriffen des Verwaltungsrechts zu leisten, etwa zu dem der übersteigerungsgeneigten Vorsorge.

Dies alles rechtfertigt es, diese Untersuchung nicht in der Reihe der „Schriften zum Umweltschutz", sondern als eine Schrift zum allgemeinen öffentlichen Recht vorzulegen.

Am Beispiel der Land- und Forstwirtschaft in erster Linie, wenn auch nicht ausschließlich, wird dieses Thema entwickelt: Hier sind Interessengegensätze wie Interessenparallelen zwischen Eigentum und Umweltschutz am deutlichsten. Doch die Antworten gelten weitgehend, und nicht nur grundsätzlich, auch für die gewerbliche Wirtschaft; überall ist über der lange Zeit betonten und vertieften Antithetik nun die Synthese zu suchen: Umweltschutz durch Eigentümer.

Walter Leisner

Inhaltsverzeichnis

A. Einführung: Von der Antithese Umweltschutz — Eigentum zur Synthese der Eigentümerverantwortung

Umweltschutz ist das erste juristische und politische Thema der 80er Jahre, vielleicht noch weit über sie hinaus. Viele Rinnsale rechtlicher Bemühungen seit Jahrzehnten sind, wie mit einem Male, zu einem Strom angeschwollen, der in mitreißender Kraft Gesellschaft, Parteien und Staat erfaßt hat. Diesen großen, immer wiederkehrenden Wellen der Geschichte „zurück zur Natur", wie sie im Jahrhundert Rousseaus, in der Romantik des 19. Jahrhunderts und zwischen den Weltkriegen abliefen, überlagert sich heute eine seit langem aufgestaute Kraft: die Reaktion gegen Gefahren aus jener Naturwissenschaft und Technik, die seit einem Jahrhundert alles prägen. Hier vollziehen sich Säkularbewegungen, nicht Moden — Umweltschutz ist nicht das Gestrige von morgen.

Bewegung ist damit in die Staatlichkeit gekommen, mehr noch: „Politik wird selbst wieder Bewegung" — ganz wesentlich und in einem scheinbar neuen Sinn. Die Umweltbewegung hat parteipolitische Schwerpunkte, doch sie konnte alle Parteien erfassen, ist dabei, sie in „Bewegungen umzuprägen": weg von der flächendeckend-systematischen Programmatik — hin zum Schwerpunktprogramm, zum Parteiprogramm als geballter Forderung einer politischen Bewegung, welche hier eine Kraft findet, die alles andere wie Marginalien mitreißt. Vielleicht ist dies der Weg von der „Parteiendemokratie" zur „Bewegungsdemokratie"; in ihm würde sich nur ein demokratischer Kreislauf schließen, denn mit solcher staatsprägender Schwerpunktpolitik, mit dem Programm als Forderung, nicht als Staatsmodell, sind die Parteien einst angetreten, groß geworden.

Umweltbewegung ist heute Reaktion gegen vieles, was Tradition werden konnte, vor allem aber, und in rechtlichen Formen zuerst, gegen eines: den Optimismus des klassischen Liberalismus mit seinen Rationalismen, gegen den makroökonomisch-systematischen Marktrationalismus ebenso wie gegen den Individualrationalismus der Liberalen. Diese Bewegung hat antiindividualistische Spitzen, wie alle ihre Vorläufer im retour à la nature: Bei Rousseau kam nach der Natur bald das souveräne Volk zurück, über allen Rechten der Bürger; in der Staatsromantik webten Natur und Geschichte überindividuell; Faschismen erklärten der Freiheit den Krieg im Namen ihrer „natürlichen Gesundheit". Nicht in allem darf man dies auf eine Ebene stellen, doch ein Grundzug ist gemeinsam: die Wendung gegen den Einzelnen und seine übersteigert gesehenen Rechte. Liberaler Rationalismus hatte sie gerade „aus der Natur" zu gewinnen versucht, doch mit dem Eigentum als Grundrecht scheint er sich doch gegen die eine Natur zu wenden, die inappropriable, allen gehörende. Wie soll der Mensch den Rückzug antreten zu der einen Natur, wenn er sie überall in Schranken nur sieht — wie den Menschen, der doch frei geboren, wie sie frei geschaffen ist — frei: für alle, für die Gemeinschaft?

Die Antinomie zwischen Umweltschutz und Eigentum erscheint als fundamental, unauflöslich, solange nicht der Staat die ganze Natur für seine Bürger besetzt, alles, was wichtig ist in ihr, wohin sich der Mensch, nur als „einer der vielen", flüchten kann aus den Irrgärten seines naturwissenschaftlichen Geistes. Und dies ist denn auch das Bild, welches die Politik und ihre erste Form, das öffentliche Recht, in Deutschland heute bieten: Der Umweltschutz im Vormarsch an allen Fronten, aber immer in eine Richtung: gegen das Bürgereigentum.

In der Frontstellung Eigentum-Umweltschutz wendet sich dieser gegen Zentren klassisch-liberaler Grundrechtlichkeit: Für sie war der Mensch und sein Nutzen das Maß allen Rechts — nun scheint eine „Natur ihr Recht zu fordern gegen das Naturrecht des Menschen", der Schutz der „Umwelt an sich", um ihrer selbst willen, erscheint am Horizont, das Ende der Anthropozentrik der grundrechtlich-liberalen Welt, in einer zweiten, einer geistigen kopernikanischen Wende.

Und schließlich beginnt sich im Umweltschutz ein weiterer Gegensatz aufzubauen zu Grundlagen gerade des grundrechtlichen Eigentumsschutzes, nicht nur gegen Verfassungstraditionalität ganz allgemein: gegen den Rationalismus der Aufklärung, der überall klare, überschaubare Einteilungen und Abgrenzungen fordert, Ausschlußrechte in Begriffsschärfe, nicht verdämmernde Werte und verschlungene Interessen. Das klare, trennscharfe Sachenrecht wird hier zum Staatsmodell, sein Mittelpunkt, das Ausschlußrecht des Eigentums, zum Vorbild der Staatsgeometrie, von der Département-Einteilung der Französischen Revolution bis zu den Grundrechten als andere ausschließenden status negativi. Von diesem rationalliberalen Ansatz aus sind die Grundrechte in erster Linie „vom Bürger besessene Libertätsdomänen", Eigentum wird nicht, wie heute weithin, als Freiheit, Freiheit wird umgekehrt primär als Eigentum gesehen. Dagegen läuft nun eine Umweltschutzbewegung an, die nicht nur diese rationale Versachenrechtlichung der Staatlichkeit mit all ihren Schranken an sich schon nicht kennen will, im Namen der einen, übergreifenden Natur, die vielmehr auch ein anderes, großes Fragezeichen hinter die liberale Eigentumsrationalität setzt: Die Einbrüche in diese Natur sind nicht alle schon klar sichtbar, oft sind sie erst als Gefahrenumrisse am Horizont erkennbar, ihre Kausalität überfordert so oft menschliches Erkenntnisvermögen. Gegen sie muß also „Vorsorge" eingesetzt werden, um die Irrationalität der Ängste um die bedrohte Natur aufzufangen. Dies ist ein ganz anderes Denken als das der individual gestützten Grundrechtlichkeit, hier kommen Obhutsvorstellungen aus Paternalismus und Wohlfahrtsstaatlichkeit wieder, welche die Sonne des aufklärerischen Frühliberalismus hatte zerstreuen können.

So ist denn, wie es scheint, die Antithese von Umweltschutz und Eigentum eine geradezu staatsgrundsätzliche, sie wurzelt in tieferen Schichten des politischen Denkens, jenen ist dies wohl kaum bewußt, welche heute in eine grundrechtsgeprägte Verfassung umweltschützerische Staatsziele einführen — oder sie begrüßen es gar als die Eröffnung einer weiteren Verlustliste des liberalen Individualismus.

Die folgende Untersuchung findet hier aber gerade ihre konkrete Aufgabe, wir stehen vor Zentralfragen der kommenden Jahre: Reißt der Umweltschutz nur immer tiefere Gräben auf zwischen Staat und Bürger, bringt er sie in stets noch schärfere Gegensätze, obwohl die Demokratie gerade hier doch Ausgleich und Integration verlangt? Ist Umweltsicherung nur vorstellbar in der Renaissance eines Hoheits-, ja eines Obrigkeitsstaates, der ordnet und verbietet, gehen hier die Ansätze zu jenem Dienstleistungs-Staat wieder verloren, der eben noch als eine Errungenschaft einer neuen Zeit erschien, als eine neue Dimension der Bürgerfreiheit? Führt der Weg doch nur zurück in immer weitere Formen der allseits kritisierten Bürokratie, weg von Marktwirtschaft und Eigeninitiative der Bürgerschaft?

Diese Fragen umreißen das Programm der nachfolgenden Ausführungen. Sie fragen nach „dem Eigentümer als Umweltschützer", nach möglichen Synthesen über der eben dargestellten Antithese von Umweltschutz und Eigentum. Ist etwas an dem politisch oft gebrauchten Wort vom „Umweltschutz im Eigentümerinteresse" — und zwar nicht nur in dem Sinn, daß ein Staats-Vormund sich Eingriffsblankette beschaffen will zum Schutz angeblicher Besitzinteressen, die der Eigentümer aber ganz anders sieht? Und wenn das häufig beschworene Eigentümerinteresse hier ernst zu nehmen ist, so eröffnet sich ein weiteres Prüfungsfeld: Hat dann nicht der Eigentümer, aus eben seinen „Parallelinteressen am Umweltschutz" heraus, Pflicht aber auch Recht zum ersten, wenn schon nicht zum letzten Wort, muß ihm nicht Handlungspriorität belassen, ja vom Staat diese gefördert werden, ist er nicht der „geborene erste Umweltschützer", wird hier eine neue Dimension der Subsidiarität sichtbar?

Dies soll mit Blick besonders auf die Verantwortung des agrarischen Eigentums behandelt werden, aus zwei Gründen vor allem: Einerseits war und ist dies noch heute das historische und dogmatische Grundmodell allen „Eigentums", wenn auch nicht mehr Rechtsform der ökonomisch wichtigsten Eigentumswerte der Gegenwart. Zum anderen liegen hier Interessenparallelitäten von Bürger-Eigentümer und Gemeinschaft weit deutlicher zutage als im gewerblich-industriellen Bereich, mit Harmonisierungsformeln wie etwa den Landwirtschaftsklauseln der Naturschutzgesetze sollte ihnen stets Rechnung getragen werden. Jenseits der agrarischen Problemfelder soll dies dann aber auch ein Beitrag sein zum größeren, übergreifenden Fragenkreis der Eigentümerverantwortung überhaupt — als Recht und als Last.

Damit ist auch eine allgemeine Richtung angedeutet, die eines Mittelweges: Verdrängung des Staates aus dem Umweltschutz durch umweltschützerische Eigentumsgeschäftigkeit wäre ebenso Utopie wie „Eigentümerinteresse am Umweltschutz" lediglich als Legitimation für totale staatliche Reglementierung. Erforderlich ist also die behutsam-abwägende Entwicklung von Formeln und Modellen, welche den Einzelfall entscheiden sollen — in dubio zumeist, aber dort eben auch, nicht immer, pro libertate. Mit flächendeckenden Kooperationsformeln ist wenig gewonnen.

Konkret geht es daher vor allem um eine dreifache Fragestellung:

— Wo kann der Eigentümer — im eigenen Interesse — selbst zuerst staatsfrei aktiv werden, in Spontaneität, oder nach Aufforderung durch die Staatsgewalt, hinter der aber nicht die Sanktionsdrohung steht, welche sie zur verschleierten Eingriffsform werden ließe?

— In welchen Bereichen greift der umweltschützende Staat zugleich oder gar überwiegend im Interesse des Eigentümers ein, muß sich dieser solche durch Staatsobhut wahrgenommene Eigentümerinteressen etwa als „vernünftiger Eigentümer" in einer Vorteilsausgleichung im weiteren Sinne anrechnen lassen?

— Wenn der Staatseingriff sich deutlich „gegen das Eigentum richtet" — muß dies nicht eine „letzte Stufe", ein äußerstes Mittel bleiben, nach Einsatz und Ausschöpfung der Eigentümerverantwortung?

Diese drei Fragen bezeichnen auch eine — mögliche — Subsidiaritätsstufung.

Dies alles bestimmt denn auch den Gang der Untersuchung; er versteht sich als induktives Bemühen, Elemente aus bisherigem Konsens und Diskussionen in Rechtsprechung und Lehre zu gewinnen, wie sie sich in wichtigen Einzelbereichen entfalten konnten. So wird zuerst der Meinungsstand zu den kontrastierenden oder parallelen, vielleicht sogar konvergierenden Interessen von Eigentümern und Staat im Umweltschutz untersucht, sodann das Thema „Eigentümerverantwortung" in der Dogmatik der Sozialbindung mit ihrer „Situationsgebundenheit". Darauf sind exemplarisch Formen der Zusammenarbeit von Gemeinschaft und Bürger zur Stärkung der Eigentümerverantwortung zu prüfen, mögliche Ausgangspunkte für eine weitere Entwicklung derselben. Und schließlich folgt ein Exkurs zu jenem „Vorsorgeprinzip", welches mit der Eigentümerverantwortung koordiniert werden muß.

Allgemein-dogmatisch soll hier auch ein Beitrag geleistet werden zur Beantwortung der Frage, inwieweit sich, in der grundrechtlichen Demokratie, aus Bürgerinteressen Bürgerkompetenzen ergeben können. Die Erörterungen zur „Betroffenheitsdemokratie" sind bekannt; hier geht es um die „Eigentumsbetroffenheit".

Und überhaupt einmal wieder, im Umweltschutz, zentral um das Eigentum. Aus der Umweltpolitik ist dieses Wort weithin verschwunden, aus dem Umweltrecht droht es, in der neuen Technizität einer sich entwickelnden Verwaltungsmaterie, in den Bereich der äußersten, bald schon nurmehr „theoretischen" Schranken abgedrängt zu werden. Doch Art. 14 GG ist nie eine Marginalie. Im Recht des Umweltschutzes muß nicht nur mehr, es muß immer auch an Eigentum gedacht werden.

B. Parallele oder gegenläufige Interessen von Staat und Eigentümer?

I. Die Betonung des Interessengegensatzes

1. Umweltschutz im Gegensatz zum Eigentümerinteresse

a) In Rechtsprechung und Lehre wird bisher weit mehr der Interessengegensatz von umweltschützender Staatsgewalt und agrarischem Eigentum betont als eine Interessenparallelität oder gar -konvergenz[1]. Für die Judikatur ist dies selbstverständlich, in erster Linie gleicht sie gegensätzliche Belange aus; auch die Lehre behandelt vornehmlich die hoheitlichen Eingriffe in das Grundeigentum, Formen eindeutiger administrativer Konfliktlösung[2], welche auch bereits in der Planung liegen kann[3]. Der Interessenkontrast ist, jedenfalls grundsätzlich, nicht zugunsten paralleler Eigentümerinteressen abgemildert, wenn der Staat aktives Handeln des Eigentümers verlangt und nötigenfalls erzwingt[4]; hier verschärft sich in der Regel sogar

---

[1] Im folgenden soll nicht von „Konvergenz", sondern allein von „Parallelität" gesprochen werden — nicht nur, weil der erstere Begriff sich dogmatisch nur schwer abgrenzen ließe. „(Auch) auf den Staat hin gerichtete Eigentümerinteressen" — dies ist eben, aus dem liberalen Grundansatz des Art. 14 GG heraus, eine schwer vollziehbare Vorstellung. Abs. II verlangt, daß der Eigentümer an sich selbst denke, „zugleich" darin an die Gemeinschaft (daß sich das Gebot sozialgerechter Nutzung auch als „Anweisung" für das konkrete Verhalten des Eigentümers versteht, betont das BVerfGE 21, S. 73 (83)). Dies aber bedeutet: soweit möglich, Eigentumsgebrauch „auch parallel" zum Nutzen der Gemeinschaft. Eine „Konvergenz", die leicht in dem Sinn mißverstanden werden könnte, daß der Bürger seine Interessen „auf den Staat hin biegen" müsse, könnte eine — unzulässige — „Eigentumsgrundpflicht" statuieren (zur Kritik allgemein *Isensee,* J., DÖV 1982, S. 609 ff.). Wo Divergenz besteht, muß der Bürger weichen. Wird aber Divergenz nicht geduldet, so braucht es auch Konvergenz nicht zu geben.

[2] Überblicke über die Nutzungsbeschränkungen in der Landwirtschaft etwa bei *Ebersbach,* H., AgrarR 1976, S. 333 (335); *Deselaers,* AgrarR 1986, S. 97 (98 f.); *Kloepfer,* M., AgrarR, Beil. I, 1986, S. 3 (7 f.); *Soell,* H., in: Salzwedel, J., (Hrsg.) Grundzüge des Umweltrechts, 1982, S. 481 (525 ff.); *für den Forstbereich* u. a. *Ebersbach,* H., AgrarR 1972, S. 303 f.; speziell zum Grundwasserschutz neuerdings *Krohn,* G., AgrarR 1986, Beil. I, S. 18 ff., ders., DVBl 1986, S. 745 ff.

[3] Überblick neuerdings bei *Gassner,* E., UPR 1986, S. 412 ff.

[4] So etwa bei *Rekultivierungen und Wiederaufforstungen,* siehe dazu u. a. *Soell,* H., DVBl 1983, S. 241 (249); *Zerle/Hein,* Forstrecht in Bayern, Art. 15 BayWaldG, 6;

die Belastung des Eigentümers, eine Vermutung für dessen insoweit gegebene Parallelinteressen besteht nicht. Überblicke über die Eigentumslage im Umweltschutzrecht geraten daher notwendig und ganz allgemein zu einer Auflistung von Interessengegensätzen[5].

Gerade dem agrarischen Eigentum gegenüber wird das Überwiegen der öffentlichen Belange des Naturschutzes auch im einzelnen immer wieder unterstrichen[6], etwa bei den Betretungsrechten[7]. Das Spannungsverhältnis von Landwirtschaft und Naturschutz wird im Schrifttum neuerdings klar gesehen[8], ebenso die ökonomischen Zwänge zur Landwirtschaft, aus denen es weithin erwächst[9].

Parallele Eigeninteressen der Land- und Forstwirtschaft werden dabei aber keineswegs verschwiegen. Ganz allgemein hat das BVerwG schon früh die Figur des hoheitlichen Eingriffs im überwiegenden, wenn auch nicht ausschließlichen Eigentümerinteresse anerkannt und insoweit Flurbereinigung und Enteignung gegenübergestellt[10]. Immerhin überwiegt in der heutigen Umweltschutzdiskussion eindeutig die Betonung der Gegensätzlichkeit, selbst dann, wenn die Eigeninteressen berücksichtigt werden: Einerseits betonen etwa die betroffenen Forsteigentümer, sie hätten ja immer mehr geleistet, als es ihren Interessen entsprochen habe[11], das BVerwG spricht von einem „für den Eigentümer „nutzlosen" Naturschutz"[12], und gerade damit wird die Schaffung von Naturschutzfonds begründet[13]. Zum anderen geht man davon aus, daß der Staat gerade deshalb eingreifen müsse, weil die Einsichtsfähigkeit der Landwirtschaft begrenzt sei[14]. Die agrarischen Eigentümer böten „erfahrungsgemäß keine Gewähr dafür, daß (eine bestimmte, umweltverträgliche; der Verfasser) Nutzung erhalten" bleibe[15]. „Verantwor-

oder im Rahmen von *Pflegeverpflichtungen*, siehe *Engelhardt/Brenner*, NatSchR in Bayern, zu Art. 5, B 1; *Soell*, H. (FN 2), S. 532 f.; allg. zu den „Positivpflichten der Bodennutzung" *Papier*, H. J., in: Maunz-Dürig, GG, Art. 14, Rdnr. 408. Zu den (besonders problematischen) *Ausgleichspflichten* neuerdings *Ronellenfitsch*, M., NuR 1986, S. 284 (287).

[5] Vgl. etwa *Soell* (FN 4).

[6] *Ebersbach* (FN 2), S. 337; scharf betonen den Gegensatz etwa *Zerle/Hein* (FN 4), Art. 1 BayWaldG, 4.

[7] „Mit ihm hat der Gesetzgeber eine Fülle gegenläufiger Interessen, insb. private Interessen der Waldbesitzer zurückgestellt", OVG Münster, NuR 1986, S. 215.

[8] Siehe u. a. *Kloepfer*, M. (FN 2), S. 4; *Krohn* (FN 2), S. 23.

[9] Dazu etwa *Strom*, R. C., NuR 1986, S. 8 (10).

[10] BVerwGE 1, S. 225 (228).

[11] Vgl. *v. Schalburg* NJW 1978, S. 303.

[12] BVerwGE 49, S. 365 (372).

[13] Siehe etwa BayLT 9/10 375, S. 30.

[14] *Schütz*, A., AgrarR 1985, S. 185 (192).

[15] BayVGH BayVBl 1984, S. 366.

tung der Eigentümer" — das wird dann leicht ein anderes Wort für „Duldungspflicht staatlicher Eingriffe"[16].

b) Eingriffe erfolgen im Umweltschutz meist im Rahmen einer Sozialbindung, welche *Abwägung* zwischen privaten und öffentlichen Belangen fordert[17]. Abwägung aber stellt begrifflich divergente Interessen gegenüber, sie bedeutet nicht nur ein modisches, ein „gutes" Wort, bringt vielmehr eine doppelte Entscheidung: einerseits gegen leichte Harmonisierung, zum anderen sogar gegen das Vorliegen von Parallelinteressen — im Abwägungsbereich gibt es sie gerade nicht. Bedeutet dies nicht, angesichts des raschen Vordringens von Abwägungsmodellen im Eigentums- und Umweltrecht, geradezu eine Grundentscheidung *für* die Annahme von Interessenkollisionen, *gegen* das Vorliegen von wesentlichen Parallelinteressen?

Die Folgerung wäre vorschnell. Abwägung bezeichnet zunächst nur eine Methode; nichts wird darüber ausgesagt, welche Gewichte in die (beiden) Waagschalen geworfen werden. Auch der Eigentümer könnte ja gehalten sein, „öffentliche Interessen im privaten Interesse" in seine Schale aufzunehmen, umgekehrt der eingriffswillige Staat „private Interessen im öffentlichen Interesse"[18]. Ferner wird ja auch nicht überall abgewogen[19], sondern nur bei Gemengelage grundsätzlicher Interessen von Bürger und Staat. In anderen Räumen schlagen erstere oder letztere unmittelbar durch — vielleicht doch auch deshalb, weil sie sich durch Parallelinteressen des jeweiligen Gegenspielers verstärken. Schließlich wird Abwägung stets in engem Zusammenhang mit dem Verhältnismäßigkeitsprinzip gesehen — der übermäßige Eingriff in private Freiheit soll verhindert werden[20]; er kann gerade darin

---

[16] So bezeichnet etwa *Hillermeier*, H., BayVBl 1985, S. 449 (453/4) dies als eine „bemerkenswerte Begründung für die besondere Verantwortung der Grundeigentümer", unter Zitat des BayVGH (FN 15).

[17] Dazu f. viele *Krohn*, G., in Krohn/Löwisch, Eigentumsgarantie — Enteignung — Entschädigung, 3. Aufl. 1984, Rndr. 83 f. (Überblick über die Rechtsprechung); von „gerechtem Ausgleich" und einem „ausgewogenen Verhältnis", in das die Interessen der Beteiligten zu bringen sind, spricht das BVerfG immer wieder, siehe etwa BVerfGE 25, S. 112 (117); 37, S. 132 (140); 50, S. 290 (341); von der „Kollision" von Eigentümer- und Gemeinwohlbelangen, die es so zu lösen gelte, spricht der BGH (vgl. etwa BGH BayVBl 1985, S. 219 (220)); zum Abwägungsgebot im übrigen etwa *Ebersbach*, H., AgrarR 1976, S. 333 (336); *Knauber*, R., UPR 1986, S. 9 (14), zum vieldiskutierten Abwägungsgebot bei Umweltplanungen z. B. *Weyreuther*, F., UPR 1981, S. 33 (37 ff. m. Nachw.); *Ronellenfitsch*, M., VerwArch 1986, S. 177 (188 f.); *Meins*, J., BayBVl 1979, S. 10 (12), sowie aus der Rechtsprechung etwa BVerwG NJW 1980, S. 1061; VGH Baden-Württemberg, DVBl 1986, S. 364 (366).

[18] Zu dieser Kategorie allg. *Leisner*, W., Privatinteressen als öffentliche Interessen, DÖV 1970, S. 217 ff.

[19] Krit. gegenüber einer Auflösung der Eigentumsgarantie in Verhältnismäßigkeit etwa *Soell*, H., DVBl 1983, S. 241 (246).

[20] Dazu neuerdings *Kloepfer* (FN 2), S. 13, der staatl. Naturschutz setzt dann das „notwendige schärfere Mittel" ein, vgl. *Schütz*, A., AgrarR 1985, S. 185 (192).

liegen, daß der Staat nicht erkennt, daß sein Eingriff gar nicht erforderlich ist, weil der Eigentümer aus parallelen eigenen Interessen heraus schon etwas unternehmen werde, oder weil dies zwar nicht sicher ist, der Staat das aber hinnehmen muß, weil er die Eigeninitiative zu respektieren hat — zugleich in seinem eigenen, parallelen Interesse.

Abwägung schließt also die Annahme von Parallelinteressen von Eigentümern und staatlichem Umweltschutz nicht aus, allenfalls begrenzt sie deren Reichweite. Und auch wenn sonst im Umweltrecht der Interessengegensatz betont wird, bedeutet das nicht, daß es nur ihn gibt. Stillschweigend wird sogar meist davon ausgegangen, daß es Parallelinteressen bis zu einem gewissen Grade geben mag, daß sich nur später die Interessenwege trennen, so daß eine rechtliche Lösung der Kollision erforderlich wird. Doch hier geht es vor allem darum: Wird nicht dieser Umschlag aus Parallelität in Divergenz allzu rasch angenommen, kann der Weg nicht länger gemeinsam gegangen werden — und was folgt daraus, materiell- und verfahrensrechtlich? Diese Frage ist im Umweltschutz noch nicht im Sinne eines radikalen Kollisionsmodells beantwortet.

2. Der Interessengegensatz zwischen Eigentümer und Staat in der Diskussion um „Ökologie contra Ökonomie"

„Ökonomie contra Ökologie" — dieses wohlklingende Gegensatzpaar hat zu einer Prioritätendiskussion geführt, deren Ausgangspunkt der Widerspruch von Eigentümer- und Gemeinschaftsinteressen zu sein scheint; jedenfalls liegt es nahe, ihn hier immer schärfer zu betonen. Vor allem seit der Rat der Sachverständigen für Umweltfragen[21] erhebliche Umweltbelastungen seitens der Landwirtschaft gerügt hat[22], sieht sich die früher mehr stillschweigend-allgemein als begründet-herrschende Lehre von der „Landwirtschaft als Umweltschützerin im eigenen Interesse"[23] wenn nicht erschüttert, so doch zur vertieften Begründung herausgefordert. Wie sollten einem Berufsstand, der im Umweltschutz vom Opfer zum Täter geworden zu sein scheint, noch ernste gemeinschaftsparallele Eigeninteressen zugetraut werden können? Handelt er nicht notwendig ökonomisch und daher wesentlich anti-ökologisch — eine Frontstellung, die sich leicht aus traditionellen Anti-Eigentumsaffekten ideologisch verschärfen läßt?

[21] Kurzfassung des Sondergutachtens „Umweltprobleme der Landwirtschaft", Ausschußdrucksache des Ausschusses für Ernährung, Landwirtschaft und Forsten 10/117; siehe dazu näher *Knauber*, R., UPR 1986, S. 9 f., 14 f.

[22] Dazu *Kloepfer* (FN 2), S. 4 f., 14; *Krohn* (FN 2), S. 24 f.

[23] Siehe dazu näher *Storm*, NuR 1986, S. 8 (9 f.).

Gerade weil eine aus solchen Prämissen geführte Auseinandersetzung kaum mehr Raum für die Annahme von Parallelinteressen zu lassen scheint, ist es bemerkenswert, daß die meisten einer solchen grundsätzlichen Verschärfung des Gegensatzes zurückhaltend gegenüberstehen. Von gelegentlichen deutlichen Einseitigkeiten abgesehen[24] zeigt sich sogar ein erstaunliches Harmoniebedürfnis und Harmonisierungsstreben: Der Gegensatz als solcher sei in voller Schärfe nicht haltbar[25], Kollisionen seien keine durchgehende Notwendigkeit[26], eine Polarisierung abzulehnen[27], welche vor allem auf ökologisch verfehlten Grundsätzen und mangelnder Kooperationsbereitschaft beruhe. Anzustreben sei im übrigen Ausgleich und Harmonisierung von Ökologie und Ökonomie[28]; dies betont auch die Rechtsprechung[29].

Diese Harmonisierungsbemühungen erwachsen also nicht so sehr aus der Feststellung schwer überbrückbarer Gegensätze, als vielmehr aus deren Relativierung — in doppelter Hinsicht: *Einerseits* sind die Grenzen von Ökologie und Ökonomie an sich schon fließend[30], *zum anderen* läßt sich beides nicht einfach mit einem „Gegensatz Staat — Eigentümer" gleichsetzen.

a) Im Agrarbereich jedenfalls fällt *ökologisch „richtiges" Verhalten weitgehend mit dem langfristig auch ökonomisch Besten zusammen.* Wird systematisch überdüngt oder durch Einsatz schwerer Fahrzeuge die Bodenverdichtung übersteigert, so wird dies auf Dauer meist auch zu einem Produktivitätsrückgang und damit zu einem Wertverlust des Grundbesitzes führen. Was heute als grundlegend neue Problematik herausgestellt wird, ist also weithin nichts als eine Neuauflage der (ur)alten Raubbaufrage. In der wesentlichen Langfristigkeit der Forstwirtschaft wird dies erst recht deutlich: Produktivität von heute, und damit „Ökonomie" im Sinne des hier behandelten Gegensatzes, ist dort meist nichts als vorweggenommene Produktivität, im Ergebnis längerfristig unökonomisches Verhalten. Ökologie bedeutet dann längerfristige Ökonomie, und dies mag auch allgemein für den

---

[24] Vgl. etwa *Sening,* Chr., NuR 1985, S. 125, der geradezu „den Sieg der Wirtschafts- über die Umweltpolitik vorprogrammiert" sieht, und zwar sogar noch aus einem (verfehlten) „Wertesystem" heraus, in welchem die Rechtsprechung meist ökonomischen Belangen den Vorrang einräumen wolle — wovon doch, schon angesichts des Grundsatzes „Umweltschutz in der Regel Sozialbindung" nicht die Rede sein kann.

[25] *Breuer,* R., in: v. Münch, I., Besonderes Verwaltungsrecht, 7. Aufl. 1985, S. 543.

[26] *Pehlhak/Köpfer,* BayVBl 1978, S. 172.

[27] *Knauber,* R., UPR 1986, S. 9 (14).

[28] *Storm,* P. C., NuR 1986, S. 8 (9/10); *Kloepfer* (FN 2), S. 8.

[29] Siehe etwa neuerdings BGH NuR 1986, S. 306 (307).

[30] *Sening,* C., BayVBl 1978, S. 394 (395).

Bodenschutz, ja für viele Fälle der Biotop-Sicherung zutreffen[31]; Zerstörungen bringen hier oft auf Dauer wenn nicht Produktivitäts-, so doch Bodenwertverlust[32], vor allem, wenn man berücksichtigt, daß künftige Wertvorstellungen weithin von ökologischen, ja landschaftsästhetischen Bewertungen geprägt sein werden. Diesen Bereichen ökologisch-ökonomischer Interessenparallelität stehen allerdings andere gegenüber, bei denen ökologisch gebotenes Verhalten für den einzelnen Eigentümer eindeutig ökonomische Einbußen mit sich bringt, ohne jeden Vorteilsausgleich — etwa bei Rücksichtnahme auf die Trinkwasserversorgung außerhalb des eigenen Wohnbereichs.

Im Raum der gewerblichen Wirtschaft stehen solche Tatbestände weit mehr im Vordergrund, in welchen auf ökonomisch gebotene Produktivität schlechthin und ersatzlos aus ökologischen Gründen verzichtet werden muß; dort ist also der Interessengegensatz insoweit schärfer ausgeprägt als in der Land- und Forstwirtschaft. Für diese letztere zeigt gerade die Diskussion um „Ökologie contra Ökonomie", wie vielschichtig die Problematik ist, und daß es zuallererst gilt, die Räume der (überwiegenden) Parallelinteressen von denen der (beherrschenden) Interessengegensätze behutsam abzugrenzen. Keinesfalls kann eine industriell motivierte Diskussion unbesehen auf den Agrarbereich übertragen werden.

b) Ähnliches gilt auch *für die Gleichsetzung von „Ökonomie und Eigentümerinteressen", von „Ökologie und Gemeinschaftsbelangen"*. Selbst dort nämlich, wo „Ökonomie" nun wirklich „gegen Ökologie steht", bedeutet dies noch nicht einen entsprechenden und durchgehenden Gegensatz zwischen agrarischem Grundeigentum und Staatsinteresse. Zum einen und vor allem können dem Staat die wirtschaftlichen Anliegen seiner in der Land- und Forstwirtschaft tätigen Bürger nicht gleichgültig sein. Man mag heute die „Sicherung der Ernährung" in ihrer außen- und verteidigungspolitischen Bedeutung nicht mehr so hoch veranschlagen wie früher[33]; Autarkiestreben als Selbstzweck erscheint an sich schon, mehr noch in den größeren europäischen Zusammenhängen, als überholt. Daß aber eine gewisse „eiserne Ernährungsreserve" im öffentlichen Interesse liegt, bedarf keiner Begründung.

---

[31] Zur Entwicklung des Boden-, insbes. des Biotopenschutzes neuerdings *Fischer-Hüftle*, P., NuR 1986, S. 242 ff.; *Storm*, P. C., NuR 1986, S. 1 (12); *Knauber*, R., UPR 1986, S. 9 ff.; aus der Rechtsprechung vgl. z. B. BGH DVBl 1978, S. 54 (56).

[32] Bisher wird bei der Gegenüberstellung Ökologie — Ökonomie letztere zu rasch mit Streben nach privater Produktivität gleichgesetzt — eine typisch industrielle Betrachtungsweise, die für den Agrarsektor nur beschränkt paßt; dort ist *auch* die Bodenwertentwicklung zu berücksichtigen, abgesehen von der längerfristigen Produktivität, deren Bedeutung, angesichts der relativ kurzen Abschreibungszeiträume, für die gewerbliche Wirtschaft nicht vergleichbar ist.

[33] Vgl. zu der traditionellen Problematik etwa *Storm*, P. C., NuR 1986, S. 8 (9 f.).

Andere öffentliche Interessen an der „Agrarökonomie" sind aber neuerdings in den Vordergrund getreten, wie etwa Sicherung der Arbeitsplätze in diesem Bereich, ausgewogene Regionalstruktur. Und nicht vergessen werden darf das vitale Finanzinteresse des Staates an einer auch ökonomisch leistungsfähigen Land- und Forstwirtschaft: Was ihm hier an Steuereinnahmen aus ökologischen Gründen verlorengeht, bedeutet indirekt eine „Staatsinvestition in den Umweltschutz", es muß von der Allgemeinheit als Last getragen werden. Art. 14 Abs. II GG gibt mit seinem „Eigentum verpflichtet" der Gemeinschaft nicht nur ein Recht, ihre Ökologie gegen die Ökonomie Privater durchzusetzen; zugleich bedeutet dies ein Teilhaberecht an den ökonomischen Erfolgen der Eigentümer-Bürger. Die Interessenlage der Gemeinschaft ist also insoweit durchaus ambivalent, teilweise zeigen sich deutliche Parallelinteressen zum privaten Eigentum, weil die ökonomischen Belange des Bürgers eben, über die Staatspartizipation, auch die der Gemeinschaft sind. Dies wird bei der Diskussion „Ökologie contra Ökonomie" häufig übersehen.

Noch deutlicher wird dieser Interessenzusammenhang Staat-Ökonomie, wenn man bedenkt, daß ökologische Belastbarkeit der Land- und Forstwirtschaft weitestgehend von deren ökonomischer Leistungsfähigkeit abhängt. Würden die Bauern mit Umweltauflagen überlastet, so könnten sie gerade diese bald nicht mehr „aus eigener Ökonomie tragen" — die Gemeinschaft müßte eingreifen, sie subventionieren, oder direkt den Umweltschutz bezahlen. Insoweit stellt die agrarische Privatökonomie einen Teil des staatlichen Umwelthaushaltes dar.

Diese Zusammenhänge treten, darauf wird noch näher einzugehen sein, heute allenthalben so deutlich hervor, daß sich ein grundsätzlicher Interessengegensatz „Ökonomie gegen Ökologie" schlechthin nicht konstruieren läßt. Hier werden zum Teil sogar, manchmal sozialpolitisch motiviert, soziale Konfliktmodelle (Eigentümerprofit, Exploitation) auf gänzlich andere Sachverhalte übertragen.

Die geschilderte Zurückhaltung von Rechtsprechung und Lehre in der Frage „Umweltschutz gegen Wirtschaftlichkeit" ist also wohlbegründet. Diese Diskussion zeigt die Vordergründigkeit einer — naheliegenden — Auffassung, die hier überall nur Konflikte sehen und lösen will. Vertiefende Betrachtung führt dagegen — für viele vielleicht unerwartet — zur Erkenntnis weitreichender Interessenparallelität.

3. *Die Landwirtschaftsklauseln — Verdeckung von Gegensätzen oder Anerkennung von Parallelinteressen?*

Im Natur- und Landschaftsschutz besteht eine Vermutung dafür, daß ordnungsgemäße Landwirtschaft den Zielen des Umweltschutzes dient. Nach den Naturschutzgesetzen von Bund und Ländern kommt der ordnungsgemäßen Land- und Forstwirtschaft für die Erhaltung der Kultur- und Erholungslandschaft eine zentrale Bedeutung zu. Sie dient in der Regel den Zielen dieser Gesetze. Eine solche Bodennutzung ist nicht als Eingriff in Natur und Landschaft anzusehen[34].

Entscheidend ist daher, ob eine derartige land-, forst- oder fischereiwirtschaftliche[35] Bodennutzung „ordnungsgemäß" im Sinne der Gesetze ist. Bayern etwa hat dies 1982 mit der Neufassung des Art. 6 Abs. II BayNatSchG verdeutlicht: Eine landwirtschaftliche Bodennutzung ist ordnungsgemäß, wenn im Rahmen des wissenschaftlich-technischen Fortschritts und der gesetzlichen Bestimmungen die Bodenfruchtbarkeit nachhaltig gesichert und die Erzeugung hochwertiger Nahrungsmittel gewährleistet ist. Als ordnungsgemäße Bodennutzung gilt grundsätzlich die bisher übliche Nutzung durch die bäuerliche Landwirtschaft.

Gegen diese „Landwirtschaftsklauseln" erhebt sich seit einiger Zeit Kritik, welche der Sachverständigenrat für Umweltfragen neuerdings in scharfer Form zum Ausdruck gebracht hat[36]: Ein Ausgleich zwischen den kontrastierenden Interessen von Landwirtschaft und Umweltschutz könne so nicht gefunden werden, vielmehr werde die Landwirtschaft einseitig und ungerechtfertigt privilegiert. In der politischen Diskussion wird daher die Streichung der Klauseln gefordert[37]. Diese Kritik geht mithin vom Modell primären Interessenkonflikts zwischen Eigentümern und Umweltschutz aus,

---

[34] *Hötzel,* H. J., AgrarR 1985, S. 337 (340); vgl. zu den Landwirtschaftsklauseln ferner vor allem *Henneke,* H.-G., NuR 1984, S. 263; *Fischer-Hüftle,* NuR 1981, S. 21 ff.; *von Mutius/Henneke,* BayVBl 1983, S. 545, 582; *Stenschke,* Y. C., BayVBl 1977, S. 725 ff., *Pelhak/Köpfer,* BayVBl 1978, S. 172 ff.; *Sening,* C., BayVBl 1978, S. 394 ff.; *Weyreuther,* F., UPR 1981, S. 33 (37 f.); *Knauber,* R., NuR 1985, S. 308 (312); *Kloepfer,* M. (FN 2), S. 13 f. Aus der Rechtsprechung siehe etwa BVerwGE 67, S. 93 ff.; BVerwG AgrarR 1986, S. 147; BVerwG AgrarR 1985, S. 265; BayVGH BayVBl 1981, S. 275; BayVGH NuR 1986, S. 76.

[35] Der Übergang von landwirtschaftlicher zu forstwirtschaftlicher Nutzung kann dagegen den Tatbestand der Gesetze nicht erfüllen, vgl. BVerwGE 67, S. 93; dasselbe gilt für den Wechsel von landwirtschaftlicher zu fischereiwirtschaftlicher Nutzung (Anlage von Fischteichen), BVerwG AgrarR 1986, S. 147.

[36] BT-Ausschußdrucks. 10/117, S. 64 ff., Langfassung des Gutachtens TZ 1356 ff.; ähnlich auch *Knauber,* R., UPR 1986, S. 9 (13); zurückhaltend krit. auch *Kloepfer* (FN 2), S. 7.

[37] Vgl. *Hötzel,* H. J., AgrarR 1985, S. 337 (338); dagegen etwa *Ronellenfitsch,* M., NuR 1986, S. 284 (286).

der so nicht gelöst werden und auch gar nicht in solcher Weise harmonisiert werden dürfe, weil Priorität eher dem Natur- und Landschaftsschutz zukomme. Bedeutsame Parallelinteressen von Landwirtschaft und Umweltschutz kann solche Kritik keinesfalls anerkennen.

In der Tat wird hier den Eigentümern und ihrer Bodennutzungsdefinition ein wenn auch begrenzter, aber doch grundsätzlicher Vorrang zuerkannt. Die Landwirtschaftsklauseln würden leerlaufen, wollte man den Begriff „ordnungsgemäße Nutzung" mit dem der (auch) „ökologisch richtigen Nutzung" kurzerhand gleichsetzen und in diese letztere wiederum alle möglichen Belange hineinlegen, welche den Staat zum Eingriff in die Eigentumsnutzung veranlassen könnten[38]. Dann wären die Landwirtschaftsklauseln ohne Aussagekraft, denn zur Duldung entsprechender gesetzlich zulässiger Umweltanforderungen ist der Eigentümer ohnehin verpflichtet. Die Klauseln sollen also, so die herrschende Lehre, durchaus eine gewisse Priorität agrotechnisch-agroökonomischer Betrachtungsweise legitimieren, sie bestimmt, was „ordnungsgemäß" ist[39].

Dennoch wird die gesamte Diskussion um ein Mißverständnis geführt, welches aus dem, wie dargelegt, unhaltbar vereinfachenden Gegensatz „Ökonomie contra Ökologie" herrührt: *Der Vorrang agrotechnisch-agroökonomischer Betrachtungsweise bedeutet nicht, daß Ökologie im Ergebnis geopfert oder auch nur entscheidend zurückgedrängt werden müßte.* Hier wird nur die Methode der Definition der ordnungsgemäßen Nutzung festgelegt. Bei ihr sind ökologische Überlegungen selbstverständlich auch in die agroökonomischen Bewertungen einzuführen, und zwar jedenfalls — das ist im vorliegenden Zusammenhang entscheidend — soweit Ökologie zugleich im Eigentümerinteresse liegt, vom „Eigentümer" als „Umweltschützer" im parallelen Eigen- und Gemeinschaftsinteresse nicht nur berücksichtigt, sondern geradezu betrieben wird. Wo jedoch der Kontrast unüberbrückbar erscheint, sind die Interessen gegenüberzustellen und abzuwägen, und *hier* spricht dann eine Vermutung keineswegs für den Eigentümer.

Mit anderen Worten: Die Landwirtschaftsklauseln vermuten *nicht* einen Vorrang der „Ökonomie" vor der „Ökologie", sondern *eine Interessenparallelität von Eigentümer und Gemeinschaft im Umweltschutz.* Der ordnungsgemäß nutzende Eigentümer „wird eben schon im eigenen Interesse" auch das ökologisch Richtige tun — was er vornimmt, ist „in der Regel" als ökologisch günstig anzusehen. Privilegiert wird nicht der Profit, sondern der Eigentümer als Umweltschützer *und* wirtschaftlich denkender Bürger. Man

---

[38] So überzeugend *Ronellenfitsch* (FN 37), im Anschluß an *Kolodziejcok/Recken*, Naturschutz, Landschaftspflege, Komm., BNatSchG § 38, Rndr. 36.

[39] *Ronellenfitsch*, M., NuR 1986, S. 284 (286); Nachw. zur herrschenden Lehre und zur Mindermeinung bei *Schink*, A., AgrarR 1985, S. 185 (191); ferner siehe noch im Sinne der herrschenden Lehre *Pelhak/Köpfer*, BayVBl 1978, S. 172 (173).

mag darüber streiten, ob diese Unterstellung weitgehender, grundsätzlicher Interessenparallelität richtig ist — *sie* stellt aber das traditionelle gesetzliche Grundmodell dar, *nicht* eine Interessenkollisionstheorie Eigentümer - Staat. Dem steht nicht entgegen, daß es unüberbrückbare Gegensätze geben kann — etwa bei starker Düngung, die aber agrartechnisch noch vertretbar wäre — dann gerade kann die Ausnahme des Vorrangs der „reinen Ökologie" (denn so sollte es heißen), Regelkraft gewinnen.

Die Landwirtschaftsklauseln sind also vernünftig, solange sie sich als ein normativer Vertrauensbeweis in den Eigentümer als Umweltschützer rechtfertigen. Daß dies lange Zeit grundsätzlich berechtigt war, bestreitet kaum jemand. Heute diesen Vertrauensbeweis normativ zurückzunehmen, würde eine ganz neue kritische Distanz zu jener weitgehenden — nicht durchgehenden — Interessenparallelität Bürger-Gemeinschaft bedeuten. Sie bedürfte, schon als deutliches Novum, eingehender und vertiefter Begründung, um so mehr, wenn sich (im folgenden) zeigen sollte, daß die Rechtsordnung ganz allgemein von einem gewissen Vertrauen zum Eigentümer als Umweltschützer ausgeht. Wenn schon die Umwelterkenntnisse zunehmen, so darf doch der Agrarökonomie nicht unterstellt werden, sie ignoriere all dies und gestatte eine „Landwirtschaft wie im amerikanischen wilden Westen" im heutigen Deutschland.

Die Landwirtschaftsklauseln verleihen also nicht Privilegien, sie sind umweltrechtliche Grundentscheidungen für Bürgervertrauen. Dies mag den Streit um sie entschärfen. Sollten sie fallen, so ist dies jedenfalls ein Schritt in Richtung auf den staatlich beargwöhnten Bürger, weg vom grundrechtlichen Optimismus der Aufklärung.

Es kann also keine Rede davon sein, daß die Landwirtschaftsklauseln rechtlich nahezu bedeutungslos wären[40], daß ihre Abschaffung oder Abschwächung nichts verändern könnte. Sie haben, wie dargelegt, grundlegendes dogmatisches, ebenso wie recht oft entscheidendes praktisches Gewicht; dies zeigt sich etwa schon in der Diskussion um ihre enge oder weite Auslegung[41]. Bei den umweltschützerischen Abwägungen der Judikatur ist das dubium der Normalfall, die Landwirtschaftsklausel kann dann den wesentlichen Ausschlag bringen[42]. Bei vorsichtiger Auslegung[43] der Klau-

---

[40] So aber *Storm,* P. C., NuR 1986, S. 8 (11).

[41] Vor allem geht es darum, ob auch eine „indirekt landwirtschaftliche Bodennutzung" noch unter eine Landwirtschaftsklausel fällt (offengelassen für die Anlage eines Holzlagerplatzes in BayVGH NuR 1986, S. 76 (77), verneint grundsätzlich für die Errichtung von Gebäuden in BVerwG AgrarR 1985, S. 265); pro *Pelhak/Köpfer,* BayVBl 1978, S. 172 (173), contra *Sening,* C., BayVBl 1978, S. 394 (396), jeweils m. Nachw.

[42] Vgl. dazu die Entscheidungen FN 34.

[43] Siehe etwa *Fischer-Hüftle,* NuR 1986, S. 242 (243).

seln ist weder eine Beeinträchtigung der Umweltschutzbelange zu befürchten, noch wird sich, umgekehrt, der Naturschutz in übermäßige Schutzgebietsausweisungen gedrängt sehen[44]. Am wichtigsten bleibt aber die grundsätzlich-dogmatische Bedeutung der Landwirtschaftsklauseln: gesetzliche Anerkennung eines weiten Raumes von parallelen Eigentümer- und Gemeinschaftsinteressen („in der Regel"), wobei mögliche Kollisionen nicht verkannt werden, welche sodann in Abwägungen zu bereinigen sind.

Ergebnis

Im neueren Umweltrecht wird der *Gegensatz zwischen Eigentümer- und Gemeinschaftsinteressen stark betont,* bis hin zur Annahme grundsätzlicher, durchgehender Kollision. Dennoch werden hier, und sei es indirekt, auch Bereiche von Interessenparallelität anerkannt; die häufig eingesetzte Interessenabwägung schließt dies keineswegs aus.

Häufig werden *„Ökologie und Ökonomie" in scharfen Gegensatz gebracht,* erstere dem Staat, letztere dem profitstrebenden Privateigentum zugeordnet. Beides ist unzulässige Vereinfachung: Ökologie bedeutet oft nur langfristige Ökonomie, und der Staat hat zugleich ökonomische, der Eigentümer zugleich wert- und produktivitätssteigernde ökologische Interessen, deren Parallelität durch die überspitzte Gegensatzdiskussion verdeckt wird.

Die Landwirtschaftsklauseln bedeuten bei sachgerechter Auslegung nicht eine ungerechtfertigte Privilegierung der Agrarwirtschaft, sie bringen vielmehr das grundsätzliche gesetzgeberische Vertrauen in den Interessengleichklang von ordnungsmäßig betriebener Landwirtschaft und Umweltschutz zum Ausdruck; Kollisionen werden dadurch nicht ausgeschlossen, anerkannt bleibt jedoch eine Interessenparallelität von Eigentümern und staatlichem Umweltschutz als Regelfall.

II. Eigentümerinteressen am Umweltschutz — die Anerkennung einer Interessenparallelität

Agrarisches Eigentum und umweltschützender Staat werden häufig in Interessengegensatz gebracht und stehen sich darin meist vor den Gerichten gegenüber; daß dies aber Parallelinteressen keineswegs ausschließt, hat sich bereits ergeben (oben I). Ein vertiefender Systematisierungsversuch ist jedoch dazu, soweit ersichtlich, bisher nicht unternommen worden, er muß

---

[44] Wie es bei *Kloepfer* (FN 2), S. 14, anklingt.

von nicht selten anzutreffenden Äußerungen zur Interessengemeinsamkeit von Staat und privaten Eigentümern ausgehen. Dabei ist vor allem die umweltschützerische Eigentümertätigkeit im eigenen Interesse (im folgenden 1) und das Interesse des Eigentums-Bürgers am staatlichen Umweltschutz (im folgenden 2) zu untersuchen.

1. Umweltschutzaktivitäten des Eigentümers im eigenen Interesse

Im Schrifttum werden die Parallelinteressen durchaus gesehen. Zwar darf nicht von den schlagwortartigen Formulierungen der politischen Diskussion ausgegangen werden („Die Landwirtschaft ist der beste Umweltpfleger")[45], obwohl auch sie Diskutabilitäten aufzeigen; mit einseitig-harmonisierenden Unterstellungen ist nichts gewonnen[46].

a) Privateigentum — Sperre gegen Umweltbelastungen

Eine erste, allgemeine und bisher zuwenig beachtete Interessenparallelität liegt schon darin: „Teilweise sorgt bereits die private Eigentumsordnung dafür, daß Umweltgüter nicht nach Belieben und nicht kostenlos in Anspruch genommen werden können"[47]. Die grundsätzlich *private Ordnung der Umweltressourcen errichtet Zugangssperren* nicht nur für die — grundsätzlich stets — als „berechtigt" erscheinende Allgemeinheit, sondern auch gegen private Übergriffe, privaten Umweltraubbau. Der private Eigentümer, dessen viel und meist zu Unrecht kritisiertes Zentralrecht der „Ausschluß anderer" ist (§ 903 BGB), verhindert eben dadurch Umweltbelastungen von unabsehbarer Größenordnung, welche bei einer „Vergesellschaftung der Umweltgüter" sofortige Folge und nur mit riesigem bürokratischem Aufwand zu verhindern wären.

In der *Frontstellung gegen Erholungssuchende*, insbesondere im Streit um die Betretungsrechte[48], besteht weitestgehende und grundsätzliche Interessenparallelität zwischen Privateigentümern und Gemeinschaft *aus der Sicht des Umweltschutzes*. Könnten sich, völlig ungestört durch private Eigentumsschranken, Besuchermassen ungehindert im Wald, an Wasserläufen oder sonstwo in der Landschaft bewegen, so würden Verunreinigungen oder

---

[45] Vgl. *Storm*, P. C., NuR 1986, S. 8.

[46] *Kloepfer* (FN 2), S. 7.

[47] *Bullinger*, M., Festschr. f. W. Weber, 1974, S. 663 (667).

[48] Dazu vgl. etwa *Soell*, H., DVBl 1983, S. 246 ff.; *Ebersbach*, H., AgrarR 1976, S. 333 (338/9); *Engelhardt/Brenner*, Naturschutzrecht in Bayern, Art. 21 BayNatSchG, 1; Art. 29; *Zerle/Hein*, Forstrecht in Bayern, 1.4 BayWaldG, Erl. Art. 1; *Wocher*, St. A., RdL 1982, S. 253 ff.

Biotopschädigungen kaum einzugrenzen sein. Diese Frontstellung des privaten Eigentums zugunsten des Umweltschutzes ist hier so deutlich[49], daß überzogenen Ansprüchen der Allgemeinheit, wie sie etwa aus Art. 141 BayVerf abgeleitet werden könnten[50], letztlich nurmehr durch Aufnahme einer Staatszielbestimmung Umweltschutz in die BayVerf begegnet werden konnte[51], was bei dieser Verfassungsänderung sicher eine wesentliche Rolle gespielt hat: Hier galt es, die Parallelinteressen des Eigentums und des staatlichen Umweltschutzes zu stärken. Wenn nämlich der Umweltschutz durch einen Quasi-Gemeingebrauch der Allgemeinheit[52] zurückgedrängt wird, so kann dagegen mit den allgemeinen Grundsätzen der Gemeinverträglichkeit kaum erfolgreich vorgegangen werden, weil sie traditionell weit mehr an den Belangen möglicher Mitbenutzer als an denen der Nutzungsobjekte (Umwelt) ausgerichtet sind.

Diese Interessenparallelität Eigentümer-Gemeinschaft im Umweltschutz darf nicht dadurch unterlaufen werden, daß man die Gemeinschaftsinteressen an der Erholung in der Landschaft übermäßig betont und daraus einen erneuten und noch schärferen Gegensatz zwischen Eigentümer- und Staatinteressen ableitet. Hier muß Begriffsklarheit herrschen: Erholung ist *nicht Umweltschutz*, sie kann allenfalls durch diesen ermöglicht, verbessert werden. Umweltschutz verlangt zunächst Schonung der Natur, nicht deren Betreten, das ja auch nichts anderes ist als eine belastende Nutzung. In sehr vielen Fällen wird aber die selbst „profitorientierte" ökonomische Eigentümernutzung die Umwelt weit weniger belasten als eine Erholungs-Nutzung. Insoweit wird dann der agrarische Eigentümer *durch seine Eigentumsnutzung zum Umweltschützer*, weil er im Namen der Umwelt stärker belastende andere Nutzungen von dieser ausschließt. Es geht ja nicht an, stets nur Privateigentum und Gemeinschaft interessenmäßig gegenüberzustellen und bei den Interessen der letzteren etwa Umweltschutz und Erholungs-Nutzungsinteressen pauschal zusammenzufassen — sie sind dort wesentlich gegenläufig *aus der Sicht des Umweltschutzes* — und darauf allein kommt es im vorliegenden Zusammenhang an. Die allzu gewohnte Frontstellung „Man versus State" wandelt sich hier in die Gemeinschaftsfront von Staat und Eigentumsbürger gegen andere Bürger. Gegen naheliegende, den Umweltschutz verfälschende Radikaldemokratismen muß festgehalten werden:

---

[49] Vgl. OVG Münster, NuR 1986, S. 215.

[50] Zur Problematik siehe etwa *Meder*, Th., Die Verfassung des Freistaates Bayern, Art. 141, Rdnr. 2 ff.; zu dessen Grenzen grundsätzlich BayVGH NuR 1986, S. 167.

[51] So stellt etwa der BayVerfGH, NuR 1986, S. 167 (169) fest: „Die Frage, ob Gebote und Verbote zum Natur-, Landschafts- und Umweltschutz für die betroffenen Eigentümer und Gewerbetreibenden nur Sozialbindungen ihres Eigentums sind oder verfassungswidrig darüber hinausgehen, hat mit der Verstärkung des Natur- und Umweltschutzes in Art. 141 Abs. I und II BV an Bedeutung gewonnen."

[52] *Engelhardt/Brenner* (FN 48), Art. 21, Rdnr. 7.

Nicht alles, was dem „Volke" nützt, fördert die Umwelt; die Umwelt muß auch gegen das „Volk" geschützt werden — dies geschieht weithin durch privates Eigentum.

Das zeigt sich nicht nur bei Erholungsrechten, sondern etwa auch im Planungsrecht, wenn sich der Umweltschutz im Bündnis mit dem Privateigentum durchsetzen kann. Und ganz allgemein gilt[53]: „Naturschutz und Eigentum werden mit einer einseitigen Fixierung auf eine Kontraststellung deshalb nicht zutreffend gesehen, weil sie im Gewirr konkurrierender Raumnutzungsansprüche durchaus auch partnerfähig sind. Es ist mit anderen Worten keineswegs ungewöhnlich, daß in einer konkreten Konfliktlage Naturschutz und Eigentumsschutz „auf einer Seite stehen" und auf diese Weise das Durchsetzungsvermögen des einen im Verhältnis zu einem dritten Interesse zugleich dem anderen zugute kommt." Neben Interessenkonflikten gibt es also hier durchaus auch „Interessengeflechte" (Weyreuther) — dabei aber darf die Betrachtung nicht stehen bleiben; sie muß diese in Interessenkonflikte einerseits, Interessenparallelitäten andererseits auflösen, in den letzteren erfolgt Umweltschutz durch Eigentümer.

Nie darf jedoch vergessen werden, daß all dies nur möglich ist, weil das Eigentum mit seinen wesentlichen Ausschlußrechten den schädigenden Dritten wie den belastenden Staat vor die Umweltschranken des Eigentums sperrt, innerhalb deren Umweltschutz durch Eigentümer stattfindet. In diesem Sinne ist die in Eigentum geteilte Umwelt zugleich belastungsbegrenzend geordnet, Privateigentumsordnung wird zur Umweltordnung — öfter als es scheint.

b) Eigentümerpflichten im Umwelt- und zugleich im eigenen Interesse

Das Privateigentum gibt dem Berechtigten nicht nur das Recht, umweltbelastende Dritte, darunter auch den Staat, fernzuhalten, in diesen Schranken mithin als Umweltschützer aktiv zu bleiben. Eigentum will gepflegt werden — zuallererst schon einmal im wohlverstandenen Interesse des Eigentümers selbst. Nicht wenige Verpflichtungen, welche der staatliche Umweltschutz mit sich bringt, bewirken direkt oder doch mittelbar eine Steigerung von Wert und Produktivität des agrarischen Grundeigentums; im Schrifttum ist dies bereits herausgestellt worden[54]. Legion sind die Fälle, von Bau- und Gartengestaltung über Anschlußzwänge bis hin zu forstlichen Bewirtschaftungsauflagen und Verboten von Agrochemie, in denen der Eigentümer nur

---

[53] *Weyreuther*, F., Die Situationsgebundenheit des Grundeigentums, 1983, S. 9.

[54] So weist etwa *Ebersbach*, H., AgrarR 1976, S. 333 (336) auf die umweltrechtlich begründeten Aufforstungsverpflichtungen hin; vgl. auch *Weyreuther* (FN 53), S. 176/7.

im Namen des Umweltschutzes zu dem angehalten werden soll, was er schon als „vernünftiger Eigentümer"[55] selbst, längst vielleicht, hätte beobachten müssen, weil es gerade ihm, ihm vielleicht mehr als allen anderen oder letztlich gar allein, entscheidende wirtschaftliche und ideelle Vorteile bringt. Der Bereich dieser *„Eigentumseingriffe im Eigentümerinteresse"* ist, bei näherem Zusehen, viel größer als gemeinhin angenommen, wie oft muß nicht der Eigentümer regelrecht „zu seinem Glück gezwungen" werden — im Namen des Eigentumsschutzes geschieht es auf breiter Front, damit aber verliert es noch längst nicht den Charakter der Obhut des Staates für seine besitzenden Bürger. Eine Lehre, welche den Staat immer mehr als Dienstleistungsunternehmen für den Bürger auffaßt und vor allem das öffentliche Dienstrecht dementsprechend entwickeln will, muß Umweltschutz zugleich als Service an besitzlose *und* an besitzende Bürger verstehen, gerade wo doch die Zahl der letzteren ständig zunimmt.

Zwanglos könnte also ein großer Teil der als Eingriff erscheinenden Umweltmaßnahmen als „Obhut im Eigeninteresse" begründet werden[56], mit der Folge allerdings, daß der Eigentümer sich dagegen kaum mit Erfolg wehren und auch Entschädigung nicht verlangen könnte[57], weil ja in seinem Interesse gehandelt worden sei. Dies mag in einem Rechtsstaat von vorneherein die Bereitschaft dämpfen, derartigen „Umweltschutz im Eigentümerinteresse" anzuerkennen; hier könnte sich ja die oft in Anspruch genommene Umweltverantwortung des Eigentümers gegen diesen selbst kehren, der Weg zur Bevormundung durch das Interessendiktat eines Wohlfahrtsstaates mag viele schrecken. Dabei können solche Ängste in der Praxis wohl weithin entschärft werden: Immerhin bleibt ja die volle gerichtliche Kontrolle der Berechtigung von „Eingriffen im Eigentümerinteresse", und es ist kaum zu vermuten, daß, nähme man diese Kategorie ernst, die Rechtsprechung sich sogleich daraus eine bequeme Eselsbrücke zur Ratifizierung von Obrigkeitsentscheidungen bauen würde. Andererseits wäre es günstig für das Eigentum im ganzen, wenn Eigentümerinteressen wieder laufend zu Überlegungsmaterien der Gesetzgebung würden — der aus ihren Motiven fast verschwundene Art. 14 GG würde zum Besten der Grundrechtlichkeit wieder in die legislativen Gedankengänge zurückkehren.

Ein Problem allerdings bleibt dann doch, es liegt tiefer, im Staatsgrundsätzlichen: Darf der Hoheitsstaat überhaupt Interessen des Bürgers verfolgen, wenn er sie damit — zunächst einmal definiert? Ist nicht der Eigentümer in erster Linie oder gar ausschließlich, aufgerufen, hier diesen seinen Freiheitsraum zu bestimmen? Hat er nicht das Recht, unordentlich zu wirtschaf-

---

[55] Dazu näher unten C II.

[56] Und wie nahe „Obhut" und „Eingriff" beieinander liegen, zeigt sich etwa im Stiftungsrecht, BVerwGE 40, S. 347 (350 f.).

[57] Vgl. *Weyreuther*, aaO.

ten, sein Eigentum im Wert zu mindern, was bedeutet ein Eigentum an Freiheit, wenn der Staat seine Interessenstandards setzt?

Vor Verabsolutierungen sei hier gewarnt. Sicher muß sich der Bürger nicht beliebige „Eigentumsobhut" vom umweltschützenden Staat aufzwingen lassen, wenn schon seine höchsten Güter, Leben und Gesundheit, nicht unbesehen gegen seinen Willen geschützt werden dürfen[58]. Andererseits kann der Staat hier, wie auch sonst, gewisse in der Gesellschaft anerkannte Standards übernehmen, seine Gesetzgebung damit motivieren, daß er sich doch nur im Bereich von parallelen Bürger- und Staatsinteressen bewege. Auf letzte Vernünftigkeitsstandards läßt sich weder im privaten noch im öffentlichen Recht verzichten, wie sich bei der Situationsgebundenheit und dem sie berücksichtigenden „vernünftigen Eigentümer" noch zeigen wird. Steht nicht eine Staatlichkeit näher beim demokratischen Ideal, die sich bemüht, Eingriffe mit den Interessen der Betroffenen zu legitimieren, als eine andere, welche überall nur Konflikte sieht und diese mit Gewalt entscheiden will — meist ja doch nur zugunsten eines Teiles der Bürger?

Ein *Zwischenergebnis* liegt wohl nahe: Die Kategorie „Eigentumseingriff im Eigentümerinteresse" muß ernster genommen werden als bisher. Solcher Umweltschutz bedarf eingehender, ausgewogener Begründung, so könnte aber die weithin verlorene Eigentumssensibilität dieses Bereichs zurückgewonnen werden, ohne allzu große Gefahren einer „aufgezwungenen Freiheit".

c) Exkurs: „Pflichten des Eigentümers gegen sich selbst im Umweltschutz"

Vielleicht sollte in diesem Zusammenhang auch einmal über die Kategorie der *„Pflichten gegen sich selbst"* nachgedacht werden. Das Zivilrecht kennt sie als sogenannte „Obliegenheiten", d. h. „Pflichten geringerer Intensität"[59]. Dem „Berechtigten" stehen hier regelmäßig weder Erfüllungsanspruch, noch Klag- und Vollstreckungsmöglichkeiten, noch der Verletzungsschadensersatzanspruch zu. Dem „Belasteten" werden vielmehr für den Fall der Nichtbeachtung der Obliegenheiten andere Rechtsnachteile in Aussicht gestellt[60], vor allem im Rahmen eines Mitverschuldens[61]. In den meisten

[58] Siehe zu dieser Problematik, hinter der die schwierige Frage des Grundrechtsverzichts steht, *von Münch*, I., Festschr. f. Ipsen, 1972, S. 113 ff.

[59] Zu den „Pflichten gegen sich selbst" vgl. grundlegend Reimer *Schmidt*, Die Obliegenheiten, 1953, ferner *Kramer*, E., MK, Einl. vor § 241, Rdnr. 44-47; *Sirp*, W., Erman, BGB, Einl. zu § 241, 6; *Fikentscher*, W., Schuldrecht, 1985, S. 29, 49; *Palandt/ Heinrichs*, BGB, 45. Aufl. 1986, Einl. vor § 241, 3 b; § 252, 1.

[60] *Sorgel / R. Schmidt*, Rdnr. 8 vor § 241 BGB.

[61] Vgl. *Kramer* (FN 59), S. 254.2.

Fällen betreffen diese Obliegenheiten gerade Interessenlagen, wie sie hier untersucht werden: *Innerhalb* eines übergreifenden Interessengegensatzes (Schädiger - Geschädigter; hier: Bürger - Allgemeinheit) ist dennoch ein Bereich von Parallelinteressen anzunehmen (in der Regel: gemeinsame Minimierung des Schadens; hier: insbesondere auch gemeinsames Interesse am Umweltschutz); in ihm muß sich der Geschädigte so verhalten, wie es — auch — den Interessen des Schädigers entspricht. Dies alles wird aus einer Treuverpflichtung abgeleitet[62], welche ja grundsätzlich auch für das öffentliche Recht anerkannt ist.

Überträgt man gewisse Grundgedanken dieser Rechtsfigur auf die Problematik „Eigentümer und Umweltschutz", weil auch hier eine dogmatische Bewältigung der „Interessenparallelität innerhalb gegensätzlicher Interessen" gefordert ist, so ergibt sich:

— Setzt man den Eigentümer mit dem Primärverpflichteten (Schädiger) des Zivilrechts gleich, so hat der *umweltschützende Staat,* welcher hier das Recht der Allgemeinheit gegen ihn durchsetzen möchte, doch zugleich auch gewisse „Pflichten gegen sich selbst", insbesondere im Sinn der (gemeinsamen) Schadensminimierung, der Kooperation zur Umweltschadenbeseitigung. Das heißt, daß der Staat nicht „ohne Rücksicht auf Verluste" gegen den Eigentümer vorgehen darf, wenn der Umweltschaden entstanden ist oder droht — dies bedeutet eine Betonung des Prinzips der öffentlich-rechtlichen Verhältnismäßigkeit zum einen, andererseits eine Verpflichtung zu rechtzeitiger Information und Hilfe seitens des Staats für den Bürger, damit sich dieser umweltgemäß verhalten kann, schließlich aber auch Anerkennung gewisser Schadensbeseitigungs- und Minimierungsrechte zugunsten des Bürgers, der eben „zuerst einmal als Umweltschützer tätig werden darf", bevor ihn eine hoheitliche Verpflichtung zu Unterlassen und Tätigkeit oder ein Schadensersatzanspruch trifft, den er durch eigene Tätigkeit hätte abwenden können. Mißachtet der Staat diese „Pflichten gegen sich selbst", so muß er sich dies bei Streitigkeiten um Umweltverpflichtungen und Folgen von Umweltschäden entgegenhalten lassen. Die zivilrechtliche Rechtsfigur der „Obliegenheit" ist insoweit wohl geeignet, den öffentlich-rechtlichen Grundsatz der Verhältnismäßigkeit zu konkretisieren und den Staat zur Beachtung der Parallelinteressen des Eigentümers zu zwingen — seien diese nun „rein egoistischer" oder „gemischt egoistisch-altruistischer" Natur — eben weil der Eigentümer, innerhalb des Raumes der Parallelinteressen, das Recht hat (zuerst einmal), auch als Umweltschützer tätig zu sein, bevor der Staat eingreift, der ihm dabei auch helfen muß.

---

[62] Vgl. insbes. *Sirp* (FN 59); *Palandt/Heinrichs,* § 254.1.

— Sieht man die „Pflichten gegen sich selbst" hier in dem umgekehrten, wohl noch näherliegenden Sinne, daß der *Eigentümer* auf sie in *seinem* Verhalten soll Rücksicht nehmen müssen, so würde dies nach zivilrechtlichen Grundsätzen bedeuten: Zwar kann sein gleichfalls umweltschützendes Verhalten nicht (durchgehend) von der staatlichen Umweltschutzgewalt erzwungen werden, welche Verantwortung für die Sicherung der Umwelt trägt; da es aber für den Eigentümer eine Obliegenheit „zugleich in seinem eigenen Interesse" darstellt, sich hier parallel den Interessen der Gemeinschaft zu verhalten, können sich daraus Haftungs- und andere Verpflichtungen als Folge einer Art von „Mitverschulden" des Eigentümers ergeben, wenn der staatliche Umweltschutz seine Verpflichtungen deshalb nicht (voll) erfüllen kann und es dadurch zu weiteren Schäden kommt. Mit anderen Worten: Der Eigentümer kann seinen Umweltschutz leisten oder lassen — im letzteren Fall muß er (wenigstens zum Teil) für Folgen einstehen, welche an sich dem zum Umweltschutz verpflichteten Staat zuzurechnen wären. Dies wiederum würde bedeuten, daß es (zunächst) aber auch dem Eigentümer freisteht, wie er sich verhält, er muß lediglich dann (teilweise) die Folgen tragen. Ein solches Modell würde voraussetzen, daß der Staat als der primär für den Umweltschutz Verantwortliche es dem Eigentümer — zunächst einmal — überläßt, wie er seinen Umweltschutzinteressen, seinen „Pflichten gegen sich selbst", nachkommt, nur wenn das nicht geschieht, kann ihn der Staat für die ungünstigen Folgen haftbar machen.

Beiden Fallgestaltungen wäre also ein Ergebnis gemeinsam: Dem Eigentümer verbliebe eine gewisse Entscheidungsfreiheit im Bereiche des Umweltschutzes, etwas wie eine „primäre Verantwortung", oder doch Mitverantwortung, so wie sie eben auch demjenigen zivilrechtlich obliegt, der „Pflichten gegen sich selbst", etwa zur Schadensminimierung, zu berücksichtigen hat. Der Staat müßte dann den Eigentümer „zunächst einmal selbst handeln lassen", in diesem Rahmen, bevor er eingriffe, ihm jedenfalls einen gewissen Mitverantwortungsraum belassen — und dies läge im Sinn der hier untersuchten Problematik der Parallelinteressen. Daß heute die Entwicklung mehr in die umgekehrte Richtung einer, etwa im Namen der Vorsorge, immer weiter vorverlegten Staats-, einer immer mehr abgedrängten Eigentümerverantwortung läuft, liegt auf der Hand. Gerade deshalb mag ein solcher Exkurs zum Nachdenken anregen, die Interessenparallelität Eigentümer-Staat neu zu durchdenken.

d) Interessenparallelität durch „kooperativen Umweltschutz" Eigentümer - Staat

Kooperation, eines der „guten", sogleich konsensfähigen Worte, ist leider — auch im Staatsrecht — kaum mehr als ein ewig wiederkehrendes Modewort. Von der Kooperation der Staatsgewalt und -instanzen[63] bis zur Zusammenarbeit der „Gesellschaft", der Wirtschaft, des Einzelnen mit dem Staat[64] — immer wieder wird sie gefordert oder gar vorausgesetzt, doch die Konturen des Begriffs sind bisher weithin unklar geblieben[65], trotz mancher Ansätze festerer Institutionalisierung[66]. Kooperation Bürger - Staat läßt sich ethisch als Grundpflicht begründen[67] — vor allem im Umweltschutz; dort glaubt man geradezu ein „Kooperationsprinzip" feststellen zu können, weil sich der erforderliche technische Sachverstand primär im gesellschaftlich-wirtschaftlichen Bereich finde, und im Rechtsstaat die Staatsgewalt gar nicht das „Durchsetzungsvermögen für einen umfassenden Oktroi in allen umweltrelevanten Lebensbereichen" besitze[68] — doch daraus folgt noch nicht die Verpflichtung zur Zusammenarbeit, was häufig übersehen wird; es könnte eben auch eine möglichst klare Teilung von Verantwortungsbereichen gefordert werden, welche in ein ausgewogenes Verhältnis zu bringen wären[69]. Kritisch wird denn auch auf die Komplexität der Sachverhalte hingewiesen, eine klare Teilung öffentlicher und privater Belange gefordert[70], denn die These vom Staat nicht als Freund und Helfer, sondern als eingreifendem Gegner der Freiheit[71] beherrscht eben den gewaltenteilend-freiheitlichen Rechtsstaat doch auch hier. Wie weit immer etwa amerikanische Erfahrungen gediehen sein mögen[72], und wenn auch vor allem im Immissionsrecht die Kooperationsnotwendigkeit allgemein betont wird[73] — etwas vom „frommen Wunsch" bleibt dem Wort, und rechtlich bedarf es sicher eher der vorsichtig bereichsspezifischen Entfaltung als der Deduktion aus sinnarmen Allgemeinbegriffen wie einer „Kooperation".

---

[63] Es sei nur an die, ebenfalls in Modewellen verlaufende, Diskussion um den „kooperativen Föderalismus" erinnert, dazu schon *Leisner,* W., ZRP 1969, S. 14 ff.

[64] Grundlegend *Krüger,* Herbert, Allgemeine Staatslehre 1964, S. 612 ff.; vgl. auch mit vielen Nachw. *Ritter,* Hasso, Der kooperative Staat, AöR 1979, S. 389 ff.

[65] *Ritter,* aaO., S. 396.

[66] Beispiele bei *Breuer,* R. (FN 25), S. 580/1.

[67] Vgl. *Isensee,* J., DÖV 1982, S. 609 (616).

[68] *Breuer* (FN 25), S. 547/8.

[69] Wie es in BT-Drucks. 7/5684, S. 9 gefordert wird.

[70] *Ritter* (FN 64), S. 401.

[71] Zu ihr Näheres bei *Ritter,* aaO., S. 390 f.

[72] *Hoffmann-Riem,* WiVerw 1983, S. 120 (126 f.).

[73] Vgl. *Hoffmann-Riem,* aaO., S. 122 f.

Für den Umwelt-Agrarbereich wird immerhin Kooperation besonders betont[74], und zwar vor allem bei der Planung[75]. Hier sei partnerschaftliches Verhalten gefordert[76], wenn auch nicht verkannt wird, daß nicht selten Kooperationsbereitschaft in der Landwirtschaft aufhört, wo Kostenbelastung beginnt[77]. Auch hier gilt: Es gibt nicht eine rechtliche „allgemeine Kooperation(spflicht)" — sie wäre auch nicht vollziehbar — sondern bisher nur mehr oder weniger punktuelle, meist faktische Kooperationsnotwendigkeiten, die aber nur ansatzweise institutionalisiert sind und noch nicht eine hinreichende Basis für weiterreichende Rechtsanalogie darstellen[78]. Dennoch wird sich die Zusammenarbeit aus technischen Zwängen heraus mit Sicherheit verstärken, hier sind Kräfte am Werke, welche ständig die liberale Frontstellung „Bürger gegen Staat" auflösen. Sollen sie in die Rechtsstaatlichkeit eingebunden werden, so muß zweierlei vor allem erkannt werden:

— Die Grenzen zwischen Duldungspflicht des Eigentümers und Mitarbeitsverpflichtung des Betroffenen werden immer mehr verwischt werden[79], und dies ist auch dogmatisch insoweit konsequent, als die Unterscheidung von Passivitäts- und Aktivitätspflichten ganz allgemein nicht überbewertet werden darf. Je mehr Duldung also gefordert wird — und dies wird sich steigern — desto mehr Kooperation wird dies nach sich ziehen. Denn der liberale Rechtsstaat wird sich, gerade im Umweltschutz, gezwungen sehen, die lastenden Eingriffe durch „kooperative Umarmung" der Belasteten abzumildern, zumindest im (Vor-)Verfahren auf seine Entscheidung hin. Damit ist eine sich auch rechtlich verstärkende Tendenz zu „mehr Kooperation" vorgezeichnet.

— Kooperation kann nie auf Dauer funktionieren als ein unklares Miteinander, welches Verantwortung verschleiert. Partnerschaftlichkeit bleibt auch im Umweltschutz nur ein Wort, wenn hier nicht der *Zug zu einer Gemeinschaft zur gesamten Hand* deutlich wird, in der jeder Partner — das ist entscheidend — nach außen volle Solidarhaftung für das Ganze trägt, unbeschadet eines internen Ausgleichs; wer dies nicht akzeptiert, der mag die Verantwortungsbereiche klar trennen.

Weil Kooperation nur in solchem Verständnis im Umweltschutz Sinn gewinnt, bedeutet sie *zunehmende Anerkennung von Parallelinteres-*

---

[74] Siehe etwa *Hötzel*, H.-J., AgrarR 1985, S. 337 (338 f.).

[75] z. B. *Papier*, H. J., Maunz-Dürig, GG, Art. 14, Rdnr. 318; *Ritter* (FN 64), S. 397 ff.

[76] *Pelhak/Köpfer*, BayVBl 1978, S. 172.

[77] So *Knauber*, R., UPR 1986, S. 9 (12), m. Hinw. auf *Latten*.

[78] Vgl. dazu näher unten D I.

[79] Schon heute ist dies in nicht wenigen Bereichen deutlich festzustellen, vgl. etwa das Verhältnis von Gemeinde und Grundeigentümer bei der Straßenreinigung, siehe dazu BayLT Drucks. 9/10375, S. 28, wo auch das eigene Interesse der Eigentümer beschworen wird.

sen von Eigentümern und Gemeinschaft. Zusammenarbeit für ein höheres (drittes) Interesse kann im Rechtsstaat nur sehr in Grenzen vom Bürger gefordert oder gar erzwungen werden. Je größer dagegen Interessenparallelität wird, desto mehr kann das „Vereint Schlagen" vor dem „Getrennt Marschieren" von Eigentümern und Staatsgewalt Vorrang gewinnen. Parallelinteressen rufen also Kooperation — und umgekehrt schafft jede zulässig verordnete Kooperation von Rechts wegen Interessenparallelität. Und nicht zu vergessen: Auch der kooperierende Eigentümer bleibt besitzender Bürger und handelt als solcher, er wird nicht in solcher Zusammenarbeit zu einer Art von „beliehenem Unternehmer"; Kooperation darf nicht zum Übergang in staatskollektiven Umweltschutz werden, in der juristischen Diskussion jedenfalls wird sie auch nirgends so verstanden.

Zieht man alle diese unter a - d dargestellten Parallelinteressen zusammen, verbindet sie mit den Ergebnissen der Kritik an der Überbetonung des Interessengegensatzes Eigentümer - Staat (oben I), so ergibt sich bereits das Bild einer erstaunlich weitreichenden Interessenparallelität im Umweltschutz, welche sogar tendenziell noch zunimmt. Hinzu kommen gewisse, hier gar nicht rechtlich im einzelnen zu gewichtende, politisch aber in der Demokratie zumindest gewichtiger werdende Eigentümerinteressen daran, durch einen eigenen Beitrag zum Naturschutz etwas für die „Imageverbesserung der Landwirtschaft zu leisten"[80]. Eine Berufsgruppe, welche auch bei etwaiger Honorierung ihrer Umweltleistungen noch lange auf Förderung durch die Gemeinschaft angewiesen sein wird, kann auf deren Begründung durch eine „Verfolgung öffentlicher Interessen im privaten Interesse" nicht verzichten.

Ergebnis

Ein Interessenparallelismus Eigentümer - Staat im Umweltschutz zeigt sich heute in verschiedener Hinsicht deutlich. Zunächst errichtet die Privatrechtsordnung des Eigentums Schranken für Umweltbelastungen seitens Dritter; diese Grenzen schützen den privaten Eigentümer auch in seinen Umweltschutz-Aktivitäten, die zugleich im öffentlichen Interesse stehen, so etwa wenn er umweltbelastenden Erholungsverkehr verhindern darf, der keineswegs schrankenlos im öffentlichen Interesse liegt. Die vielkritisierten Ausschlußrechte des Grundeigentums sind heute ein wichtiger Faktor des Umweltschutzes. Ferner erweisen sich viele staatliche Umweltschutzmaßnahmen zugleich als Obhut gegenüber den Eigentümern, in deren Interesse sie (zugleich) wert- oder ertragssteigernd erfolgen. Deshalb aber sollten auch

---

[80] Darauf macht *Knauber* (FN 77), S. 14 aufmerksam.

Eigentümerinteressen laufend in staatliche Umweltschutz-Überlegungen einbezogen werden. Die Sorge, daß es dann zu einer Vormundschaft des Staates über einen Bürger kommen könnte, der sich nicht mehr gegen Maßnahmen wenden kann, die (auch) seinem Schutz dienen, wird durch strenge gerichtliche Kontrolle zumindest gemildert.

Die Kategorie der *„Verpflichtungen gegen sich selbst"*, im Sinne der zivilrechtlichen Obliegenheit, kann auch im Umweltschutz fruchtbar werden: Wenn solche Obliegenheiten den Eigentümer treffen, bedeutet dies, daß er zwar ein Recht auf Umweltschutz hat, aber dafür auch seinerseits etwas (zur Schadensminimierung im weiteren Sinn) leisten, daß ihm dies auch vom Staat ermöglicht werden muß. Sinnt man sie dem Staat an, als dem „Umweltschutzberechtigten", so muß dieser doch Zurückhaltung gegenüber dem Eigentümer üben, ebenfalls wieder im Sinne einer „Umweltschadensminimierung" (im weiteren Sinne), in seinem eigenen Interesse. In beiden Richtungen spricht dies für eine gewisse Aktivitäts- und Entscheidungsfreiheit des Eigentümers im Umweltschutz.

Kooperation ist zwar ein begrifflich unscharfes Modewort, wird jedoch im Agrar-Umweltschutz nachdrücklich zwischen Staat und Eigentümern gefordert, technische Zwänge werden dies voraussichtlich noch verschärfen — die Grenzen zwischen Duldungs- und Kooperationspflichten des Bürgers verschwimmen, in Kategorien einer „Gemeinschaft zur gesamten Hand" muß verstärkt gedacht werden, in der dann beide Partner für Umweltschutz verantwortlich sind. Dies unterstreicht nur die Parallelität der Interessen, aus der heraus erst Kooperation wirksam begründet werden kann.

2. Staatlicher Umweltschutz im Interesse der Eigentümer

a) Parallelen von Interessen des Staates und des Eigentümers am Eigentum

Eigentümer und Staat werden heute, wie es sich gezeigt hatte, im Umweltschutz weitgehend in der Erfüllung gleicher oder ähnlicher Aufgaben tätig, oder sie arbeiten gar zusammen. Die Bürger unterstützen dabei den Staat vor allem darin, daß sie die Grenzen ihres Eigentums gegen umweltbelastende Zugriffe Dritter verteidigen, welche sie an der Durchführung ihrer eigenen, die Umwelt schonenden oder pflegenden Aktivitäten, hindern (oben 1 b), oder aber darin, daß die Eigentümer Umweltaktivitäten des Staates hinnehmen, ja begrüßen, die zugleich auch in ihrem eigenen Interesse liegen. Sie arbeiten nicht nur interessenparallel mit dem staatlichen Umweltschutz, sondern rufen diesen auch zu Hilfe, im eigenen Interesse und zugleich in dem der Gemeinschaft.

Diese letztere Interessenparallelität gilt es nun noch näher zu betrachten und zu vertiefen. Sie bedeutet ja nicht nur, daß der Eigentümer den Staat ruft, um zugleich im eigenen Interesse, z. B. im Falle der Betretungsrechte, Umweltschutz betreiben zu können. Unabhängig von solchen Umweltinteressen des Eigentums, vielmehr primär zu dessen wirtschaftlichem Schutz im eigenen Interesse, ruft der Eigentümer immer häufiger nach dem Umweltschutz des Staates. Und hier verlagert sich der Akzent der Interessenparallelität: Lag dieser bisher auf dem von beiden Partnern betriebenen Umweltschutz, so trägt ihn nun das Eigentum, vor allem als ein Grundrecht. An ihm und seiner Aufrechterhaltung ist beiden Partnern gelegen — dem Staat nicht nur, weil er daran partizipieren will (vgl. Art. 14 Abs. 1 S. 2 GG), sondern weil es eine der wichtigsten politischen Grundlagen der staatlichen Ordnung bildet. Deshalb darf diese „Interessenparallelität aus gemeinsamen Interessen am Eigentum" nicht gering veranschlagt werden. Nachdem sie zum Tragen kommt durch den Bürgerruf nach staatlichem Umweltschutz, wird damit sozusagen „das Eigentum systematisch zur Aktivierung des staatlichen Umweltschutzes" eingesetzt; daß dies nicht primär zur Verbesserung des Umweltschutzes, sondern zur wirtschaftlichen Sicherung des Eigentums geschieht, ändert daran nichts — es ist eher eine List der Vernunft: Das Eigentum, so oft als Gegenspieler des Umweltschutzes angeprangert, verstärkt sein Gegenüber im eigenen Interesse, im Ergebnis in Frontstellung gegen anderes Eigentum; so wird Umweltschutz zur Eigentumsordnung. Zu dieser gerade neuerdings klarer werdenden Entwicklung hier nur einige Beispiele.

b) Umweltschutz für das Eigentum — das „Waldsterben"

Die Land- und Forstwirte sind in sehr vielen Fällen, gerade als Eigentümer, unmittelbar Nutznießer von Maßnahmen staatlichen Umweltschutzes, welche die Landschaft im öffentlichen Interesse pflegen und erhalten[81]; sie machen denn auch entsprechende Ansprüche geltend, versuchen zunächst den Umweltschutz des Staates in diesem Sinne zu aktivieren und wirken insoweit als Anwälte solcher Staatsaktivitäten aus der Gesellschaft heraus im eigenen und zugleich im öffentlichen Interesse.

Das wichtigste Beispiel aus letzter Zeit ist die staatliche Umweltschutzreaktion auf das „Waldsterben". Die juristische Diskussion[82] ist hier höchst

[81] Vgl. zu dieser Nutznießerstellung etwa *Storm*, P. C., NuR 1986, S. 8 (10).

[82] *Leisner*, W., Waldsterben, öffentlich-rechtliche Ersatzansprüche, 1983; seither insbes. noch *Roth-Stielow*, K., NJW 1984, S. 1942; *von Hippel*, E., NJW 1985, S. 30 ff.; *Ebersbach*, H., NuR 1985, S. 165; *Hoffmann*, J., ZPR 1985, S. 164; *von Usslar*, NuR 1983, S. 289; *Wocher*, St., RdL 1984, S. 311 ff.; *Murswiek*, NVwZ 1986, S. 611 ff.; *Ladeur*, K. H.

unerfreulich verlaufen. Als sie einsetzte, hatte gerade das BVerfG in der Naßauskiesungsentscheidung[83] die Grundlagen der Eigentumsdogmatik erschüttert; die Möglichkeit der Geltendmachung von Entschädigungsansprüchen aus Art. 14 GG schien in Frage gestellt[84]. Da seither und, soweit ersichtlich, bis heute allgemein anerkannt ist, daß dem Betroffenen die Erhebung von Ansprüchen gegen private Schädiger in der Regel nicht zumutbar ist, wendete sich bald das Interesse zunächst der Amtshaftung zu[85]. Ihr schien nunmehr aber eine Entscheidung des Dreierausschusses des BVerfG den Boden zu entziehen[86]. Auf eine unhaltbar begründete Verfassungsbeschwerde hin bescheinigte das Gericht den zuständigen Instanzen des Bundes, sie hätten bisher alles getan, was von ihnen habe erwartet werden können. An sich war es schon unangemessen, eine solche Großproblematik mit kurzen, überdies noch wenig überzeugenden Ausführungen[87] bewältigen zu wollen, und dies steht auch in deutlichem Widerspruch zu den sonstigen vertiefenden Umweltbemühungen des Gerichts, etwa zum Atomrecht. Vor allem durfte sich das BVerfG nicht so pauschal auf die Einlassung der Bundesregierung stützen. Das BVerfG hat sich auch nicht zur Amtshaftungs- oder Entschädigungsverantwortung etwa der für die Gewerbeaufsicht zuständigen Landesinstanzen geäußert. Dennoch hat die Entwicklung inzwischen seine Kernthese weitgehend bestätigt, welche allen Ansprüchen entgegengesetzt werden kann: Die Kausalität sei höchst komplex — insbesondere unter Berücksichtigung grenzüberschreitender Einwirkungen[88] — überdies im einzelnen weithin ungeklärt. In der Tat ist die Kausalitätsdebatte, aus rechtlicher Sicht jedenfalls, immer weniger überschaubar geworden, Thesen jagen Hypothesen; damit aber stehen und fallen öffentlich-rechtliche Ersatzansprüche[89]. Für die ordentlichen Gerichte war daher die Entscheidung vorgezeichnet[90]: Der Kausalitätshintergrund ihrer Klageabweisungen ist unverkennbar[91].

DÖV, 1986, S. 445 ff.; vgl. auch das Trierer Kolloquium zum „Waldsterben als Rechtsproblem", Bericht von *Herrmann*, H., DVBl 1986, S. 1261, Bericht darüber auch von *Brandner*, Th., NJW 1987, S. 235 ff.

[83] BVerfGE 58, S. 300.

[84] Dazu *Leisner*, (FN 82), S. 81.

[85] *Leisner*, aaO., S. 43 ff.

[86] BVerfG NJW 1983, S. 2931 ff.

[87] Kritisch etwa bei *Roth-Stielow* und *Murswiek* (FN 82).

[88] *Schröder*, M., DVBl 1986, S. 1173 ff.; siehe ferner neuerdings *Zehetner*, F., UPR 1986, S. 201 ff.

[89] Deutlich ist bei *Leisner* (FN 82), S. 1 ff. betont, daß alle derartigen Ansprüche unter dem Kausalitätsvorbehalt stehen.

[90] Überblick bei *Murswiek* (FN 82).

[91] Insbes. OLG Köln, NJW 1986, S. 589; OLG München, BayVBl 1986, S. 633.

Obwohl hier also die agrarischen Eigentümer bisher erfolglos nach staatlichem Umweltschutz vor Gericht gerufen haben, hat gerade diese Debatte die Interessenparallelität von Eigentümern und Staat, mehr noch: die umweltschützerische Bedeutung eigentumsordnender und -sichernder staatlicher Aktivitäten deutlich bestätigt. Nie ist nämlich bisher bezweifelt worden, daß etwaige Ansprüche der Eigentümer aus primärem Eigentums-, nicht im vorrangigen Umweltinteresse hier zu begründen wären; der Staat seinerseits hat sich damit exkulpiert, daß er alles getan habe, was ihm im Sinne einer gerechten Eigentumsordnung zumutbar gewesen sei. Hier ist also primär eine Eigentums-, nur in zweiter Linie und sozusagen „technisch", eine Umweltdiskussion abgelaufen. In dieser Weise setzt sich die Debatte nun auch fort, wenn ein Eingreifen des Gesetzgebers[92], wenn die Schaffung großer Solidaritätsfonds gefordert wird; diese aber können entscheidendes Gewicht erlangen, gerade wenn gerichtliche Entschädigungsansprüche endgültig scheitern.

Niemand bezweifelt also, daß der Staat hier zu einer Form von „Eigentumsordnung durch Umweltschutz" gezwungen ist, und zwar durchaus im primären Interesse des Eigentums, nicht der Umwelt. Wie er sich dieser letzteren annimmt, steht weitgehend in seinem pflichtgemäßen Ermessen oder wenigstens in seiner Beurteilung, und daran wird keine Umweltklausel in den Verfassungen viel ändern. Eigentumsschützenden Umweltschutz aber *muß* der Staat aus Rechtsgründen gerade leisten, d. h. er ist gehalten, hier mit größten Anstrengungen Parallelinteressen in einem doppelten Sinne zu verfolgen: einerseits zwischen Staat und Eigentümern, zum anderen zwischen Eigentum und Umweltschutz, wobei letztere Interessen wiederum bei Eigentümern und Staat parallel auftreten, wenn auch mit deutlichem Vorrang des Eigentumsinteresses.

Dies zeigt nicht nur, wie groß die Interessenparallelität ist; es beweist vor allem, daß sie auch *primär eigentumsordnend* akzentuiert sein kann — nicht nur „Eigentümer als Umweltschützer", sondern auch „Eigentumsordnung als Umweltordnung", das ist die grundlegende dogmatische Konsequenz. Und praktisch bedeutet dies: Es braucht nicht immer gefragt und bewiesen zu werden, daß gewisse eigentumsgünstige Maßnahmen des Staates im primären Umweltschutzinteresse stehen, zulässig, ja unter Umständen von der Verfassung gefordert, ist auch „Eigentumsschutz als Umweltschutz"; beide Schutzgüter stehen eben nicht gegeneinander, ihre Kreise überschneiden sich. Das Großphänomen der Waldschäden hat die Dimension solcher Koinzidenz gezeigt, aber auch die Intensität, mit welcher hier Eigentümerinteressen zugunsten des Umweltschutzes wirken; denn selbst wenn die Eigentümer einen Klageerfolg nicht erzielen können — unter diesem Druck ist in wenigen Jahren nun wirklich eine Wende im Umweltschutz eingetreten. Die

---

[92] So schon *Leisner* (FN 82), S. 91; ähnlich *Ebersbach* und *Ladeur* (FN 82).

Frage erscheint berechtigt: Was bedeutet, angesichts so machtvoller Parallelität, gelegentlicher Interessengegensatz von Eigentum und Umweltschutz? Sollte nicht rechtsdogmatisch, vor allem aber auch rechtspolitisch, die „Schubkraft des Eigentums" noch weit intensiver, und wo immer es möglich ist, für den Umweltschutz genutzt werden; vielleicht wäre dies eine gute Lehre aus dem Waldsterben — aus so vielen Eigentümerbelastungen schließlich eine große Entlastung des Eigentums, von der übersteigerten Spannung Staat-Eigentümer zu gemeinsamem Umweltschutz. Der Eigentümer wird gerade hier glaubwürdig darin, daß er auch, ja gerade für Umweltschutz eintritt, wenn er primär im eigenen Interesse handelt.

c) Umweltgrundrecht — Staatszielbestimmung Umweltschutz: Notwendigkeit eines „besonderen Bürger-(Eigentümer-)Interesses"

Seit Beginn der großen Umweltdiskussion wird die Möglichkeit erörtert, dem Bürger ein „Grundrecht auf Umwelt" zuzuerkennen[93], durch eine unzählige „Bürger-Staatsanwaltschaft" den Schutz der bedrohten Güter zu verstärken. Damit könnte immerhin, so mag es scheinen, die subjektiv-öffentliche Rechtslage des Bürgers wie die objektiv-rechtliche des Staates als Umweltverantwortlichen verbessert werden: *Subjektiv-grundrechtlich* ist der Bürger bisher wesentlich, wenn nicht ausschließlich, allein durch seine Rechte auf Leben und Gesundheit gesichert. Werden diese Rechtsgüter nicht verletzt oder wenigstens gefährdet, so könnte eine verfassungsrechtliche Schutzlücke anzunehmen sein[94]. Selbst wenn man hier den Gefährdungsbegriff ausweitet (vgl. dazu noch unten), so würde sich eine solche Lücke ohne Anerkennung eines Umweltgrundrechts wohl kaum völlig schließen lassen. Durch ein solches aber würde — das ist aus der Sicht dieser Untersuchung zu betonen — eine Interessenparallelität Bürger - Staat in größtem Umfang anerkannt werden; und eine (wenigstens gewisse) Handlungsverantwortung der so berechtigten Bürger im Umweltschutz müßte die notwendige Folge eines Umweltgrundrechtes sein, wenn auch nur irgendetwas ist an der notwendigen Verbindung von Recht und Pflicht, vor allem aber, wenn die allgemeine Entwicklung der Grundrechtsdogmatik von der reinen Ausgrenzung zum „Recht auf Tätigkeit", vom status negativus zum status activus mehr als nur eine Floskel sein soll. Mit den Fragen nach einem „Grundrecht auf Umwelt" wird also unmittelbar auch nach der Interessenparallelität

---

[93] Dazu m. Nachw. *Soell*, H., NuR 1985, S. 205 ff.; Nachw. auch bei *Ebersbach*, AgrarR 1976, S. 333 (338).

[94] Beispiele bei *Soell*, aaO., unter Bezug auf die Sachverständigenkommission Staatszielbestimmungen/Gesetzgebungsaufträge.

Eigentümer - Staat gefragt, denn schließlich ist ja auch der Eigentümer ein Bürger mit Umweltschutz-Interessen[95].

Eine *objektive Intensivierung des Umweltschutzes* — sie wird bisher zuwenig betont — würde sich jedenfalls durch den Einsatz einer „Bürgerwehr von Umweltschützern" gegenüber der Verwaltung und vor den Gerichten ergeben — eine wahrhaft revolutionäre Bewegung vom kleinen Berufsheer der amtlichen Umweltschützer bis zur levée en masse von Bürgern, die in der Umwelt ihre Grundrechts-Heimat verteidigen.

Ein solches Grundrecht auf Umwelt gibt es nun aber heute nicht[96], seit langem werden überzeugende Gründe dagegen ins Feld geführt[97]; gerade deshalb sollen Staatszielbestimmungen, Staatsform-Grundnormen[98] an ihre Stelle treten. Mit ihnen wird ja das dogmatisch Entscheidende ebenfalls anerkannt, das ein Grundrecht auf Umwelt bringen sollte: die Interessenparallelität Staat — Bürger; denn es ist ja gerade Wesen dieser Staatszielbestimmungen, daß sie, im untrennbaren Zusammenhang mit dem (klassischen) Grundrechtskatalog stehend, „Grundrechts-Inhalte als Staatsorganisationsnormen bringen", „Grundrechte als Staatsorganisationsrecht", letzteres im weitesten Sinne verstanden, wenden sich die Staatszielbestimmungen doch auch, wenn nicht in erster Linie, an den Bürger der Demokratie. Auch Umweltschutz als Staatszielbestimmung bedeutet also insoweit die Verankerung von Interessen-Parallelitäten Staat — Eigentümer auf höchster Normebene.

Gerade die Zurückhaltung gegenüber einem subjektiven (Grund-)Recht kommt übrigens nicht aus grundsätzlicher Skepsis gegenüber der hier dargestellten Interessenparallelität Eigentümer — Staat. Sie soll ja, ganz im Gegenteil, unter Umständen durch eine Staatszielbestimmung sogar auf alle Bürger erweitert werden. Die entscheidenden Einwände gegenüber einem Grundrecht auf Umwelt sind praktisch-prozessualer Art: Durch uferlose Klagemöglichkeiten würden die Verwaltungen und Gerichte gelähmt, die Effizienz des Umweltschutzes gebrochen, nicht gesteigert, deren Erhaltung doch, ganz allgemein, durch die Beschränkung von Klagemöglichkeiten auf den Schutz eindeutig zurechenbarer Interessen erreicht werden soll. Die Ablehnung eines *allgemeinen* Umweltgrundrechts — denn darauf liegt der Akzent — ist also gerade kein Votum gegen Umweltschutzinteressen eben

---

[95] Zutr. hervorgehoben von *Ebersbach,* H., AgrarR 1976, S. 333 (338).

[96] *Breuer,* R. (FN 25), S. 551 m. Nachw.

[97] Schon von *Klein,* H. H., Festschr. f. Werner Weber, 1974, S. 643 ff. ist hierzu das Wesentliche gesagt worden, vgl. neuerdings m. Nachw. *Soell* (FN 93), S. 209/10 m. Nachw.

[98] Die von jeher mit dem Umweltgrundrecht in engem Zusammenhang gesehen, meist auch aus denselben Gründen abgelehnt werden, vgl. *Klein,* aaO., S. 660/1; *Breuer* (FN 25), S. 543; siehe dazu m. Nachw. neuerdings *Soell* (FN 93), S. 211/12.

des Eigentümers, sondern vielmehr deren deutliche Bestätigung: Bei ihm sind, kraft seines Besitzes, die Umweltinteressen derart radiziert und verfestigt, daß die Anerkennung eines Umweltgrundrechts sich rechtfertigt, auch nach der klassischen Dogmatik.

Hier werden übrigens, wieder einmal, die größeren, staatsgrundsätzlichen Dimensionen der Problematik sichtbar. Sicher setzt die Staatsform der egalitären Demokratie, in letzter Konsequenz, den „Bürger als Amtsträger" voraus, grundsätzlich bei jedem Glied der Gemeinschaft, so wie ja auch jeder das eine, gleiche Wahlrecht als Staatsfunktion zu erfüllen hat; vergangen sind die Zeiten, in denen dies, im Dreiklassenwahlrecht etwa, nach Besitz gestuft war. Aus radikaldemokratischer Sicht mag also die Vision einer allgemeinen „Umweltschutz-Bürgermiliz" faszinieren, eine Konzentration der Umweltverantwortung auf die Eigentümer dagegen als Rückschritt erscheinen. Doch diese selbe Demokratie verlangt eben auch, aus ihrer Freiheitlichkeit heraus, eine letzte Distanz Bürger - Staat; sie wird dort letztlich aufgehoben, wo der freie Bürger allzu fest in die Staatsorganisation eingebaut ist, und sei es auch als Umweltschutz-Milizionär. Er hätte dann auch *nurmehr Gemeinschaftsinteressen* hier zu wahren, sehr bald würden seine — ja doch in den meisten Fällen nicht allzu gewichtigen — Interessen hinter den größeren, globalen der staatlichen Gemeinschaft zurücktreten, in diesen aufgehen. Nicht mehr Interessenparallelität würde herrschen, der Bürger müßte in der staatlichen Interesseneinbahn bald zum Trittbrettfahrer eines von ihm nicht gelenkten Gemeinschaftszuges werden. Damit würde vor allem die *motivierende Kraft der Verfolgung zugleich eigener Interessen zerstört, aus der aber die Demokratie lebt.* Deshalb verzichtet die freiheitliche Demokratie auf die letzte Konsequenz des „Bürgers als Staatsanwalt", der wahrhaft „immer im Dienst wäre" und überall, weil dies mit Notwendigkeit in jener französisch-revolutionären Denunziations-Demokratie enden würde, welche an die Stelle der Motivation durch eigene Interessen den Neid gegenüber dem anderen setzen müßte.

Um dieses Ende der Freiheit in interessenschwacher Geschäftigkeit zu vermeiden, beschränken die Grundrechte Klagemöglichkeiten auf Lagen, in denen zumindest die Freiheit des Bürgers so stark bedroht erscheinen mag, daß er zu ihrem Schutze im eigenen Interesse antritt, und zugleich — das müßte stärker betont werden — damit als Anwalt der objektiven Freiheitsordnung im Staat tätig wird[99]. Probleme der Demokratie in Deutschland mit ihren Beschwerdefluten rühren gerade davon her, daß eben doch nicht jedermann jenen echten Bürgerernst aufbringt, wie er bei paralleler Interessenverfolgung von eigenen und Gemeinschaftsinteressen aber gegeben sein sollte; allzu häufig wird bei doch nur mäßigen Eigeninteressen der staatliche

---

[99] Besonders deutlich zeigt sich dies in den normkontrollierenden Verfassungsbeschwerden.

Schutzmechanismus bemüht — und dies dann noch mit vermeintlich gemeinschaftsinteressenwahrender Geschäftigkeit verbrämt. Diesen Entartungen gegenüber ist zu betonen: Gerade wenn die Demokratie den Einzelnen immer *auch* zur Wahrung paralleler öffentlicher Interessen in der (vor allem grundrechtlichen) Klägerposition einsetzt, so ist sie doch gut beraten, wenn sie dazu stets auch beachtliche eigene Interessenwahrungsmotive parallel verlangt — und sie sind im Umweltschutz eben vor allem bei einer Kategorie von Bürgern gegeben: bei den Eigentümern.

Die gesamte Diskussion für und gegen „Umweltgrundrecht und Staatszielbestimmung Umweltschutz" ist daher, im Grunde, eine große Bestätigung der These von der Interessenparallelität Eigentümer - Staat und deren Notwendigkeit gerade in der umweltschützenden Demokratie.

d) Eigentumsgrundrecht als Umweltgrundrecht

Nach geltendem Recht gibt es zwar kein „Grundrecht auf Umwelt", wohl aber grundrechtliche Ansprüche auf Beseitigung von Beeinträchtigungen, ja Gefährdungen gewisser durch Freiheitsrechte geschützter Rechtsgüter. Damit ist nicht nur der Anspruchsgegenstand enger umgrenzt, die Natur der Ansprüche ist eine andere als im Falle eines Grundrechts auf Umwelt: Dieses würde einen primären status positivus schützen, jene, auch bisher schon anerkannten Rechte sichern doch in erster Linie den status negativus einer Eingriffs-Abwehr. Der Unterschied ist gerade aus der Sicht dieser Untersuchung gravierend. Wird der Grundrechtsschutz im Umweltschutz in Form von Abwehrrechten gewährt, so muß ein dem Berechtigten besonders zugeordneter Freiheitsraum vorhanden sein, aus dem heraus er im eigenen Interesse staatsparallele Umweltsicherung betreiben kann — ihn konstituiert das Eigentum. Das „Grundrechtauf Umwelt" ist dann noch immer primär ein Abwehrrecht gegen Eingriffe in die dem Eigentümer in besonderer Weise zugeordnete Umwelt. Das Umweltgrundrecht bleibt damit in der klassischen, eingriffsabwehrenden Tradition, es wandelt sich nicht in ein „Recht auf etwas". Diese Kategorie ist ja deshalb von jeher problematisch, impraktikabel geblieben, weil ein solches „reines Teilhaberecht" nahezu notwendig stets und rasch in ein „Recht auf alles und jedes" sich entwickelt, das dann nicht mehr zu befriedigen ist — beim „Recht auf Arbeit" ist es erlebt worden.

Der Grundrechtsschutz kann eben doch nur wirksam auf einer „besonderen eigenen Interessenbasis" des Berechtigten aufbauen — von dessen ihm geradezu physisch-psychisch eng zugeordneter Freiheit bis zu seinem Eigentum. Wird er zum Schutz solcher eigener Güter tätig, so darf erwartet werden, daß er „zugleich als Staatsanwalt der Freiheit" tätig wird — sonst nicht — und dies ist das Zentrum der liberal-demokratischen Grundrechtsidee. „Eigentümer als Träger eines Umweltgrundrechts" — das bleibt in solcher Tradition, die ja immer „Eigenes" verlangt, die Freiheit sogar als eine Form des Eigentums schützt, längst bevor „Eigentum als Freiheit" gedacht wird. Aus diesen grundsätzlichen Überlegungen ergeben sich *praktisch bedeutsame Konsequenzen:* Der Eigentümer sollte — wenn überhaupt jemand — als „natürlicher", „geborener" Berechtigter von Umweltschutzansprüchen anerkannt werden, seien sie nun grundrechtlich verfestigt oder nicht. Von ihm kann, mehr als von anderen Bürgern, erwartet werden, daß er aus jener Motivationslage heraus handelt, ohne die Umweltschutz nicht wirksam werden kann: daß er zugleich im eigenen wie im parallelen Gemeinschaftsinteresse tätig wird. Ebenso wie es bedenklich ist, solchen „Rechtsschutz ohne eigene Interessen" jedermann einzuräumen, so ist es umgekehrt sachgerecht, den Eigentümer als Umweltschützer gegenüber Verwaltungen und Gerichten heranzuziehen, damit er geltend mache — *sein Eigentumsgrundrecht als Umweltgrundrecht.* Wo immer neue Klagmöglichkeiten eröffnet werden, da sollte vor allem das Eigentum dazu legitimieren, und es muß, umgekehrt, der Staatsgewalt zur Pflicht gemacht werden, Umweltschutz im Eigentümerinteresse zu betreiben; dann wird sie auch die parallelen Interessen schützen, wenn sie laufend „vom Eigentümer dazu angestoßen wird".

Dies muß heute betont werden, denn im Gefolge zunehmender Eigentumsindifferenz droht die Entwicklung in andere Bahnen zu laufen, welche die Wirksamkeit des Umweltschutzes herabsetzen. Die ganz herrschende Lehre leitet staatliche Verpflichtungen — und entsprechende Bürgerrechte — zum Umweltschutz aus der *Bedeutung des zu schützenden Rechtsgutes* ab[100]. Zwar ist *umfassende Gefahrenabwehr Aufgabe des Staates*[101], doch Ansprüche darauf werden eben doch in erster Linie nur aus der *Verletzung von Grundrechten* abzuleiten sein[102]. Bei Gefährdungen insbesondere werden Risiken für Grundrechte verlangt[103]. Daß hier nur — vor allem durch das BVerfG — Schutz bei „erheblichen Gefahren" gewährt werden soll[104], ist

[100] Vgl. dazu f. viele m. Nachw. *Martens,* W., DVBl 1981, S. 597 ff.; *Friauf,* K. H., Polizei- und Ordnungsrecht in: Besonderes Verwaltungsrecht, hrsg. v. Ingo von Münch, 7. Aufl. 1985, S. 181 (202); *Rehbinder,* E., BB 1976, S. 1 (2); BVerfG NJW 1979, S. 359 (363); BVerfGE 56, S. 54 (81); BayVGH DVBl 1979, S. 673 (675).

[101] BVerfGE 58, S. 300 (344); siehe auch 53, S. 30 (58/9); BVerfG NJW 1979, S. 359; *Klein,* H. H. (FN 97), S. 645 (655); allg. zur Garantiepflicht des Staates *Soell,* H., NuR 1985, S. 205 (206/7).

[102] Vgl. u. a. BVerfGE 56, S. 54 (78) m. Rv; 52, S. 214 (221); dazu etwa *Sommer,* H., DÖV 1986, S. 870. Krit. *Ossenbühl,* F., DÖV 1981, S. 1 (4).

[103] Siehe dazu *Murswiek,* D., Die staatliche Verantwortung für die Risiken der Technik, 1985, S. 127.

[104] *Murswiek,* aaO., S. 145/6.

grundsätzlich ebenso vertretbar, wie daß das BVerfG nur bei evidenten Verletzungstatbeständen einzugreifen bereit ist[105]. Bedenklich dagegen ist es, wenn der Schutz mit Blick auf die *Bedeutung des Schutzgutes* noch weiter, und zwar möglicherweise noch innerhalb des Grundrechtsbereichs, eingegrenzt werden soll. Gerade darauf aber laufen neuere Entwicklungen zu: Zwar wird es den staatlichen Organen ganz allgemein zur Pflicht gemacht, „die Gefahr von Grundrechtsverletzungen nach Möglichkeit einzudämmen"[106], doch eine Pflicht zum Eingreifen des Gesetzgebers — ohne welches in vielen Fällen wirksamer Schutz unmöglich ist — will das BVerfG nur sanktionieren, „sofern Rechtsgüter von höchster Bedeutung auf dem Spiel stehen"[107]. In dieser Sicht haben sich die Nachprüfungen in der Immissionsschutzrechtsprechung des BVerfG denn auch im wesentlichen auf den Schutz der Rechtsgüter von Leben und Gesundheit (Art. 2 Abs. 2 GG) beschränkt[108], und dem ist, soweit ersichtlich, nicht widersprochen worden[109].

Erkennbar ist also eine *Tendenz, das Eigentum als Schutzgut der staatlichen Umweltschutz-Verpflichtung,* damit aber den Eigentümer als Träger von Umweltgrundrechten, *zurücktreten zu lassen.* Demgegenüber ist die Bedeutung des Gutes Eigentum im Umweltschutz zu betonen[110]. Es darf nicht dahin kommen, daß Rechte auf umweltschützendes Eingreifen des Staates im (zumindest parallelen, wenn nicht vorrangigen) Bürgerinteresse auf den Schutz von Leben und Gesundheit beschränkt werden. Dies würde eine Einengung der Interessenparallelität auf diese Güter bedeuten und eine Abwertung des „Interesses des Staates am privaten Eigentum im Interesse (auch) des Umweltschutzes" zur Folge haben. Die deutlich erkennbare Interessenparallelität Eigentümer - Staat im Umweltschutz wäre damit entscheidend verkürzt. Zugleich wäre ein Bedeutungsverlust des Eigentums überhaupt die notwendige Konsequenz: Wenn es für den Staat nicht mehr so wichtig ist, daß sich aus ihm eine Pflicht zu seinem Eingreifen ableiten läßt, in dem ständig an Gewicht gewinnenden Umweltschutz zumal, so wird dieses Grundrecht an einem zentralen Punkt ausgehöhlt.

---

[105] BVerfGE 56, S. 54/55; BVerfG NJW 1983, S. 2931 (2932), darauf gerade wird auch die Klageabweisung in Waldschadensfällen gestützt, vgl. etwa OLG München, NJW 1986, S. 589 (592).

[106] BVerfGE 52, S. 214 (221).

[107] BVerfGE 56, S. 54 (81).

[108] BVerfGE 53, S. 30 (57); 56, S. 54 (73).

[109] Sieht man von der Problematik der Weite des Begriffes „Gesundheit" ab, dazu BVerfGE 56, S. 54 (75/76).

[110] Wie sie das BVerwG bereits — zumindest grundsätzlich — in ständiger Rechtsprechung anerkennt, vgl. etwa BVerwGE 32, S. 173 (179); 45, S. 309 (324 f.); 54, S. 211 (221 f.); 59, S. 253 (260 ff.).

Die klare dogmatische Grundforderung, welche allein der Interessenparallelität Eigentümer-Staat im Umweltrecht entspricht, lautet daher: *Staatliche Schutzverpflichtung nicht nur für Leben und Gesundheit der Bürger, sondern auch für ihr Eigentum*, gerade im Umweltschutz, aus der Bedeutung dieses Schutzgutes eben für diesen selben Umweltschutz, aber auch aus dem allgemein-politischen Gewicht der privaten Eigentumsordnung als Staatsgrundlage heraus, welche nicht der mächtigen Umweltbewegung geopfert, sondern umgekehrt für diese nutzbar gemacht werden sollte.

Die Eigentümer müssen also, aus diesen ihren staatsparallelen Interessen heraus, *auch* Ansprüche gegenüber dem Umweltgesetzgeber erheben[111], bei veränderter Lage „Nachbesserung" des bisherigen Schutzes durch ihn verlangen können[112]. Des damit gewährten „dynamischen Rechtsschutzes"[113] bedarf vor allem ein agrarisches Grundeigentum, das heute, bei aller immanenten Stabilität, rasch wechselnden und weithin unvorhersehbaren Umweltgefährdungen ausgesetzt ist.

Umweltgrundrecht als Schutz von Leben und Gesundheit — das ist eine allerletzte Rückzugslinie; sie wird kaum je nachweisbar erreicht sein und daher viele theoretische Erörterungen, aber wenig praktische Umwelteffizienz bringen. Wird aber das Eigentumsgrundrecht als Umweltgrundrecht ernst genommen, so wird die Umweltgefährdung auf breiter Front offenbar werden, aufgedeckt durch das wachsame Heer der Eigentümer, in ihrem eigenen Interesse und zugleich in dem der Gemeinschaft.

e) Eigentümer, nicht Verbände als Sachwalter der Umwelt — Kritik der „Verbandsklage"

Wird die Bedeutung nicht nur des Eigentums als Schutzgut des Umweltschutzes, sondern der Eigentümer als Umweltschützer erkannt, so erscheint auch die Bürgerbeteiligung[114] in diesem Bereich in einem anderen Licht, bis hin zu der viel diskutierten Verbandsklage.

---

[111] Zu den Ansprüchen gegen den Gesetzgeber im Umweltschutz vgl. etwa *Klein* (FN 97), S. 646/7; *Ossenbühl*, F., DÖV 1981, S. 1 (4); *Breuer* (FN 25), S. 548; *Ladeur*, K. H., DÖV 1986, S. 445 (452).

[112] BVerfGE 56, S. 54 (72, 78, 81); dazu u. a. *Breuer*, R., NJW 1979, S. 1862 (1865); *ders.* (FN 111 aaO.); *Klein* (FN 97), S. 646; *Soell* H., NuR 1985, S. 205 (207); *Murswiek* (FN 103), S. 185 f.

[113] Zur Kritik vgl. *Ossenbühl*, F., DÖV 1981, S. 1 (8); *Murswiek* (FN 103), S. 181 f., 185.

[114] Zur Bürgerbeteiligung im Umweltrecht vgl. den Überblick bei *Soell* (FN 2), S. 566 f.; *Sprenger*, B., NatSch Arb.Blätter UR, Teil 3, 1984, S. 85; vgl. zu den Zielen der Bürgerbeteiligung BVerwG NJW 1980, S. 1061 (1063).

Während die Einführung einer Popularklage kaum Anklang findet[115] — sieht man von der besonderen Problematik des Atomrechts ab[116] — wird die Verbandsklage nach wie vor gefordert und vor allem damit gerechtfertigt, daß über solche Formen „eigen-interessenfreien" Handelns der Umweltschutz wesentlich verbessert werden könnte[117]. Diese Bestrebungen stehen — das sollte deutlich gesagt werden — der Umweltfunktion des Eigentums auch im Agrarbereich skeptisch gegenüber, sie rechtfertigen sich ja vor allem dann, wenn man dem Eigentümer wirksame Mitarbeit im Umweltschutz nicht zutraut, ihn im wesentlichen auf die Verfolgung gegengerichteter eigener Profitinteressen beschränkt und damit eine Interessenparallelität zur Gemeinschaft leugnet. Dann soll die sonst möglicherweise nur theoretische staatliche Allgegenwart durch ein Aufgebot „nicht eigentumsinteressierter Bürger" effektiver werden, die Verbandsklage ist geradezu der Typ der „eigentumslosen Bürgerklage im Umweltschutz".

Die Diskussion über die Verbandsklage wird, wie es ja heute in so vielen Bereichen üblich ist, vor allem mit Praktikabilitätsargumenten geführt, diese stehen auch bei den — weit überwiegenden — negativen Stellungnahmen im Vordergrund[118]: Die Klagemöglichkeit werde die Verwaltungstätigkeit stören, die Gerichte überlasten, unseriöse Praktiken hervorrufen, wie sie auch aus dem Recht des Unlauteren Wettbewerbs bekannt seien. Auch die Hinweise auf die grundsätzliche „Verbandsklagefeindlichkeit" des Verwaltungsprozeßrechts, das auf der individuellen Klagebefugnis selbst Betroffener beruht, heben weniger auf die tieferen Gründe dieser Beschränkung ab (sachgerechte Motivation und Information, „eigene Angelegenheiten"), als vielmehr wiederum auf die Gefahren einer uferlosen Ausweitung des Rechtsschutzes und damit einer Überlastung der Gerichtsbarkeit, dabei liegen die entscheidenden Gründe aber tiefer.

Die prozessualen Rechte sind im Rechtsstaat grundsätzlich Gefolge der materiellen Rechtspositionen, welche über sie verteidigt werden können. Insoweit ist der „Grundrechtsschutz durch Verfahren"[119] stets mit Recht betont worden: Klage- und Beteiligungsmöglichkeiten begleiten den mate-

---

[115] Vgl. vor allem *Breuer*, R., NJW 1978, S. 1558 (1560 ff.); *Ronellenfitsch/Wolf*, NJW 1986, S. 1955 (1961).

[116] Dazu u. a. *Ipsen*, J., DVBl 1980, S. 146 ff.; *Papier*, H.-J., NJW 1980, S. 313 (315).

[117] Siehe etwa *Rehbinder*, E., Umweltrecht, RabelsZ 1976, S. 363 (408); *Soell* (FN 2), S. 562 ff., zugleich m. Überblick über die Erweiterung des Verbandsklagerechts in einigen Bundesländern.

[118] Siehe etwa *Steinberg*, R., UPR 1984, S. 350; *Kloepfer*, M., VerwArch 1985, S. 371 (386/7); *Breuer*, R., NJW 1978, S. 1558 f.; *Ipsen*, J., DVBl 1980, S. 146 (147); *Schröder*, M., Jura 1981, S. 617 (622).

[119] Betont von BVerfGE 53, S. 30 (59); dazu *Breuer* (FN 25), S. 550; *Ossenbühl*, F., DÖV 1981, S. 1 (5). Zu den Übergängen vom materiellen zum verfahrensrechtlichen Grundrechtsschutz in der Abwägung *Ladeur*, K. H., UPR 1985, S. 149 (155).

riellen Grundrechtsschutz, können ihn in Grenzen sogar kompensieren. Geht man davon aus, so ist eine von materiellen Rechten gelöste prozessuale Berechtigung an sich schon bedenklich, sie muß eng begrenzte Ausnahme bleiben. Denn es gilt eben auch die Umkehr: Wer Verfahrensbeteiligung erlangt, erreicht damit auch eine gewisse materielle Berechtigung.

Dies zeigt sich nun gerade bei der Verbandsklage im Umweltrecht. Häufig richtet sie sich, und dann meist primär, gegen privates Eigentum. Tun oder Unterlassen von Eigentümern wird angeprangert, diesen wird der Staat ins Haus gerufen. Diese klagenden Verbände sind grundsätzlich Anwälte des Umweltschutzes gegen das Eigentum, da sie dessen Interessen überhaupt nicht vertreten. Damit aber werden sie für den „Eigentümer als Umweltschützer" in doppelter Hinsicht zur Belastung:

— Sie greifen einerseits in die *Ausübung der Eigentumsrechte*, insbesondere in die Eigentumsnutzung, zumindest mittelbar ein, indem sie Behörden zum Vorgehen gegen gewisse Formen des Eigentumsgebrauchs auffordern, dies sogar durch Klagen erzwingen. Damit erschweren sie den „rein eigennützigen", profitorientierten Eigentumsgebrauch, der immerhin zugleich auch die wirtschaftliche Grundlage eines „Umweltschutzes durch Eigentümer" darstellt. Wer sich ständig gegen irgendwelche Anzeigen oder Anschuldigungen Dritter zur Wehr setzen muß, hat eben nicht jenen „ungestörten Eigentumsgebrauch", der doch grundsätzlich — zunächst einmal — beim Rechtsinhaber liegen soll; und § 903 BGB hat ja nicht nur eine materiell-rechtliche, sondern indirekt auch eine prozessuale Schutzfunktion: Der Eigentümer soll Dritte auch prozessual gesehen von seinem Eigentum ausschließen, sich also mit ihnen nicht laufend vor Verwaltungen oder Gerichten streiten müssen, es sei denn, sie machten eigene Rechte eben gegen dieses sein Eigentum geltend. Deshalb unterscheiden sich Verbandsklagen grundsätzlich von Rechten der Nachbarn im Umweltschutz, die ja auch ihrerseits im Namen ihrer Eigenverantwortung handeln, aber aus zu Rechtsposition verfestigten, eigenen Interessen heraus[120]. Hier wird gerade Eigentumsverantwortung parallel und in Kooperation mit der Verfolgung öffentlicher Umweltschutz-Interessen durch den Staat wahrgenommen; es ist daher sinnvoll und gerade Ausdruck der Eigentümerverantwortung im Umweltschutz, daß die Eigentümer neben ihren privaten auch öffentliche Belange ins Spiel bringen können[121].

— Verbandsklagen stören also den Eigentümer in jenem Eigentumsgebrauch, der zugleich Grundlage der Ausübung seiner Umweltverantwortung ist. Dies mag dann noch vertretbar erscheinen, wenn man

[120] Zu den Nachbarrechten im Bereich der Planfeststellung vgl. etwa *Ladeur*, aaO., S. 153, zu ihrer wünschenswerten Erweiterung *Steinberg*, R., UPR 1984, S. 350 (359).

[121] Siehe hierzu *Steinberg*, aaO., S. 356 f.; BVerwG BayVBl 1983, S. 599 f.

unterstellt, er werde auf diese Weise in vielem erst wirksam auf diese seine Verantwortung hingewiesen. Selbst dann aber bleibt noch zu Lasten der Eigentümer ein anderer Effekt der Verbandsklagen, der sich auch im öffentlichen Interesse des Umweltschutzes ungünstig auswirken kann: Diese Einrichtung rechtfertigt sich nicht nur aus einem großen Mißtrauen gegenüber der Umweltschutz-Bereitschaft zuständiger Behörden, sondern in erster Linie aus einem *Mißtrauen gegenüber den Eigentümern und ihrer Verantwortung*. Verbandsklagen sind allein dann sinnvoll, wenn nicht nur daran nicht geglaubt, sondern zugleich noch unterstellt wird, die Behörden würden sich gegen den Eigentümerwiderstand nicht durchsetzen können oder gar deshalb inaktiv bleiben. Zu derartigen Befürchtungen mag durchaus gelegentlich Anlaß bestehen. Werden sie aber auf solche Weise geradezu durch eine Rechtsfigur institutionalisiert, über welche „Umweltschutz durch Bürger ohne Eigeninteressen" betrieben werden soll, so bedeutet dies eben doch eine grundsätzliche Frontstellung gegen den Eigentümer als Umweltschützer. Mehr noch: Jene Staatsgewalt, welche in sehr vielen Fällen ruhig abwarten könnte, ob nicht der agrarische Eigentümer doch seine Umweltverantwortung ernst nimmt, im eigenen Interesse und in dem parallelen der Gemeinschaft — sie wird durch Verbandsklagen, ja schon durch Drohungen damit, in einen Aktionismus gedrängt, der allzu rasch ihre Front gegenüber dem Eigentum verhärtet und damit auch spätere Kooperation wenn nicht unmöglich macht, so doch entscheidend erschwert. Das Eingreifen solcher unbeteiligter Dritter hat ja hier in der Regel nicht streitschlichtende, sondern streitverschärfende Wirkung. Vom Eigentümer muß es als Mißtrauensvotum und zugleich als Einmischung in fremde Angelegenheiten empfunden werden — jenes natürliche Miteinander geht verloren, das nicht nur praktisch im Umweltschutz wichtig ist, von dem auch, an so vielen Stellen, die Rechtsordnung zutreffend ausgeht, wie hier nachgewiesen wird.

Die Verbandsklage im Umweltschutz ist also nicht nur aus praktischen Gründen abzulehnen oder in engsten Grenzen zu halten. Sie ist der falsche Weg, weil sie auf der unrichtigen These beruht, diese zum Prinzip erhebt, Parallelinteresssen von Eigentümern und Staat gebe es nicht, daher müßten Dritte den staatlichen Umweltschutz rufen, da dies von Eigentümern nicht oder nur im ausschließlichen eigenen Interesse zu erwarten sei. Insoweit fällt mit der Anerkennung der Verbandsklage doch eine Grundentscheidung gegen das Eigentum und seine Umweltschutz-Funktion, die sich auch in Umweltschutzklagen zu bewähren hat.

Nach der hier vertretenen Auffassung muß daher die These lauten: Die Eigentümer, nicht Verbände sind als Umweltkläger geeignet, und in dieser Verantwortung sollten sie noch gestärkt werden. Zwar sind Bedenken gegen uferlose Ausweitung des Drittschutzes durch öffentliche Normen im Umweltschutz berechtigt — bürgerlich-rechtliche Nachbarstreitigkeiten i.w.S. sollten nicht in weithin risikolose Verwaltungsprozesse umfunktioniert werden. Immerhin aber ist der *Drittschutz*[122] hier grundsätzlich legitim, denn er ist ja ein prozessualer Ausdruck für die Interessengemeinschaft gewisser Eigentümer mit dem Staat im Namen der Sicherung der Umwelt. Je weiter die Drittwirkung — sachgerecht — entwickelt wird, desto mehr kann der Eigentümer jene Funktion übernehmen, welche man heute vielfach Umweltverbänden übertragen will. Insoweit trifft es zu, daß die Gestaltung des Rechtsschutzes gerade hier eine politische Entscheidung darstellt[123]; und gerade um einen Mißbrauch der Drittwirkung auszuschließen, sollte man wohl Bestrebungen der Vereinheitlichung bürgerlich-rechtlichen und öffentlich-rechtlichen Rechtsschutzes[124] aufgeschlossen gegenüberstehen, durch sie kann der Eigentümer auch prozessual in die Umweltschutzbemühungen eingegliedert werden.

Vor allem aber bleibt eben auch der prinzipielle grundrechtsdogmatische Einwand gegen die Verbandsklage bestehen, gerade aus der Sicht einer primären Eigentümerverantwortung: Es sollte hier nicht eine Rechtsfigur entwickelt werden, welche auf laufende eigentumslose Befassung mit fremdem Eigentum hinausläuft, damit aber letztlich in die große Kategorie eines „Rechts *auf* Eigentum" einzuordnen ist, nicht in die eines „Rechts *am* Eigentum"; und wenn man die Verbandsklage nur als Ausdruck eines „Rechts auf Umwelt" sieht, so ist sie auch hier etwas wie ein ganz allgemeines „Recht auf ...", nicht jenes „Recht am ...", welches aber die Grundlage der gesamten Rechtsdogmatik ist.

f) Exkurs: Das Verursacherprinzip und die Interessenparallelität Eigentümer — Staat

Das Verursacherprinzip gilt seit den Anfängen eines systematisch-bewußten Umweltschutzes als ein beherrschender Grundsatz dieses komplexen Rechtsbereichs[125], über seine Anwendung soll dieser geradezu im Sinne einer einheitlichen Materie zusammengeordnet werden. Es ist zwar

---

122 Dazu allg. *Steinberg*, R., UPR 1984, S. 350, insbes. 354 ff.; *Leisner*, W., Waldsterben, 1983, S. 43 ff.

123 Vgl. *Kloepfer*, M., VerwArch 1985, S. 371 (376, 380 f.).

124 Siehe dazu *Gaentzsch*, G., NVwZ 1986, S. 601 (603 f.); *Ronellenfitsch/Wolf*, NJW 1986, S. 1955 ff.

125 Allg. zum Verursacherprinzip etwa *Voigt*, R., Wirtschaftsverwaltung 1983, S. 142 ff.; *Breuer*, R. (FN 25), S. 544.

keineswegs unumstritten[126], wird aber im Grundsatz überwiegend bejaht[127]. Gerade in der Landwirtschaft werden im Namen des Verursacherprinzips Eigentümern etwa auch schwer belastende Ausgleichsleistungen auferlegt[128].

Abgesehen von der allgemeinen Problematik des Prinzips, die eben im Begriff der Verursachung selbst liegt[129], was immer wieder zu Beweiserleichterungen führt, welche den Grundsatz in die Nähe einer Vermutung rücken — ihm steht eben doch das *Gemeinlastprinzip* gegenüber[130], nach welchem die Allgemeinheit für Umweltschäden aufzukommen hat, nicht nur weil das Verursacherprinzip als Grundsatz der Kostenzurechnung bisweilen versagt[131], sondern weil seine scharfe Anwendung auch nicht selten der verschlungenen Interessenlage bei Eingriffen in die Umwelt nicht gerecht wird: Belastungen der Umwelt beruhen häufig auf Produktionsweisen, welche durch Steigerung der Wettbewerbsfähigkeit der Volkswirtschaft, durch niedrigere Preise den Verbrauchern, der Allgemeinheit zugute kommen. Wenn daran ein öffentliches Interesse besteht, erscheint eine Übernahme zumindest eines Teiles der Folgekosten in der Umwelt durch die Allgemeinheit als berechtigt — andererseits müssen dabei wiederum die Subventionseffekte bei den umweltbelastenden Betriebe bedacht werden.

So ist also die Problemlage vielschichtig und schwierig, wie die der verschlungenen Interessen, eine ausnahmslose Anwendung des Prinzips verbietet sich, andererseits könnte es leicht durch „Abwägungen" und „Zumutbarkeiten" vollends verwässert werden. Auszugehen ist sicher davon, daß Gemeinschaftssolidarität hier auch gefordert ist und nicht selten eine gewisse Entlastung des Verursachers zur Folge haben wird; denn wenn das Menschenbild des Grundgesetzes eben nicht das des selbstherrlichen Individuums ist, sondern das der in der Gemeinschaft stehenden und ihr vielfältig verpflichteten Persönlichkeit[132], so erwachsen dem Einzelnen auch wiederum Hilfs- und Forderungsansprüche gegenüber dieser selben Gemeinschaft, Solidarität als Einbahn gegen einzelne Bürger kann es nicht geben. Im Namen dieser Solidarität mag es dann durchaus auch „gerecht" sein, daß von allen bezahlt werde, was allen nützt.

---

[126] Und das war auch schon früher so, vgl. *Bullinger*, M., Festschr. f. Werner Weber, 1974, S. 663 (664 m. Nachw.).

[127] Vgl. *Breuer*, aaO.; zur differenzierenden Anwendung bei den Kosten der Verursachungsfeststellung siehe *Stich/Porger*, BImSchG, Einl. Nr. 27.

[128] Siehe näher *Ebersbach*, H., AgrarR 1976, S. 333 (337).

[129] Dazu näher m. Nachw. *Voigt* (FN 125), S. 151.

[130] Vgl. m. Nachw. *Voigt* (FN 125), S. 147/8; *Breuer* (FN 25), S. 547.

[131] Zu dieser Funktion des Verursacherprinzips *Bullinger* (FN 126), S. 633.

[132] BVerfGE 12, S. 45 (51); 28, S. 175 (189); 33, S. 1 (10 f.).

Hier erreichen wir das Problem der parallelen Interessen von Staat und Eigentümern. Ein hartes, allein nach technisch-naturwissenschaftlichen Standards durchgesetztes Verursacherprinzip im Umweltschutz würde die hier bereits herausgestellte Interessenparallelität von Bürger und Gemeinschaft völlig ignorieren. Die beiden Aktions- und Verantwortungsbereiche würden scharf und völlig geschieden. Dem Eigentümer würde unterstellt, er beachte bei seiner wirtschaftlichen Tätigkeit Umweltinteressen überhaupt nicht, habe sich für jene entschieden, ohne eine sachgerechte Abwägung gegenüber Umweltbelangen durchzuführen. Die Staatsgewalt wiederum ginge dann gegen den Eigentümer als Verursacher ohne Rücksicht darauf vor, daß dieser doch einerseits ihre Umweltbelange auch bereits interessenausgleichend berücksichtigt haben könnte, der Eigentümer andererseits aber durch seine Aktivitäten zugleich auch Belange der Gemeinschaft erfüllt.

Mit anderen Worten: Ist der Begriff der Interessenparallelität vom wirtschaftenden Eigentümer einerseits, der Gemeinschaft zum anderen, einmal in seiner Bedeutung erkannt, so ist für eine scharfe, durchgehende Anwendung des Verursacherprinzips kein Raum mehr. Die Komplexität der Verursachungsproblematik und die vielfachen und regelmäßig im Gemenge liegenden Interessen ökologischer *und* ökonomischer Art verlangen von Bereich zu Bereich, wenn nicht von Fall zu Fall, eine behutsam dosierende Kombination vom Verursacher- und Gemeinlastprinzip; keine Rede kann davon sein, daß das erstere allein Ausdruck der Gerechtigkeit sei, es bringt nur Kausalität; Verursachung und Vertretbarkeit aber sind nicht identisch, das klassische Zivilrecht zeigt es.

Das BVerfG selbst hat, im Verhältnis zwischen Umweltbelastern und Umweltbetroffenen, eine zurückhaltende Position bezogen. In der Fluglärmentscheidung[133] heißt es: „(Den Beschwerdeführern) ist zuzugeben, daß es unter dem Blickpunkt eines wirksamen Grundrechtsschutzes nicht ausreichen würde, wenn sich allein die Betroffenen vor Lärmeinwirkungen schützen müßten, statt daß der Verursacher diese Wirkungen vermindert." Dies spricht für eine grundsätzlich-ausgleichende Solidarität, welche nicht nur im Verhältnis Eigentümer — Gemeinschaft, sondern auch zwischen konkretem Belaster und dem von ihm Belasteten ihren Platz hat.

Im ganzen wird die Interessenparallelität Eigentümer — Gemeinschaft, wo immer sie erkennbar wird, wohl mehr für die Anwendung des Gemeinlast- als des Verursacherprinzips sprechen. Denn einerseits ist dann dem Eigentümer, bis zum Beweis des Gegenteils, zu unterstellen, daß er eben bei diesen konkret belastenden Veranstaltungen, wie allgemein, die Gemeinschaftsbelange nicht grundsätzlich mißachtet, sondern sie, schon im eigenen Interesse, mitverfolgt. Zum anderen hat der Staat auch an diesen Eigentü-

[133] BVerfGE 56, S. 54 (83/84).

meraktivitäten Interesse, so daß es gerecht erscheint, ihn auch, wenigstens teilweise, in die Pflicht zu nehmen. Und schließlich wäre es bedenklich, wollte der Staat den Eigentümer über eine Anwendung des Verursacherprinzips in einem Bereich derart belasten, daß er zur Wahrnehmung seiner Umweltverantwortung im übrigen entweder gar nicht mehr in der Lage oder jedenfalls nicht mehr bereit wäre. Ein durch Großrisiken übermäßig belasteter Eigentümer könnte leicht die vielen „kleinen Umweltaufgaben" vernachlässigen, welche aber primär nur er überhaupt sieht, und zu spät vielleicht müßte dann der Staat erkennen, daß hier aus kleinen Versäumnissen große Schäden entstanden sind — für den Eigentümer, aber auch für die Gemeinschaft.

Doch das *Verursacherprinzip ist keineswegs der Feind der Eigentümerverantwortung*, in deren Namen es etwa allenthalben zurückgedrängt werden müßte; es ist auch umgekehrt geeignet, diese Eigentümerverantwortung bewußt werden zu lassen, zu ihrer Wahrnehmung rechtlich zu motivieren. Das Verursacherprinzip ist im Verhältnis zwischen den Bürgern ein wesentliches Instrument der privatrechtlichen Selbstregulierung, durch welche der öffentlich-rechtliche Umweltschutz unterstützt wird[134]. Im Verhältnis Eigentümer — Staat wirkt die Verursachung als eine Form indirekter Steuerung[135], auf welche eine Marktwirtschaft hier wie auch sonst stets in erster Linie setzen wird. Gerade wer den Eigentümer als Umweltschützer aktivieren will, kann daher auf das Verursacherprinzip nicht verzichten, solange es mit einer sachgerechten Wertung und Abwägung der gegenläufigen und parallelen Interessen im Verhältnis Staat — Eigentümer verbunden wird. Wenn der Eigentümer eine „primäre Umweltkompetenz" für sich in Anspruch nehmen will, wenigstens in seinem Verantwortungsbereich, so kann er ein dergestalt verengtes Verursacherprinzip nicht ablehnen; denn es kann keine Umweltkooperation ohne Umweltverantwortung geben, und diese wiederum nicht ohne Umwelthaftung.

Die Lehre von den Parallelinteressen von Staat und Eigentümer zeigt aber auch noch ein anderes: Das Verursacherprinzip ist, gerade wegen der eben dargelegten notwendigen Verbindung von Verantwortung und Haftung, kein Vehikel zur Entlastung des Staates von der Haftung für Umweltschäden, kein Abwälzungsmechanismus der Haftung auf den Bürger. Wenn der Staat „eigentümerparallele" Verantwortung hier zu tragen hat, in ihrem Namen sogar gegen den Bürger, zugleich in dessen Interesse, vorgehen darf, ohne daß ihm dieser mit Erfolg entgegentreten könnte, so hat er auch die Last dieser Rechte, dieser Verantwortung zu tragen: Er muß in erhöhtem Maße dafür auch amtshaftungsmäßig einstehen, daß er *nicht* eingegriffen hat. Auf „reine Verpflichtungen gegenüber der Allgemeinheit" kann er sich dort nicht

[134] *Breuer* (FN 25) m. Nachw.; siehe auch dazu oben 1 a.

[135] *Voigt* (FN 125), S. 147, 156.

berufen, wo er gleichzeitig mit Recht betont, zugleich im Interesse Privater zu handeln. Die Kategorie dieser „Verpflichtungen gegenüber der Allgemeinheit" ist an sich wohl schon nichts mehr als ein fragwürdiger Alibi-Begriff für die Deckung von „Staatsrechten ohne Staatshaftungspflichten", mit der Erkenntnis des durchaus gerade der Demokratie entsprechenden Interessenparallelismus Eigentümer — Staat muß er weithin unhaltbar werden. *Das Verursacherprinzip bindet eben nicht nur den Eigentümer, sondern auch den mit ihm interessenparallel handelnden Staat — auch er ist Verursacher, wenn er nicht verhindert,* und wie oft hat nicht er allein die technologischen und administrativen Möglichkeiten, rechtzeitig zu erkennen und Schäden auszuschließen, grundsätzlich ist dies im Falle des Waldsterbens ja auch erkannt worden. Auch auf diesem Wege, über das Verursacherprinzip also, läßt sich die bereits geforderte Verstärkung des Drittschutzes öffentlich-rechtlicher Normen begründen.

3. Demokratie — Staatsform der Interessenparallelität

Der Umweltschutz hat den Blick für die Erkenntnis der Parallelinteressen von Bürger und Staat geschärft. In diesem Sinn ist er, wenngleich im Kleide des Hoheitsstaates einhergehend, doch mehr und sogar ein anderes gegenüber einer „wesentlich politisch gewendeten" obrigkeitlichen „Polizey": Zugleich kommt in ihm der Service gegenüber dem Bürger zum Ausdruck, gegenüber der Gemeinschaft wie gegenüber jedem einzelnen, deren Rechtsbeeinträchtigung ja auch dann *gleichzeitig* Zerstörung des ordre public werden kann, wenn er in seinem Eigentum beeinträchtigt, wenn seine Eigentümerverantwortung nicht anerkannt worden ist.

Jenseits der vielen einzelnen, vorstehend induktiv entwickelten Interessenparallelitäten von Staat und Eigentümern sollte nun aber die höhere Verfassungsebene sichtbar werden, in welcher die Lehre von den parallelen Interessen „aufgehängt" werden muß: *Die Demokratie ist an sich die Staatsform der parallelen Interessen von Bürger und Staat.* Ihr Ideal wäre die völlige Interessenidentität — sie scheitert aber an jenem Pluralismus, der auch eine Basis der Volksherrschaft ist. Die Vorstellung wenigstens paralleler Interessen aber ist für die liberale Demokratie unverzichtbar, auf solche „Gleichrichtung" verwendet sie laufend, vor allem in all ihren Verfahren, den größten Teil ihrer politischen Kraft. Ihr großes Dogma ist es, daß gerade der durch Grundrechte geschützte, in seiner Eigenverantwortung alleingelassene Bürger die Parallelinteressen der Gemeinschaft mit verfolgt, seine eigenen Interessen letztlich als denen des Staates gleichgerichtet erkennen und deshalb aus dem status negativus in den status activus des Vollbürgers zwanglos hineinwachsen werde, des „Bürgers als Staatsorgan". Der Eigentümer, durch ein besonderes Grundrecht geschützt, hat hier auch eine spezielle Aufgabe und zugleich Verantwortung, daran in erster Linie will ihn Art. 14 Abs. 1 S. 2 GG erinnern, und gerade im Umweltschutz kann die Demokratie hier ihre große Kraft beweisen, ebenso wie vorher schon in der Marktwirtschaft. Reine Hoheitlichkeit hat hier versagt vor den unübersehbaren Problemlagen — ebenso ist Umweltschutz nur zu leisten, wenn der beste Kenner umweltbelastender und umweltbelasteter Güter, der Eigentümer selbst, verantwortlich mitarbeitet. Dann kann die hier erkannte Interessenparallelität vielleicht einmal Grundmodell für eine Staats-Bürger-Kooperation in vielen weiteren Bereichen werden, in einer Staatlichkeit, die nun wirklich hier in einem neuen Sinn „demokratisiert" ist.

Ergebnis

Die Interessenparallelität Eigentümer — Staat bewährt sich nicht nur darin, daß der Eigentümer selbst umweltschützerisch tätig wird, sondern auch darin, daß er den umweltschützenden Staat ruft — zum Schutz seiner Tätigkeit für die Umwelt, aber auch, damit der Staat sein Eigentum bewahre, auf solche Weise seine „parallelen Interessen an der Eigentumsordnung" auf Anruf des Eigentümers verfolge. Diese „Interessenparallelität aus gemeinsamen Interessen am Eigentum" kann auch für den Umweltschutz fruchtbar werden, denn zugleich schützt dann ja die Staatsgewalt Eigentum und Umwelt.

Die „Schubkraft des Eigentümerinteresses für den Umweltschutz" zeigt sich am Großphänomen des Waldsterbens. Mögen hier auch Ersatzklagen, vor allem wegen der ungeklärten Kausalitätsfragen, keinen Erfolg haben — unter ihrem Druck hat sich eine entscheidende Aktivierung des Umweltschutzes vollzogen, Interessenparallelität von Eigentum und Umweltschutz ist in größtem Umfang sichtbar geworden.

Ein Umweltgrundrecht wird heute abgelehnt — zu Recht. Solche Klagemöglichkeiten sollten nur zur Verfolgung spezieller Bürgerinteressen eingeräumt werden und nur primär zur Abwehr von Angriffen auf entsprechende Rechtspositionen, nicht als unklare „Rechte auf . . .", bei der Umwelt wäre dies so wenig realisierbar wie ein „Recht auf Arbeit". Die Demokratie wünscht Bürgeraktivität, die aus der Verfolgung spezifischer eigener Interessen motiviert ist, nicht den Bürger als reinen Sachwalter des Staates ohne Eigeninteresse, der bald zu dessen hoheitsverstärkendem Amtsträger werden müßte. Dennoch bestätigt die Diskussion um das Umweltgrundrecht und eine „Staatszielbestimmung Umweltschutz", die sich ja auch an den Eigentümer wendet, die große Interessenparallelität Eigentümer-Staat im Umweltbereich.

Das Eigentumsgrundrecht muß zugleich als Grundrecht auf Umwelt verstanden werden. Beim Eigentümer sind jene spezifischen Interessen vorhanden, denen grundrechtlicher Schutz auch zur gleichzeitigen Sicherung der Umwelt zuteil werden kann, er ist der geborene Träger eines Umweltgrundrechts. Deshalb muß Tendenzen, nur Leben und Gesundheit als individuelle Schutzgüter des Umweltschutzes anzuerkennen, das Eigentum hier aber zurücktreten zu lassen, entgegengetreten werden. Auch gesetzgeberische Verpflichtungen zum Umweltschutz im Interesse des Eigentums, auf Beschwerde von Eigentümern, müssen anerkannt werden.

Eigentümer sind die geborenen Sachwalter für Umwelt, nicht Umweltverbände ohne spezifische eigene Interessen. *Verbandsklagen sind nicht nur bedenklich* wegen Überlastung von Verwaltungen und Gerichten, sondern auch als unzumutbare Belastungen für die Eigentümer: Hier mischen sich eigentumslose Bürger laufend als selbsternannte Staatsanwälte für Umweltschutz in Eigentumsgebrauch ein, sie behindern damit umweltschützende Eigentümeraktivitäten und begünstigen unzutreffende Vorstellungen von einer grundsätzlichen Frontstellung des Eigentums gegen den Umweltschutz, zwischen denen es Interessengemeinsamkeiten nicht gebe. Sachgerecht ist also nicht die Verbandsklage, welche immer etwas wie Träger eines „Rechts auf . . ." anerkennen müßte, was aber der traditionellen Grundrechtsdogmatik nicht entspricht, sondern eher eine behutsame Ausweitung des Drittschutzes öffentlich-rechtlicher Umweltschutz-Normen zugunsten der Eigentümer, welche diese im eigenen Interesse zugleich zu Anwälten des Umweltschutzes macht.

Das *Verursacherprinzip* kann im Umweltschutz schon deshalb nicht absolut durchgesetzt werden, weil dies den vielfachen Interessenverflechtungen und -gemeinsamkeiten zwischen umweltbelastenden Bürgern und Gemeinschaft nicht gerecht würde. Auch die Gemeinschaft hat vielfache Interessen an umweltbelastenden Aktivitäten, andererseits kann dem Eigentümer nicht unterstellt werden, er greife ohne jede sachgerechte Abwägung in die Umwelt ein. Wo Parallelinteressen Staat — Eigentümer sichtbar werden, muß wenigstens teilweise nach dem *Gemeinlastprinzip* verfahren werden. Staatsbeteiligung an der Folgentragung ist auch insoweit berechtigt, als der Staat seiner eigenen Verantwortung nicht nachgekommen ist — das Verursacherprinzip ist kein Instrument der Haftungsüberwälzung vom Staat auf den Bürger. Andererseits ist das Verursacherprinzip zu begrüßen als Motor von Eigentümerverantwortung und als deren Sanktion. Unter Berücksichtigung der jeweiligen Interessenlage muß es daher behutsam mit dem Gemeinschaftsprinzip koordiniert werden.

Die Demokratie ist die typische Staatsform der Interessenparallelität im Verhältnis Staat — Bürger und der staatsparallelen Bürgerverantwortung, welche daher in ihr staatsgrundsätzlich verankert sind. Diese Staatsform lebt aus der Grundüberzeugung, daß der grundrechtlich geschützte Bürger eben aus diesem gesicherten Freiheitsraum heraus aktiv staatsparallel handeln werde. Der durch ein besonderes Grundrecht gesicherte Eigentümer hat daher in ihr eine besondere, auf Interessenparallelität gegründete Verantwortung im Umweltrecht. So wie die Demokratie sich in der Anerkennung der Bürgeraktivität in der Marktwirtschaft bewährt hat, kann ihr dies im Umweltschutz gelingen, dessen schwer übersehbare Problemlagen nur mit Hilfe des besten Kenners der Güter zu lösen sind — des Eigentümers.

C. Sozialpflichtigkeit, Situationsgebundenheit des Eigentums und die Eigentümerverantwortung im Umweltschutz

I. Sozialpflichtigkeit — Eingriffsermächtigung und Eigentümerauftrag

1. Art. 14 Abs. 1 S. 2 GG als weiter Eingriffsvorbehalt

a) Sozialpflichtigkeit als Sozialbindung

Im Verhältnis Bürger-Gemeinschaft werden die Worte *„Pflichtigkeit" und „Bindung" meist kurzerhand gleichgesetzt* — Polizeipflichtigkeit bedeutet eben, daß der Gewaltunterworfene an die allgemeinen Normen des Polizeirechts und die auf ihrer Grundlage ergehenden speziellen Anweisungen der Polizei gebunden ist. Dies ist altes rechtsstaatliches Erbe — spezielle Bürgerpflichten wie Menschenpflichten brauchen meist nicht festgesetzt zu werden, weil der Bürger dem staatlichen Befehl unterworfen ist; dies liegt in dessen Wesen, bedarf also nicht spezieller Statuierung als Verpflichtung. Im Namen der Rechtsstaatlichkeit ist die Bürgerverantwortung aus dem Recht eliminiert worden[136]. Es scheint sie nurmehr als außerrechtlich-ethische Bindung zu geben; Bürgerverantwortung wieder ins Recht zurückzuführen ist schwer, der hier unternommene Versuch zeigt es.

Denn: *Verantwortung als Duldungspflicht staatlicher Anordnung* — kaum ein Rechtsgebiet zeigt dies deutlicher als das Eigentums(verfassungs)recht. Es begann mit „Eigentum verpflichtet", aus der Vorstellung der „Rechte und (Rechts-)Pflichten" der Reichsverfassung, in deren wuchtigen Formulierungen Naumann und seine Freunde Recht und Ethik, Bindung und Verantwortung verbinden wollten, mit einem typisch liberal-demokratischen Akzent auf der Verantwortung. Die Zukunft wollte es anders. Im Namen der Berechenbarkeit fordernden Staatsbeschränkung wurden die Pflichten zu Bindungen. Ohne Rücksicht auf den klaren Wortlaut wurde zwar noch einige Jahrzehnte von Sozialpflichtigkeit gesprochen, gemeint aber war schon seit der Weimarer Zeit Sozialbindung, der Nationalsozialismus hat dies versteinert, und in diesem Punkt tritt heute niemand aus solcher Kontinuität, in welcher das sonst so hart kritisierte Regime einen beherrschenden Platz

[136] Zutreffend stellt diese „verdrängte Grundpflicht des Bürgers" dar *Isensee*, J., DÖV 1982, S. 609 ff.

einnimmt. Seit 1949 hat die Sozialbindung auch verbal den vollen Sieg über die Sozialpflichtigkeit errungen; damit hat sich, kaum bemerkt, ein entscheidender Sinnwandel vollzogen: Art. 14 Abs. 1 S. 2 GG ist nicht (mehr) in erster Linie ein Aufruf zur Eigentümerverantwortung, sondern ein Eingriffsvorbehalt zugunsten der Staatsgewalt, in das Eigentum des Bürgers.

Das BVerfG hat dies ratifiziert: „Das Gebot sozialgerechter Nutzung ist aber nicht nur eine Anweisung für das konkrete Verhalten des Eigentümers, sondern in erster Linie eine Richtschnur für den Gesetzgeber, bei der Regelung des Eigentumsinhalts das Wohl der Allgemeinheit zu beachten"[137]. Sozialpflichtigkeit wird heute primär als (entschädigungslose) Duldungspflicht von Eingriffen des Staates in Verfügung, Verwaltung, Nutzung des Eigentums angesehen.

b) Sozialbindung als Eingriffsvorbehalt

Sozialbindung wird zur Zeit überall als Eingriffsvorbehalt verstanden[138]. Das läßt sich nicht durch feine Distinktionen zwischen „Gestaltung" und „Eingriff" überspielen, welche staatliches Eingreifen als Bestimmung von „Inhalt und Schranken" von allen Bindungen der Eingriffsdogmatik freistellen möchten. Sozialbindung mag einen, sogar in der Regel weiten Eingriffsvorbehalt bringen[139] — Eingriff bleibt hier grundsätzlich alles, was dem Eigentum vom Staat her widerfährt. Daß dies sich im Rahmen der Inhalts- und Schrankenbestimmung des Eigentums (Art. 14 Abs. 1 S. 2 GG) halten oder diesen überschreiten und damit zur entschädigungspflichtigen Enteignung (Art. 14 Abs. 3 GG) werden kann, ändert am Eingriffscharakter nichts; es bedeutet nur, daß im einen Fall der Staat bezahlen muß, im anderen nicht. Die begriffliche Unterscheidung von „Eingriff" und „Gestaltung" verharmlost den Staatszugriff und ist gefährlich — was nützt es, die Verhaftung des Rechtsbrechers „Gestaltung von dessen Freiheit" zu nennen? „Ausgestaltung" ist ein aus der Sicht der liberalen Rechtsdogmatik schwer vollziehbarer Begriff, diese denkt immer in „Eingriffen".

Nun soll die Unterscheidung Eingriff — Gestaltung im Eigentumsrecht auf die Verfassung selbst gestützt werden, welche ja von der „Bestimmung von Inhalt und Schranken des Eigentums" ausdrücklich spricht (Art. 14 Abs. 1 S. 2 GG). Wer auf diese Unterscheidung Wert legt, mag als einheitlichen Oberbegriff „Belastungen des Eigentums" verwenden. Die Unterscheidung Eingriff-Gestaltung läuft aber im Ergebnis doch leer, denn das Recht des

[137] BVerfGE 21, S. 73 (83).

[138] Vgl. aus der uferlosen Literatur etwa näher für den agrarischen Bereich *Kimminich*, O., NuR 1985, S. 1 ff.; *Schink*, AgrarR 1985, S. 185 ff.

[139] Siehe etwa BGHZ 60, S. 145 (147) m. weit. Nachw. aus der Rspr.

Staates zur „Gestaltung" ist nichts anderes als das zum „Eingriff" — eben ein Eingriffsvorbehalt, der am Wesensgehalt des Eigentums ebenso seine Grenzen findet wie jeder (andere) Eingriff auch. Nur dann nämlich hätte es Sinn, „Eingriff" und „Gestaltung" zu unterscheiden, wenn letztere den (später durch Eingriff zu beschränkenden) „Gegenstand Eigentum" erst hervorbrächte; dann wäre „Gestaltung" ein aliud gegenüber dem „Eingriff", weil der Staat dort völlig frei wäre, hier nicht. Davon aber kann nach der (verfassungs-) gerichtlich verfestigten Grundrechtsdogmatik keine Rede sein: Auch der „eigentumsgestaltende" Staat muß die Grenzen aus dem Eigentum beobachten, die aus der zulässigen Sozialbindung desselben gezogen sind[140]. In der Naßauskiesungsentscheidung[141] ist dies betont und vertieft worden[142], andere höchste Gerichte haben es bestätigt[143]. Dann aber ist auch die „Inhaltsgestaltung" des Eigentums im Ergebnis nichts als ein Gesetzesvorbehalt, denn aus der Sicht des Eigentümers bleibt es ein Spiel mit Worten, ob der Staat ihm etwas von bisher gegebenen Nutzungsmöglichkeiten seines Gutes nimmt oder gestaltend in diesem bisherigen Nutzungsraum tätig wird — rügen kann der Eigentümer in beiden Fällen immer nur die „Überschreitung der Grenzen". Unterschiede zwischen „Gestaltung" und „Eingriff" können auch nicht aus der unterschiedlichen Weite des Eingriffsvorbehalts abgeleitet werden; mag er dem Staat bei „Gestaltung" besonders weite Räume öffnen — dies ist bei jedem allgemeinen Gesetzesvorbehalt auch der Fall, der unbestritten „Eingriffe" ermöglicht, etwa bei Art. 2 Abs. 1GG, und der Wesensgehalt des Grundrechts muß ohnehin stets geachtet werden.

Es bleibt also dabei: Sozialpflichtigkeit wird primär als Sozialbindung verstanden, und dies bedeutet einen sehr weiten, im Ergebnis etwas wie einen allgemeinen Gesetzesvorbehalt. Fruchtbarer als Distinktionsbemühungen um Eingriff und Gestaltung, hinter denen sich nicht selten das Bestreben verbirgt, dem Staat jede beliebige Eigentumsbelastung zu ermöglichen und damit hier einen schutzverdünnten Sonderstatus zu schaffen,

---

149 In std. Rspr. betont das BVerfG, daß die Gestaltungsmöglichkeiten des Gesetzgebers „nicht unbegrenzt" seien, weil der grundlegende Gehalt der Eigentumsgarantie und das übrige Verfassungsrecht beachtet werden müssen, BVerfG 14, S. 263 (278); 18, S. 121 (132); 21, S. 73 (82); 24, S. 367 (389); 25, S. 112 (117), gerade für Grund-und Boden, usw.

141 BVerfGE 58, S. 300.

142 Hier wurden ja gerade die Grenzen der „Inhaltsbestimmung" verdeutlicht.

143 So spricht BGHZ 60, S. 145 (147) etwa von „Eigentumsbeschränkungen, die der Kläger aufgrund der Sozialbindung allen Eigentums und der Situationsgebundenheit seines Grundstücks hinnehmen muß", und der BayVerfGH meint neuerdings (NuR 1986, S. 167 (169)) gerade zu Gestaltungen im Rahmen der Sozialbindung: „Einschränkungen der Eigentümerbefugnisse müssen außerdem vom geregelten Sachbereich her geboten sein" — die Gerichte können eine Distinktion Gestaltung — Einschränkung — Eingriff eben nicht vollziehen, für sie ist eindeutig „Gestaltung" —eben auch Beschränkung des Eigentums.

wären vertiefende Anstrengungen, in einzelnen Beziehungen mögliche Unterschiede zwischen „allgemeinem Gesetzesvorbehalt" und „Inhaltsbestimmung des Eigentums" herauszuarbeiten.

Für den Gegenstand dieser Untersuchung bleibt es also zunächst dabei: Die Sozialbindung des Eigentums, zweifellos eine Grundnorm des Eigentumsverfassungsrechts, wird primär als ein staatlicher Eingriffsvorbehalt, nicht als Betonung oder gar Schutz der Eigentümerverantwortung verstanden. Dies könnte geradezu als eine Grundentscheidung gegen diese Eigentümerverantwortung verstanden werden, vor allem im Umweltrecht, das besonders sozialbindungsgeprägt erscheint: Wenn die staatlichen Belastungsmöglichkeiten so weit reichen, sich als Eingriffe derart frontal gegen den Bürger verdichten — was sollte diesem dann noch an „Eigentumsverantwortung im zugleich eigenen und öffentlichen Interesse" zukommen? Ist ein solches Verständnis nicht geradezu ein grundlegendes Verfassungsvotum gegen solche Interessenparallelität? Bevor entschieden wird, ob dies wirklich das letzte Wort gegen eine Eigentümerverantwortung ist (vgl. unten 3), gilt es doch, zunächst die Grenzen der Sozialbindung zutreffend zu bestimmen.

2. *Grenzen zulässiger Sozialbindung, vor allem im agrarischen Umweltrecht*

a) „Sozialbindung nach Zeitumständen" — „gewandeltes Umweltbewußtsein"

Neuerdings wird, vor allem im Immissionsschutzrecht[144], aber auch allgemein im Umweltschutz[144a] die *Bedeutung des Zeitfaktors* für die Bestimmung der Grenzen der Sozialbindung besonders betont. Dies ist, grundsätzlich jedenfalls, in den meisten Fällen der hier behandelten Anlaß-Probleme berechtigt: Bestandsschutz für Altanlagen kann nicht ohne Rücksicht auf die Entwicklung der von ihnen ausgehenden Umweltbelastungen, der Erkenntnis von deren Gefährlichkeit, gewährt werden. Ob allerdings hier nicht doch ein „Kernbereich von Eigentum" besteht[145], wird unter anderem davon abhängen, was etwa bei Erteilung der (früheren) Genehmigung bereits hätte vorausgesehen werden können, und auch davon, ob der Staat nicht den Eigentümer vor Investitionen hätte warnen müssen; auch spielt der Umfang eine Rolle, in dem sich der Eigentümer im Vertrauen auf die Genehmigung engagiert hat — andererseits die Größe der (jetzt erkannten) Gefahren.

[144] Vgl. etwa *Sendler*, H., UPR 1983, S. 33 (43); *Schröder*, M. UPR 1986, S. 127 (131); *Jarass*, H., DVBl 1986, S. 314 (317).

[144a] *Sening*, C., NuR 1985, S. 125 (133).

[145] Ablehnend *Schröder* (FN 144) m. Nachw. auch zur Gegenmeinung.

Keine Rede kann also davon sein, daß der Eigentumsschutz nun unter einem großen, grundsätzlichen „Zeit-Vorbehalt" stehen müßte. Dann nämlich wäre der Staat als „geborener Interpret der Zeit" der unumschränkte Herrscher des Eigentums, sein Schutz stünde unter einer gerichtlich überhaupt nicht mehr zu präzisierenden Reserve, denn was sind nicht alles „Zeitumstände", die sich in der Tat ja ständig ändern. Die immer wieder gerade im Eigentumsrecht zu beobachtende „Hochrechnungsneigung und Systematisierungsfreude der Lehre" darf nicht dazu führen, daß hier eine neue Großformel zur Relativierung allen Eigentumsschutzes entsteht. Gerade im agrarischen Umweltschutz könnte dies verheerend wirken. Unter Berufung auf gewandelte Zeitumstände würde dann der Versuchung kaum widerstanden werden, das „neue Umweltbewußtsein" als nahezu grenzenlosen Gesetzesvorbehalt gegen das Eigentum zu wenden; und daß sich hier tiefgreifende Wandlungen vollzogen haben, läßt sich ja nicht leugnen. Es fragt sich nun, ob dem nicht gerade durch einen Grundrechtsschutz zu begegnen ist, der ebenso dynamisch angelegt ist wie die in der Zeit wechselnden Belastungen des Eigentums[146]; die Zeitdimension eröffnet keine neue Einbahnstraße gegen das Eigentum.

Es kommt auch nicht so sehr auf „die Zeit" an, wie auf die Kräfte, welche in ihr umgestaltend wirken. Hier aber müssen, schon um der Rechtsstaatlichkeit willen, staatliche und außerstaatliche Effekte, soweit wie möglich, unterschieden werden, mögen sie auch in vielfachem Gemenge oft wirken. Der umweltschützende Hoheitsstaat kann nicht mit der Begründung, er habe inzwischen überall das Eigentum schon so weit gebunden, nun noch mehr an Bindung legitimieren. Ein Begründungsklimax „noch mehr Eigentumsbelastung wegen steigender Eigentumsbelastung" geriete zur großangelegten Berufung auf eigenes Unrecht. Trendvorstellungen als Eingriffsrechtfertigungen — nichts anderes steht hinter einer Generalisierung des „Zeitfaktors" — kann leider nicht immer, es muß ihnen aber soweit wie möglich begegnet werden.

Wandlungen des Gesamtbewußtseins dagegen können sicher nicht unbeachtlich bleiben, kein Grundrechtsschutz vermag das Rad der Zeit anzuhalten — besser sollte es heißen: das Rad der Geschichte, denn großwellige Entwicklungen allein kommen hier in Betracht, nicht Modestöße. Der Staat wirkt auch dabei mit, aber nach dem Credo der freiheitlichen Demokratie tritt er eben doch darin wesentlich hinter gesellschaftliche Einflüsse zurück, die er mehr begleiten als steuern sollte. Denkmalschutz ist ein gutes, umweltnahes Beispiel: Wandeln sich die allgemeinen Vorstellungen von der Denkmalschutzwürdigkeit, so verschieben sich auch die Grenzen der So-

[146] Auf diese Notwendigkeit macht zutreffend auch aufmerksam *Murswiek* (FN 103), S. 182.

zialbindung, der Eigentümer des Jugendstilhauses muß neue Belastungen hinnehmen[147].

Der Land- und Forstwirt muß also ein „gewandeltes Umweltbewußtsein der Bevölkerung" in Rechnung stellen, dem der Staat sozialbindend Rechnung tragen darf, vielleicht muß. Doch auch dies ist keine Konfrontations-Einbahn gegen eine Eigentümerverantwortung: Es könnte sein, liegt vielfach nahe, daß eine zeitliche Wandlung auch in den allgemeinen Vorstellungen von Aufgaben und Verantwortung der Landwirtschaft im Umweltschutz anzunehmen wäre, und sie muß ja nicht immer nur die agrarische Umweltbelastung entdecken, kann vielmehr auch zu der Erkenntnis führen, daß Umweltschutz nicht gegen den Eigentümer, sondern nur mit ihm, durch ihn möglich ist — um ein Klischee dem anderen gegenüberzustellen.

b) Von der „verschärften Sozialbindung bei Grund und Boden" zur „Sozialbindung nach sozialer Funktion"

Die unhaltbare Begründung einer im Ergebnis zutreffenden Entscheidung des BVerfG ist heute Grundlage des Dogmas, Grund und Boden unterlägen von Verfassungswegen erheblich verschärfter Sozialbindung, im Verhältnis zu anderen Vermögenswerten. Träfe dies zu, so sähe sich der Eigentümer des Agrarbereichs durch Sozialbindung in besonderer Weise aus seiner Umweltverantwortung verdrängt, diese wäre im wesentlichen „vom Staat gegen ihn" wahrzunehmen.

Das BVerfG meint: „Die Tatsache, daß der Grund und Boden unvermehrbar und unentbehrlich ist, verbietet es, seine Nutzung dem unübersehbaren Spiel der freien Kräfte und dem Belieben des Einzelnen vollständig zu überlassen; eine gerechte Rechts- und Gesellschaftsordnung zwingt vielmehr dazu, die Interessen der Allgemeinheit beim Boden in weit stärkerem Maße zur Geltung zu bringen als bei anderen Vermögensgütern. Denn Grund und Boden ist weder volkswirtschaftlich noch in seiner sozialen Bedeutung mit anderen Vermögenswerten ohne weiteres gleichzustellen; er kann im Rechtsverkehr nicht wie eine mobile Ware behandelt werden"[148]. Dann liegt es nahe, die Umwelt auch nicht den ebenfalls „unübersehbaren" Aktivitäten der Eigentümer anzuvertrauen.

Diese von unangemessenem Pathos nicht freien Ausführungen stellen zunächst eine zudem bestreitbare Übermaßbegründung dar. Um Bodenverkehrsbeschränkungen zu rechtfertigen, hätte nicht das „unübersehbare Spiel der freien Kräfte" beschworen werden müssen, das überdies für den Staat

---

[147] Vgl. die zutr. Ausführungen dazu in BGHZ 72, S. 211 (218).

[148] BVerfGE 21, S. 73 (83).

nirgends unübersehbar ist, wie das Steuerrecht zeigt. Warum eine „gerechte Rechts- und Gesellschaftsordnung" (die — natürlich — nicht näher rechtsstaatlich definiert wird) zu solchen Beschränkungen „zwingen" solle, ist weder ersichtlich, noch hatte das BVerfG darüber zu befinden; diese seine Entscheidung wird denn auch allgemein nicht unter den grundgesetzlichen Gesetzgebungsaufträgen erwähnt; um die Feststellung der Zulässigkeit allein ging es. Daß Grund und Boden „nicht ohne weiteres" anderen Vermögenswerten — in vieler Hinsicht — gleichzustellen ist, versteht sich in allen entwickelten Ländern von selbst und mag auch die Entscheidung im Ergebnis tragen. Unerfindlich bleibt und ein Widerspruch dazu ist die Feststellung im Vorsatz, es müßten die Interessen der Allgemeinheit hier „weit stärker" zur Geltung gebracht werden. Die Begründung mit der leider auch seither häufig unbesehen übernommenen „Unvermehrbarkeit und Unentbehrlichkeit" von Grund und Boden ist in dieser Allgemeinheit schlechthin falsch: Einerseits wird hier das alte malthusianische Märchen vom unvermehrbaren Boden fortgesponnen, ungerührt durch alle verändernden Fortschritte im Hoch- und Tiefbau, in der Erschließung der (Erholungs-)Landschaft, vor allem aber in der Nahrungsmittelerzeugung —, denn es kommt ja nicht auf „den Boden", sondern auf dessen einzelne vitale Funktionen an. Zum anderen sind auch andere Güter unvermehrbar, etwa Antiquitäten, und „unentbehrlich" ist ein kaum definierbarer Begriff, der jedenfalls auch auf nicht wenige andere Güterkategorien ebenfalls anzuwenden wäre. Fast ist daher zu befürchten, daß diese offenkundig unrichtigen Thesen auch noch weitere Jahrzehnte aller Kritik standhalten werden[149], sind sie doch durchwebt von Bodenromantik und Ängsten im „Volk ohne Raum".

Das BVerfG hat nunmehr versucht, diese unhaltbare Grundeigentumsdogmatik in einen allgemeineren, besseren Rahmen zu stellen. Zwar hat es neuerdings seine oben zitierten Passagen wörtlich wiederholt, in dieser Kleingartenentscheidung jedoch die Sozialbindung von Grund und Boden gleichzeitig davon abhängig gemacht, „ob und in welchem Ausmaß das Eigentumsobjekt in einem sozialen Bezug und in einer sozialen Funktion steht"[150]. Damit ist der Übergang[151] auf die „soziale Angewiesenheitsrechtsprechung", die seit einiger Zeit die Sozialbindungsdogmatik beherrscht[152], vollzogen. Daß dieser Rechtsprechung gegenüber größte Bedenken schon deshalb anzumelden sind, weil eine solche Großformel den Staat zur Eigentumsverteilung ermächtigt, wenn die Nichteigentümer fremdes Eigentum „dringend benötigen", kann hier nicht vertieft werden. Entscheidend ist ein anderes:

[149] Siehe u. a. etwa *Maunz*, Th., BayVBl 1981, S. 321 (326); *Battis*, U., NVwZ 1982, S. 585 (590); *Weyreuther*, F. (FN 53), S. 42/43.

[150] BVerfGE 52, S. 1 (32/33).

[151] Zutr. erkannt und nachvollzogen von *Weyreuther* (FN 149).

[152] BVerfGE 37, S. 132 (140); 38, S. 348 (370); 50, S. 290 (340/1).

Das BVerfG hat verbal Kontinuität zu seiner Rechtsprechung wahren wollen, nach der Grund und Boden an sich einer verschärften Sozialbindung unterliegen[153], in Wahrheit aber eine metabasis eis allo genos vollzogen. Die These von der generell verschärften Sozialbindung von Grund und Boden wird zwar weiter im Schrifttum vertreten[154], doch sie ist mit der Sozialfunktionslehre nun nicht mehr vereinbar. Nach dieser kommt es auf die sozialen Bezüge bei jeder einzelnen Art von Gütern an, und hier können nicht so grobe Raster gebildet werden, daß „Grund und Boden" einfach als „eine Kategorie mit verstärkter Sozialfunktion" anzusehen wäre. Vielmehr muß auch hier wieder, wie innerhalb aller anderen Güterkategorien, differenziert werden, gerade die Kleingartenentscheidung zeigt es. Es hat sich damit also wirklich eine „Eigentumswende" vollzogen, weg von der unhaltbar-pauschalierenden Sozialbindungsverschärfung für alle Grundstücke. Der sozialen Funktionslehre ist sogar deutlich eine noch weiter differenzierende Tendenz immanent, welche nicht nur für die einzelnen Güterkategorien nach sozialen Bezügen unterscheidet — solche Kategorisierung mag, in Grenzen, der Gesetzgeber vornehmen —, sondern sogar noch im Einzelfall die Verwaltung zwingt, nach der Situation des konkreten Grundstücks und dessen sozialen Bezügen zu fragen. Insoweit wird die Sozialfunktionslehre zur Ober- oder Rahmenkategorie der unten noch zu behandelnden Situationsgebundenheit (II). Diese Lehre vermeidet jedenfalls die mit Recht kritisierte Diskriminierung einzelner Eigentumskategorien durch pauschale Verschärfung der Sozialbindung[155] und ermöglicht eine sachgerechte Differenzierung derselben nach den Arten der Eigentumsgüter, wie sie seit langem gefordert wird[156]. Damit sollten über die Lehre von der verschärften Sozialbindung bei allem Grund und Boden die Akten geschlossen werden; doch dies wird sicher — interessenbedingt — noch lange dauern.

Eine weitere Entscheidung ist mit der „Sozialfunktionstheorie" gefallen: *gegen eine „Sozialbindung einfach nach der Bedeutung des dem Eigentum gegenüberstehenden öffentlichen Interesses."* Gerade für Grund und Boden hätte man dies aus der alten Theorie von der gesteigerten Sozialbindung ja herauslesen können: Weil dieses unvermehrbare Gut so wichtig sei für die Volkswirtschaft, für die Gemeinschaft, dürfe seine Nutzung entschädigungslos sozial gebunden werden. Daß es Sozialbindung generell nach öffentlichen Interessen nicht geben kann, wurde bereits früher nachgewiesen[157].

[153] Vgl. auch BVerfGE 25, S. 112 (117).

[154] Siehe z. B. Werner *Weber*, Festschr. f. Michaelis, 1972, S. 316 (325); *Schmidt-Aßmann*, DVBl 1972, S. 627 (632) m. Nachw.; *Scholz*, R., NVwZ, S. 337 (342); *Schink*, AgrarR 1985, S. 185 (191); *Ebersbach* (FN 2), S. 129.

[155] *Rengeling*, H. W., AöR 105 (1980), S. 423 (437).

[156] *Weyreuther*, aaO., S. 30; vgl. bereits Werner *Weber* (FN 154).

[157] *Leisner*, W., Sozialbindung des Eigentums, 1972, S. 86 ff.

Sozialbindung sagt noch nichts über Zulässigkeit, Durchsetzbarkeit einer belastenden Maßnahme, sondern nur darüber etwas aus, ob dies mit oder ohne Entschädigung zu geschehen hat. Es wäre aber in höchstem Grade unbillig, wollte die Gemeinschaft einem Eigentümer nichts für dessen Gut bezahlen, nur weil sie dieses besonders dringend braucht; steht er ihr so im Wege, so hat sie ihn abzufinden, und eben dies geschieht ja auch laufend im Enteignungsrecht[158], also darf auch der Gesetzgeber hier generell keine andere Regelung treffen. Es kommt vielmehr nicht auf die Intensität der öffentlichen Gegeninteressen an, sondern der Blick hat sich auf die Natur des sozialbindungbelasteten Eigentumsgutes selbst zu richten: Ist es, seinem Wesen entsprechend, mit etwas wie einer „natürlichen sozialen Dienstbarkeit" belastet, so kann diese vom Staat in Sozialbindung entschädigungslos ausgenutzt werden — wer ein Deichgrundstück erwirbt, weiß eben, daß er es nicht nutzen kann wie ein Stadtzentrumsobjekt. Die öffentlichen Interessen an der Eigentumsbeschränkung mögen größer sein oder geringer — nicht sie bestimmen die Grenze, bei deren Überschreitung zu entschädigen ist, sondern allein die Natur des Gutes und die sozialen Bezüge, in denen dieses ganz wesentlich steht. Dies muß so stark betont werden, weil immer noch unterschwellig, auch in der Gerichtsbarkeit, die Tendenz besteht, Sozialbindung dort anzunehmen, wo Enteignung „für die Gemeinschaft zu teuer wäre" — beim „Naturschutz als Sozialbindung" wird sich dies sogleich zeigen (im folgenden 3).

Für die *vorliegende Untersuchung* aber ist es von großer Bedeutung, daß für das Bodeneigentum nicht etwa eine generell verschärfte Sozialbindung gilt, in deren Namen Verantwortung des Eigentümers vom Staat überrollt werden dürfte. Aus der Sicht der Sozialbindung ist völlig offen, wer nun durch seine Aktivitäten den natürlichen sozialen Bezügen Rechnung zu tragen hat, in denen das agrarische Grundeigentum steht, der Staat oder der Eigentümer. Es wird sich sogar noch zeigen (unten 4), daß diese „Sozialtheorie" primär für Eigentümerverantwortung spricht; und wenn der Grundeigentümer nicht „grundsätzlich mit entschädigungslosen Eigentumsbeschränkungen rechnen muß", so ist dies eine entscheidende Voraussetzung dafür, daß er, unter Umständen angemessen vom Staat finanziell entlastet, dieser seiner Eigentümerverantwortung nachkommt.

Das Ende der falschen Theorie vom grundsätzlich weitergehend gebundenen Grundeigentum — die in einer Zeit vollends unhaltbar wird, in der verschärfte Sozialbindung an ganz anderen Gefahrenherden berechtigt erscheint — schafft eine wesentliche Voraussetzung für die auch im Umweltschutz wirkende Autonomie des Eigentumsbürgers.

---

[158] Wenn eine Autobahntrasse, die von höchster Gemeinschaftswichtigkeit ist, durchgesetzt werden soll, so bedeutet dies doch nicht, daß der entwehrte Grundeigentümer nichts erhält.

3. *„In dubio pro natura" — Naturschutz grundsätzlich Sozialbindung — Kritik*

a) Die Rechtsprechungsentwicklung zur allgemeinen Vermutung

Im Umweltschutz scheint sich nun aber diese Gefahr für die Eigentümerverantwortung noch nicht verflüchtigt, sondern in letzter Zeit eher noch verschärft zu haben. Nach der Rechtsprechung sind naturschutzrechtliche Beschränkungen im Grundeigentum grundsätzlich als Ausdruck der Sozialbindung anzusehen[159]. Zwar wird immer wieder betont, hier handle es sich nur um den Regelfall. Doch abgesehen davon, daß damit den betroffenen Eigentümern eben in der Regel die objektive, wenn nicht gar die subjektive Beweislast des Vorliegens der Enteignungsvoraussetzungen bleibt — in der Praxis ist dies meist eine probatio diabolica — im gesamten Umweltschutz-Bereich wird mit einem Schlag Sozialbindung zur Regel, Enteignung/Entschädigung zur seltenen, immer seltener werdenden Ausnahme. Von dieser Vermutung für die entschädigungslose Zulässigkeit des Umweltschutzes mitgerissen verlieren auch andere Legalitätsschranken staatlicher Eingriffe, etwa das Übermaßverbot, praktisch weitestgehend ihre Bedeutung. „Die Umweltpolitik in Bund und Ländern geht unter dem Beifall der breiten Öffentlichkeit wie selbstverständlich davon aus, daß die jeweils neuesten umweltpolitischen Vorhaben diese verfassungsrechtlichen Voraussetzungen erfüllen"[160]. Es hat sich — daran führt kein Weg vorbei — etwas wie eine durchgehende Vermutung „in dubio pro natura" entwickelt.

In einer an sich für die Belange des Eigentums aufgeschlossenen Zeit, in welcher der Naturschutz auf dessen Marginalbeeinträchtigungen beschränkt wäre, möchte solches hinzunehmen sein. Als Grundsatz in einer Periode umweltschützenden Aufbruchs aufgestellt, reißt es eine breite Bresche in die Mauern des Eigentums, an der sich die Judikative ihrer Kontrollmöglchkeiten weitestgehend eben doch begibt. Mit Vermutungen dieser Art wollen sich die Gerichte in aller Regel Arbeitserleichterung schaffen, sie sind der Ausweg aus dem Begründungszwang im einzelnen, Zitatketten von Allgemeinformeln führen über den Einzelfall hinweg. Doch die Gefahren für den Rechtsschutz sind gerade hier unabsehbar: Die Instanzgerichte ziehen sich allzu rasch hinter den bequemen Schutz derartiger Formulierungen zurück, welcher ihnen ermüdende Beweisaufnahmen, bestreitbare Begründungen erspart. Indem sie sich dort einrichten, weiten sie die Formel immer mehr aus, und es setzt dabei auch eine Spiralbewegung im Instanzenzug von „oben

[159] Siehe etwa BGH JR 1979, S. 98 (99); BGH NJW 1980, S. 2299; BGH BayVBl 1985, S. 219 (220); BGHZ 60, S. 120 (143); 72, S. 211 (217); 77, S. 351 (354); 90, S. 17 (25f.); BVerwGE 49, S. 365 (368) m. RV.; 67, S. 93 (95); BayVGH BayVBl 1983, S. 366 (368).

[160] *Hötzel*, H. J., AgrarR 1985, S. 337 (341).

nach unten ein — und zurück": Die „oben" aufgestellten Großformeln werden „unten", „im Sachverhalt", im einzelnen ausgebaut, dies gelangt erneut nach „oben" und wird dort unter dem Schutz einer weiteren Großformel und ohne Nachprüfungsmöglichkeit der konkreten Sachverhalte generell ratifiziert; am Ende stehen Entscheidungen von — eben doch konkreten — Fällen, in denen aber „die Formel immer weiter wird".

Solche Erweiterungstendenzen zeigen sich aber auch, unabhängig davon, in der Judikatur der obersten Gerichte. Ein bezeichnendes Beispiel: Das BVerwG hatte, wie der BGB, zunächst stets den Sozialbindungscharakter naturschützender Eingriffe unter den freilich allgemeinen Vorbehalt gestellt, er müsse jedenfalls im Rahmen der „Situationsgebundenheit" (dazu näher unten II) bleiben[161]. Neuerdings aber interpretiert das BVerwG[162] seine von ihm selbst als ständig bezeichnete Rechtsprechung wie folgt: Sie habe geklärt, daß „Maßnahmen des Natur- und Landschaftsschutzes regelmäßig verfassungrechtlich unbedenkliche Inhaltsbestimmungen des Eigentums sind. *Sie konkretisieren die Situationsgebundenheit des Eigentums*" (Herv. v. Verf.). Hier zeigt sich deutlich, wie eine solche Vermutungs-Formel leicht begrifflich ausgeschliffen wird: War die (doch begrifflich „vorgegebene") Situationsgebundenheit zunächst Voraussetzung für den Einsatz der Vermutung, so wird nun diese selbe Voraussetzung durch die Vermutung wiederum konkretisierend geschaffen, damit entfällt sie als deren Beschränkung, es bleibt die harte Feststellung: Naturschutz hält sich in der Regel im Rahmen der Sozialbindung.

b) Kritik: Sozialbindung mit Blick auf Eigentumsbelastung, nicht auf Eingriffsinteresse

Dagegen sind neuerdings von berufener Seite[163] Bedenken erhoben worden: „Angesichts solcher (etwa durch großflächige Ausweisungen von Naturschutzgebieten auftretender — der Verfasser) Belastungen kann die herkömmliche Auffassung, daß nutzungsbeschränkende Maßnahmen des Naturschutzes regelmäßig nur Ausdruck der (entschädigungslosen) Sozialbindung des Grundeigentums seien, nicht mehr ohne Vorbehalt vertreten werden. Sie ist am „herkömmlichen" Verständnis des Naturschutzes ausgerichtet, das durch Einzeleingriffe gekennzeichnet war. In ihrer jetzigen Dimension geraten die Anforderungen an die Sozialbindung des landwirtschaftlich genutzten Grundeigentums als Basis der Existenz des Landwirts

---

[161] Vgl. die Nachw. FN 159, etwa auch den BayVGH noch neuerdings, früher etwa BVerwGE 35, S. 256 (260/1).

[162] BVerwGE 67, S. 93 (95).

[163] Siehe *Krohn* (FN 2), S. 23.

gegenüber den Anforderungen der Sozialbindung des Eigentums an sonstigen Vermögensgegenständen immer mehr aus dem Gleichgewicht" — eine vor allem rechtspolitisch zu beherzigende Mahnung mit Blick auf die Sozialstaatlichkeit.

Doch entscheidend sind die hier ebenfalls anklingenden grundsätzlichen dogmatischen Bedenken: *„Naturschutz — im Zweifel „Sozialbindung", damit soll die hier entscheidende Enteignungsschwelle aus dem Eingriff, aus den Interessen des Staates heraus bestimmt werden.* Dies ist grundsätzlich dogmatisch unzulässig und verkennt sämtliche bisher entwickelten Abgrenzungen der „Enteignungstheorien", *die stets mit Blick auf den betroffenen Eigentümer und sein Gut entfaltet wurden:* Wird die Enteignung als „Sonderopfer" verstanden[164], so bleibt unverständlich, warum gerade der Umweltschutz „in der Regel" den einen Bürger nicht stärker belasten sollte als den anderen — es kommt doch allein auf den konkreten Belastungsvergleich an. Wer aus *Privatnützigkeit* argumentiert[165], muß wiederum zuerst auf den Betroffenen blicken, das untersuchen, was ihm nach dem Eingriff noch bleibt, nicht Formen, Inhalt, Motiv des staatlichen Eingriffs. Das vom BVerwG entwickelte[166], vom BGH ergänzend übernommene[167] *Schwerekriterium* zieht die Grenzen der Sozialbindung allein nach dem Ausmaß der Belastung, nicht nach einer „Eingriffskategorie Umweltschutz-Maßnahme". Dasselbe gilt für alle anderen Abgrenzungsformen, etwa für den Hinweis auf die *„Opfergrenze"*[168], auf die *„Fühlbarkeit"* der zugefügten Nachteile[169] oder auf die *Substanzerhaltung*[170]; sie alle verlieren jeden Sinn, wenn „in der Regel" bestimmte Eingriffe Sozialbindung sein sollen.

Diesen Einwänden kann auch nicht unter Hinweis auf eine generelle „Naturschutzpflichtigkeit als allgemeine Sozialpflichtigkeit" entgangen werden. Gerade bei dieser aus „Situationsgebundenheit" des Grundstücks abgeleiteten Beschränkung kommt es *allein auf die jeweilige konkrete Lage an,* in dem Licht sind die konkreten Nachteile zu bewerten, welche der jeweilige Eingriff bringt. Eine Vermutung dahin, daß gerade bei Naturschutzmaßnahmen schwere Nachteile nicht zu erwarten seien, kann es überhaupt nicht geben; jeder Fall liegt anders, wenn „Situationsgebundenheit" noch irgendeinen Wortsinn behalten und nicht ein anderes Wort für

---

164 Std. Rspr. des BGH seit BGHZ 6, S. 270 ff.

165 Für viele *Papier,* H. J., Maunz-Dürig, GG, Art. 14, Rdnr. 345, 346 f. m. Nachw.

166 BVerwGE 5, S. 43; 15, S. 1, std. Rspr.; vgl. *Papier,* aaO., Rdnr. 336; siehe auch *Schmidt-Aßmann,* DVBl 1973, S. 633.

167 Dazu *Papier,* aaO., S. 324 f.

168 BGHZ 57, S. 278 (285).

169 BGHZ 60, S. 145 (150); siehe auch 57, S. 278 (285).

170 Etwa BGH NJW 1967, S. 1855 (1856); siehe dazu *Soell,* H., DVBl 1983, S. 241 (246).

Obereigentum der Gemeinschaft sein soll. Sollte Situationsgebundenheit nur bedeuten, daß gewisse Kategorien staatlicher Eingriffe generell entschädigungslos zu dulden sind, so hat dies mit der „Situation" nichts mehr zu tun, sondern legitimiert sich allein aus den Gemeinschaftsinteressen, die hier gegen den Eigentümer geltend gemacht werden.

Dies ist denn auch der versteckte Sinn dieses in dubio pro natura: Die Gemeinschaftsinteressen werden als so bedeutend angesehen, daß die Eigentümerbelange, wie schwer sie auch im einzelnen beeinträchtigt werden mögen, zurückzutreten haben; nur in Extremfällen führen sie noch zur Entschädigung, schon fast in der Nähe eines Härteausgleich. Damit ist diese Judikatur letztlich nichts als ein verschleiernder Ausdruck der unhaltbaren[171], offen daher nicht vertretbaren, Theorie von der „Sozialbindung nach öffentlichem Interesse".

Die Vermutung für „Naturschutz als Sozialbindung" ist also mit dem gesamten System unseres Eigentums-Entschädigungsrechts unvereinbar, sie beruht auf einem schweren dogmatischen Fehler, so darf sich die Rechtsprechung ihre Arbeit nicht mit einer bequemen Formel erleichtern; es muß auch hier im einzelnen anhand der klassisch gewordenen Enteignungstheorien stets geprüft werden. Dabei mag es zu gewissen Subformeln kommen, welche der Rechtssicherheit dienen — immer aber müssen sie aus der Sicht des Betroffenen, nicht als Privilegierungen gewisser Eingriffskategorien, entfaltet werden. In einer Globalität, welche gleich den gesamten Umweltschutz erfassen wollte, sind sie von vornherein unzulässig.

Mehr noch: Es handelt sich hier auch noch um eine *unnötige Fehlentwicklung*. Hinter ihr steht das Bemühen, eine Blockade von Umweltschutz-Maßnahmen durch die Eigentümer zu verhindern. Doch dazu bedarf es der Sozialbindung nicht; *rechtmäßig sind ja auch enteignende Maßnahmen, nur muß eben dafür bezahlt werden*. Daß Staat und Politik dafür nur zu oft die Mittel nicht aufbringen, ist allein deren Verantwortung und rechtfertigt nicht Ungerechtigkeiten gegenüber den Bürgern; den Richter braucht es nicht nur nicht, es darf ihn gar nicht kümmern. Jene vor allem in Frankreich seit Generationen kritisierte „Staatratsmentalität", in welcher Verwaltungrichter über Entschädigung zugunsten des Staates judizieren, als handle es sich um Legalitätsfragen, als gelte es, der „Staatsgewalt zum Durchbruch zu verhelfen", darf nicht in Deutschland Einzug halten. Der Staat hat rechtlich größten Entfaltungsraum im Umweltschutz — nur nicht auf den billigsten Wegen.

---

[171] Vgl. oben 2 b.

c) Aufgabe der Sozialpflichtigkeitsvermutung — Voraussetzung für Eigentümerverantwortung

Im vorliegenden Zusammenhang der Eigentümerverantwortung ist dies mehr als ein notwendiger Exkurs zur Klärung der Konturen einer Sozialbindung, welche in der Regel vom Modell der Interessenkollision Staat — Eigentümer ausgeht; zugleich wird damit auch viel für die Abgrenzung des Raumes gewonnen, in dem sich Eigentümerverantwortung dann entfalten kann. Kann der Staat „in der Regel" vom Eigentümer alles und jedes im Namen des Umweltschutzes kostenlos fordern, so braucht er dessen Hilfe kaum mehr, auf Kooperation ist er nicht angewiesen. Anders dann, wenn häufig Entschädigungsansprüche in Betracht kommen — nur dann wird es oft, ja regelmäßig, zunächst einmal zum *Dialog mit dem Eigentümer* kommen, der ersten Voraussetzung für dessen Tätigkeit als Umweltschützer. Das Blanko des in dubio pro natura hat der Bürgerinitiative aus dem Eigentum heraus schwer absehbaren Schaden zugefügt, der umweltschützende Staat „braucht eben den Bürger nicht mehr". Er kann auch bei und nach Durchführung seiner Maßnahmen mit dessen Kooperation dann kaum rechnen, wenn er ihm ohne Entschädigung Nutzungsmöglichkeiten nimmt und ihm damit oft auch die finanzielle Basis für eigenen Umweltschutz entzieht. Muß ein Bürger hoheitliche Maßnahmen nicht nur hinnehmen, sondern auch noch entschädigungslos dulden, so fühlt er sich gänzlich der „Obrigkeit" ausgeliefert; da er „voll aus seinem Eigentum gedrängt" ist, wird er kaum bereit sein, aus diesem heraus noch Umweltschutz staatsparallel zu betreiben, auch nicht dort, wo ihm Eigentum noch bleibt. Eher mag er dann abwarten, bis der Staat auch dort noch entschädigungslos zugreift, dies durch Taktik zu verhindern, zu verzögern suchen.

Derartige umweltpsychologische Daten sind heute, das wird allgemein anerkannt, oft von entscheidender Bedeutung. Sicher könnte der Staat hier auch auf seine volle Gewalt setzen: Nur unter dem Druck des grundsätzlich entschädigungslosen Umweltschutzes werde der Bürger eine Eigeninitiative überhaupt entfalten, welche es zur Gewaltanwendung nicht werde kommen lassen. Doch dies wäre letztlich nichts als eine Wette auf die Kraft des Zwanges; der freiheitliche Staat setzt aber nicht mehr primär darauf, daß der Bürger durch die Schwere der Strafe zur Gesetzestreue angehalten werde. Die Grenzen der Abschreckungstheorie müssen auch im Eigentums-Umweltrecht bedacht werden.

Der Weg zu einer wahren Eigentümerverantwortung im Umweltschutz wird nur frei, wenn der Staat auf seine grundsätzlichen Entschädigungsprivilegien verzichtet. Und einem „in dubio pro natura" könnten rasch andere in dubio-Formeln folgen: für die Gesundheit, für die Verteidigung, für die innere Sicherheit. Dann aber würde Art. 14 Abs. 3 GG in sein Gegenteil verkehrt, der verlangt, daß gerade bei Verfolgung öffentlicher Belange zu entschädigen sei, nicht aber, daß dies den Staat von Entschädigungspflicht befreie.

4. Sozialbindung als Eigentums-Gewährleistung einer Eigentümerverantwortung

a) Das Verfassungsgebot der Eigenverantwortung

„Eigentum verpflichtet" (Art. 14 Abs. 2 S. 1 GG) wird in der Regel isoliert gelesen, der Nachsatz vernachlässigt: „Sein Gebrauch soll zugleich dem Wohle der Allgemeinheit dienen". Unbefangenes sprachliches Verständnis, das doch auch, ja gerade der demokratischen Verfassung gegenüber wieder in sein Recht gesetzt werden muß, läßt nur ein Verständnis zu: *Der Gebrauch der Güter durch den Eigentümer hat zugleich in dessen und im Interesse der Gemeinschaft zu erfolgen.* Dies ist eine für die Eigentümerverantwortung in doppelter Hinsicht wesentliche Aussage:

— Die Verfassung hat nicht in erster Linie Duldungspflichten des Eigentümers, den inaktiven, vom Staat aus seinem Besitz verdrängten Bürger im Auge, sondern den *aktiven Eigentumsbürger*, der sein Gut in der Hand behält, sich in dessen Gebrauch aber seiner Verantwortung gegenüber der Gemeinschaft bewußt ist. Die Sozialpflichtigkeit ist nicht als Eingriffsvorbehalt formuliert, sondern als Garantie autonomer Verantwortlichkeit.

— Art. 14 GG geht nicht vom Modell der Interessenkollision, sondern von der Interessenparallelität Eigentümer—Gemeinschaft aus. Klarer hätte dies gar nicht zum Ausdruck kommen können als in den Worten „zugleich ... dienen", und zwar in Eigentümerhand.

Dies alles ist nur[172] im Sinne der Sozialbindung als Eingriffsvorbehalt ohne Entschädigung interpretiert worden. In gewissen Grenzen mag dies rechtsstaatliche und praktische Notwendigkeit sein. Die entscheidende andere Seite des Art. 14 Abs. 2 des GG muß aber wieder stärker hervortreten und rechtlich, rechtsstaatlich bewältigt werden; ist dies bisher nicht hinreichend gelungen, so bleibt es dogmatische Aufgabe: Sozialbindung bedeutet in erster Linie Sozialpflicht, wiederum mit zwei Aspekten: Der Staat hat dem Eigentümer einen gewissen Raum umweltschützender Eigeninitiative zu belassen, ihn darin zu schützen gegen Einflüsse von dritter Seite (Autonomiegarantie), und der Staat muß den Eigentümer stets, schon im Vorfeld eigenen Eingreifens, aber immer auch im Verlaufe desselben, zur *eigenen Verantwortung* anhalten, es obliegt ihm dem Eigentümer und der Allge-

---

[172] Siehe oben 1 am Anfang.

meinheit gegenüber etwas wie eine *Motivationsgarantie*. Daraus ergeben sich, wie sogleich zu zeigen sein wird, auch wichtige praktische Folgerungen.

Eines jedenfalls zeigt sich schon hier eindeutig: Die vom BVerfG vorgenommene primäre Akzentuierung der Sozialbindung als Richtschnur für den (eingreifenden) Gesetzgeber[173] ist heute nicht mehr haltbar, der Verfassung hat sie nie entsprochen. Diese will damit in erster Linie eine „Anweisung für das konkrete Verhalten des Eigentümers" geben, für welches der Staat nur eine — und hier ist das Wort gefordert — grundsätzlich *subsidiäre Garantie übernimmt. Damit muß sich die gesamte Perspektive des Umweltschutzes ändern*, vom Staat hin auf den Eigentums-Bürger verlagern, manch mißtrauischer Aufregung zum Trotz. Wie alle geistigen Kinder der Aufklärung ist das Grundgesetz eben eine optimistische Verfassung.

Autonomien sind stets ein Wagnis und bedürfen der Überwachung. Doch ebenso wie Art. 28 GG nicht nur als ein immer weiter auszudehnender Eingriffsvorbehalt für den Staat in die Selbstverwaltung der Gemeinden verstanden werden, diese Autonomie vielmehr positiv herausgestellt und geachtet werden muß[174], so ist auch die Bürgerautonomie aus dem Eigentum eine Aufgabe und in Dogmatik zu bewältigen; das Recht der Autonomien bietet Vorbilder.

Eigentümerverantwortung ist nicht nur verfassungsgemäß, sie ist Verfassungsgebot.

b) Die Verantwortung der Eigentümer und die „sozialen Bezüge des Eigentums" — die Bedeutung der privatrechtlichen Eigentümerautonomie

Nach der neueren Sozialbindungstheorie des BVerfG[175] hängt die Sozialpflichtigkeit von den „sozialen Bezügen" ab, in denen das jeweilige Gut steht, sie dürfen allenfalls vom Gesetzgeber in gewissen Grenzen sachgerecht kategorisiert werden. *In erster Linie ist damit das Bürger-Bürger-Verhältnis angesprochen*, aus dem heraus ja auch die Angewiesenheitsrechtsprechung des BVerfG entwickelt worden ist[176]. Dahinter steht die zutreffende Erkenntnis, daß in einer freiheitlichen Ordnung wie der des Grundgesetzes der Eigentumsbürger ja stets, in seiner Eigentumsnutzung, zunächst einmal

---

[173] BVerfGE 21, S. 73 (83).

[174] Vgl. BVerfGE 1, S. 167 (174); 23, S. 353 (365); 52, 95 (116 f.); 56, S. 298 (312).

[175] Siehe dazu näher m. Nachw. oben 2 b.

[176] Deutlich etwa in der Mietrechtsjudikatur BVerfGE 37, S. 132 (140/1); 38, S. 348 (370), siehe auch die Kleingartenentscheidung E 53, S. 1 (32/3); dasselbe gilt auch für die Mitbestimmungsproblematik, BVerfGE 52, S. 290 (340/1), in der diese Kategorien dann weiter entfaltet worden sind.

anderen Mitbürgern gegenübertritt, und daß sich die Frontstellung gegenüber dem Staat oft nur sozusagen sekundär ergibt, wenn nämlich die Staatsgewalt den einen zum Schutze des anderen beschränkt.

Damit wird aber der Kern- und Ausgangspunkt der Sozialpflichtigkeit im Sinne der Verfassung sichtbar: Es ist die privatrechtliche Stellung des Eigentümers, seine Privatautonomie. Wer sie zunächst im Blick behält, wird zwar Eigentümerpflichten keineswegs leugnen, sie jedoch stets aus der privatrechtlich grundgelegten und auch weiterhin so zu verstehenden Pflicht heraus begreifen. Auch der sozialbindende Staat muß also im Eigentümer stets in erster Linie den privatautonom handelnden Bürger sehen, den er in dieser seiner Autonomie „zunächt einmal handeln lassen muß", damit er seiner Eigentümerverantwortung gerecht werde, gegenüber den Mitbürgern wie dem Staat. Im Wesen der „sozialen Bezüge" liegt es, daß der Eigentümer hier primär gefordert ist, weil er sie am besten zu erkennen vermag.

In diesem Sinne jedenfalls war es berechtigt, daß das BVerfG in früherer Rechtsprechung den Wesensgehalt des Eigentums, damit aber die Schranke für alle Sozialbindung, *primär aus dem Zivilrecht* heraus bestimmte. Mag sich dies insoweit nach der Naßauskiesungsentscheidung nicht mehr halten lassen[177], so hat doch das BVerfG mit dieser lediglich klargestellt, daß sich die Ausformung des Privateigentums (Art. 14 Abs. 1 S. 2 GG) sowohl über Normen des privaten als auch über solche des öffentlichen Rechts vollziehen könne, woran nie ein Zweifel bestanden hat. Daß aber das „*Wesen des Eigentums*", damit die Schranken für solche Sozialbindung, primär aus dem herkömmlichen Privatrecht abzuleiten sind, gilt auch heute noch — sie muß das private *und* das öffentliche Recht der Sozialbindung achten[178].

Dieses primär privatrechtlich, damit aber auch privatautonom legitimierte Wesen des Eigentums verlangt Achtung auch im öffentlichen Recht. So wie der Nachbar abwarten muß, ob der Eigentümer seine Verpflichtungen erfüllt, wie dies zunächst einmal in dessen privatautonomer Verantwortung steht, so muß sich auch der Staat, der große Umwelt-Nachbar jedes Eigentumsbürgers, zunächst zurückhalten, eingreifen darf er nur, wenn diese Verantwortung verfehlt worden ist; dann erst tritt die Sozialbindung ins richtige Licht: Sie ist Sanktion der Sozialpflichtigkeit, nicht vorschneller Ersatz für diese, sie mag einmal notwendige Ersatzvornahme sein, voller Ersatz ist sie nie.

---

177 *Soell*, H., DVBl 1983, S. 241 (244); daß diese Naßauskiesungsentscheidung (BVerfGE 58, S. 300) keine „Eigentumsrevolution" gebracht hat, ist längst erkannt worden, vgl. *Kimminich*, O., NuR 1985, S. 1, unter Hinw. auf *Leisner*, W., DVBl 1983, S. 61 ff.

178 Insoweit wird die Diskussion um die Bedeutung der Naßauskiesungsentscheidung (vgl. etwa *Hillermeier*, H., BayVBl 1985, S. 449 (452); *Deselaers*, AgrarR 1986, S. 97 (101); *Knauber*, R., AgrarR 1985, S. 125 (127); *Breuer* (FN 25), S. 553; *Schink*, A., AgrarR 1985, S. 185 (187); *Krohn*, G. (FN 2)), um ein Mißverständnis geführt.

Darin findet dann auch das Wort „Ausgestaltung des Eigentums" vielleicht doch einen guten Sinn, nicht im Gegensatz zum „Eingriff"[179], sondern als eine besondere Akzentuierung solcher Eingriffstätigkeit. Sie bedeutet dann jenen Eingriff in das Eigentümerbelieben, der primär darauf gerichtet ist, Eigentümerverantwortung zu sichern und zu motivieren. Der Staat taucht nicht ins Eigentum ein, er schwebt über allen Eigentumswassern.

Nicht zuletzt aber verliert dann so verstandene „Eigentumsgestaltung" auch jene Gefährlichkeit aus der Sicht des Rechtsstaates, die ihr sonst anhaften müßte: wenn ihr Recht so stark betont wird, die *Eigentumsordnung an den wirtschaftlichen und gesellschaftlichen Wandel anzupassen*[180]. Im freiheitlichen Rechtsstaat geht ein solcher Wandel in erster Linie von der Gesellschaft, vom Bürger aus, insbesondere auch vom Eigentümerverhalten. Niemand ist also mehr berufen und besser in der Lage, zunächst einmal in Eigenverantwortung diese Anpassung zu vollziehen als der Eigentümer selbst.

In jeder einzelnen Hinsicht, in welcher man bisher Sozialbindung gegen den Eigentums-Bürger hat entfalten wollen, wirkt sie auch, ja primär, im Sinne der Garantie seiner Verantwortung, seiner Autonomie.

c) Abwägungs- und Verhältnismäßigkeitsgebot als Sicherung der Eigentümerverantwortung

Ausgleich durch Eigentumsordnung ist Aufgabe des Staates, vor allem des Gesetzgebers, das BVerfG spricht hier geradezu von einem Sozialmodell[181] des Grundgesetzes. Abwägung ist im Umweltschutz in besonderer Weise gefordert. Sie darf aber weder zu einer Einbahn gegen das Eigentum werden[182], noch, wie dies allerdings häufig geschieht, als Grundsatz eines wesentlich auf Kollision von Gemeinschafts- und Eigentümerinteressen abgestellten Modells verstanden werden[183], solche Gegensätze sollen auf diese Weise vielmehr aufgelöst werden[184]. Richtiges Verständnis verengt dieses Abwägungsgebot, welches das gesamte Umweltrecht beherrscht, keineswegs auf die Gegenüberstellung gegenläufiger Interessen von Staat und

[179] Denn einen solchen stellt sie immer dar, vgl. dazu näher oben 1 b.

[180] BVerfGE 24, S. 367 (389); 60, S. 245 (149); BGH NJW 1967, S. 1855 (1856); siehe dazu auch *Schmidt-Aßmann*, DVBl 1972, S. 627 (631); *Scholz*, R., NVwZ 1982, S. 337 (342); *Weyreuther* (FN 53), S. 43.

[181] BVerfGE 37, S. 132 (140); 38, S. 348 (370).

[182] *Günther*, R., AgrarR 1986, S. 189 (190).

[183] Siehe dazu oben B I 1 b.

[184] BGH BayVBl 1985, S. 219 ff.

Eigentümer, bezieht in sie vielmehr auch die parallelen Interessen ein, aber auch, als besonderen Wert auf seiten des Eigentümers, dessen Eigenverantwortung im Umweltschutz. Nicht nur „Profit" muß sich der Staat bei der Abwägung entgegenhalten lassen, sondern auch Interessen des Eigentümers an der Umwelt, deren Berücksichtigung im eigenen Interesse seitens des Bürgers unterstellt werden darf, unter Umständen vom Staat besonders zu fördern ist. Eine Abwägung kann, wenn solche Gesichtspunkte mehr als bisher beachtet werden, zu ganz anderen Ergebnissen führen als im Falle der harten Betrachtung der Sozialbindung als Kollisionsentscheidung zugunsten des Staates. Soll Abwägung mehr sein als eine Floskel, als eine Formel für Selbstbestätigung genauer, sachgerechter Prüfung — und wie oft ist sie nicht, auch in Gerichtsentscheidungen, wenig mehr als dies! —, so muß gerade hier die Eigentümerverantwortung ernst genommen werden, Abwägung bedeutet einen wichtigen Raum für ihre Entfaltung.

Die damit eng verbundene *Verhältnismäßigkeitsprüfung* schließlich, die so oft gerade im Raum der Sozialbindung anzustellen ist, weil eine unverhältnismäßige Sozialbindung mangels Entschädigungsregelung verfassungswidrig wäre[185], ist ebenfalls eine Garantie der Eigentümerverantwortung, ein Instrument zu ihrer gerichtlichen Durchsetzung. Sie verbietet eben grundsätzlich den Einsatz des schärferen Zwangsmittels seitens des Staates, bevor nicht der Eigentümer seine Handlungs- und Unterlassungschancen selbst hat wahrnehmen dürfen, darin muß ihn der Staat auch noch unterstützen, bevor er ihn zwingt, in einer Art von umweltschützender Ersatzvornahme an seine Stelle tritt; im letzteren Sinne sollten sich hier staatliche Veranstaltungen weit mehr als bisher verstehen. Wenn schließlich Verhältnismäßigkeit Rücksicht auf die Leistungsfähigkeit des Bürgers verlangt[186], so bezieht sich dies nicht nur auf die Möglichkeit, staatlichen Umweltanordnungen nachzukommen, sondern in erster Linie und im vollen Sinne des Wortes ist es als Rücksicht auf die Freiheit zu verstehen, Umweltschutz in eigener Verantwortung zu leisten.

So zeigt denn die Dogmatik der Sozialbindung des Eigentums nicht wenige Mißverständnisse, welche einer Berücksichtigung der Eigentümerverantwortung im Umweltschutz entgegenstehen, an vielen Punkten aber auch Chancen, diesen so zu aktivieren, wie es Art. 14 GG verlangt.

---

[185] Dies gilt vor allem seit der Naßauskiesungsentscheidung, BVerfGE 58, S. 300; vgl. zur Verhältnismäßigkeit in diesem Zusammenhang BVerfGE 50, S. 290 (341); BGHZ 23, S. 30 (35); BVerwGE 67 S. 93 (96/7); *Kloepfer* (FN 2), S. 13.

[186] *Ebersbach*, H., AgrarR 1976, S. 333 (338).

Ergebnis

„Sozialbindung" wird heute in erster Linie als Richtlinie für die sozialbindende Gesetzgebung verstanden. Aus der „Sozialpflichtigkeit" des Eigentums ist, entgegen ursprünglichen Weimarer Absichten, die Sozialbindung geworden. Die Sozialbindung wird als ein sehr weiter Eingriffsvorbehalt angewendet. Eine dogmatisch klare Abgrenzung zwischen diesem Begriff und dem einer „Inhaltsbestimmung des Eigentums" (Art. 14 Abs. 1 S. 2 GG), im Sinne der „Gestaltung der Eigentumsordnung" ist bisher nicht gelungen.

Es gilt, *Tendenzen zu immer weiterer Ausdehnung der Sozialbindung als Eingriffsvorbehalt entgegenzutreten,* welche auch den Bürger aus seiner Eigentümer-Verantwortung drängen, um den Besitz im Umweltschutz allein zum staatlichen Eingriffsobjekt werden zu lassen.

Der *Zeitfaktor* spielt zur Bestimmung der Sozialbindung eine Rolle, eine Sozialbindung „aus Zeitumständen" kann es jedoch nicht geben. Primär kommt es dann auf Wandlungen des Sozialbindungsbewußtseins in der Gesellschaft an, nicht auf die staatliche Bindungspraxis; zu „mehr Sozialbindung" darf sich der Staat nicht auf eigenes Unrecht berufen. Das gewandelte Umweltbewußtsein ist von Gewicht, doch unter Umständen auch im Sinne stärkerer Betonung der Eigentümerverantwortung.

Im Anschluß an die verfehlte Begründung einer Entscheidung des BVerfG wird häufig *allgemein von einer verschärften Sozialpflichtigkeit des Grundeigentums ausgegangen.* Eine solche läßt sich insbesondere nicht aus einer „Unvermehrbarkeit" dieses Guts ableiten. Diese Auffassung widerspricht überdies der neueren Lehre des BVerfG von der „Sozialbindung nach den jeweiligen sozialen Bezügen", in denen ein Eigentumsgegenstand steht. Soweit das aus der „Angewiesenheit Dritter auf fremdes Eigentum" abgeleitet wird, ist dies bedenklich, als pauschale Umverteilungsermächtigung. Keinesfalls dürfen aber diese sozialen Bezüge global für Grund und Boden, sie müssen vielmehr stets im einzelnen, allenfalls können sie noch für eng abgegrenzte Kategorien ermittelt werden. Unzulässig ist dagegen eine Bestimmung der Enteignungsschwelle nach dem öffentlichen, etwa dem Umweltschutz-Interesse. Eine weiträumige Verdrängung der Eigentümerverantwortung durch generell verschärfte Sozialbindung seitens des Staates ist rechtswidrig.

Maßnahmen des Naturschutzes und der Landschaftspflege liegen nach der Rechtsprechung in der Regel im Rahmen zulässiger Sozialbindungen des Eigentums und sind daher grundsätzlich entschädigungslos zu dulden. Diese *Vermutung in dubio pro natura* ist in der Judikatur immer mehr verallgemeinert und auch vom Vorbehalt der (konkreten) Situationsgebundenheit gelöst worden. Eine solche Vermutung ist jedoch unzulässig.

Die Abgrenzung Sozialbindung—Enteignung ist nicht mit Blick auf die Natur des Eingriffs oder die Interessen der eingreifenden Staatsgewalt, sondern auf die dem Eigentümer auferlegten Belastungen zu gewinnen; in dubio pro natura widerspricht eindeutig sämtlichen Theorien, die bisher zur Bestimmung der Enteignungsschwelle entwickelt wurden.

Für die Eigentümerverantwortung ist dieses Ergebnis wichtig, weil es dem Bürger größeren Aktionsraum im Umweltschutz eröffnet und ihm nicht mit dem Recht auf Entschädigung die Möglichkeit eigener Initiative und die Anreize dazu entzieht.

Das Grundgesetz geht in Art. 14 Abs. 2 nicht vom Primat der Duldungspflicht entschädigungsloser Sozialbindung des Eigentums aus, sondern es verankert dort die *primäre Eigentümerverantwortung als Verfassungsgebot*. Staatliche Eigentumsgestaltung hat den Bürger in erster Linie darin zu schützen und zu fördern, sie trägt hier Verantwortung im Sinne der Autonomie- und einer Motivationsgarantie.

Wenn das Eigentum sozialpflichtig ist je nach den sozialen Bezügen, in denen es steht, so ist hier in erster Linie das Bürger-Bürger-Verhältnis angesprochen, in dem *der Eigentümer privatautonom handelt* und Verantwortung trägt. Diese zivilrechtliche Privatautonomie ist nach wie vor Wesenskern des Eigentums. Greift der Staat hier gestaltend, mit öffentlichem Recht ein, so muß auch er diese Autonomie achten. Denn am besten vermag der Eigentümer als Teil von Wirtschaft und Gesellschaft auch die notwendige Anpassung der Sozialbindung bei wirtschaftlich-gesellschaftlichem Wandel zu vollziehen.

Das den Umweltschutz beherrschende *Abwägungsgebot* verlangt auch die Berücksichtigung der Eigentümerverantwortung, Abwägung ist ein Instrument zu ihrem Schutz, das muß noch deutlicher erkannt werden. Dasselbe gilt für die damit eng verbundende *Verhältnismäßigkeit*, welche den Umweltschutz des Staates in grundsätzlicher Subsidiarität hinter verantwortliches Eigentümerhandeln zurücktreten läßt.

Die Eigentumsdogmatik bietet also, trotz mancher Mißverständnisse, doch auch zahlreiche Ansatzpunkte für die Aktivierung der von der Verfassung geforderten Eigentümerverantwortung.

II. Die Situationsgebundenheit — Grundlage von Eigentümerverantwortung

1. Konkretisierung der Sozialbindung aus der besonderen Lage des Grundstücks

Die Situationsgebundenheit des Eigentums an Grund und Boden ist der praktisch wichtigste Begriff des agrarischen Eigentumsrechts, die Grundlage der Bestimmung einer Enteignungsschwelle. Soweit sie reicht, sind Eingriffe in das Eigentum nicht nur legal, sie dürfen auch ohne Entschädigung erfolgen[187]. Im vorliegenden Zusammenhang ist die Frage zu stellen, ob die Anwendung dieses Grundsatzes Eigentümerverantwortung begünstigt oder vielmehr, zugunsten der Sozialbindungskompetenz des Staates, zurückdrängt.

a) Das Wesen der Situationsgebundenheit: Ihre Konkretisierung als eine Art von Auferlegung einer „öffentlichen Dienstbarkeit"

Situationsgebundenheit ist eine der typischen eigentumsrechtlichen „Großformeln", welche die Rechtsprechung des BVerwG[188] und des BGH[189] entwickelt haben. Die Bedeutung des Grundsatzes nimmt in der Praxis weiter zu[190]. Die nunmehr nahezu unverändert tradierte Allgemeinformel lautet: Befugnisse, die zur Nutzung oder Benutzung von Grundstücken berechtigen, unterliegen einer Sozialbindung insbesondere darin, daß alle Arten der Nutzung oder Benutzung der jeweiligen „Lage" des Grundstücks, seiner „Situation" und der sich daraus im allgemeinen Interesse ergebenden „Situationsgebundenheit" entsprechen müssen[191]. BGH[192] und BVerwG[193] leiten unmittelbar daraus die „regelmäßige Folge" ab, daß Natur- und Land-

[187] Siehe vor allem *Weyreuther*, F., Die Situationsgebundenheit des Grundeigentums, 1983, ferner allg. *Papier*, H. J., Maunz-Dürig, GG, Art. 14, Rdnr. 324 ff.; *Krohn / Löwisch*, Eigentumsgarantie, 3. Aufl., 1984, Rdnr. 82 ff.

[188] Zur Rspr. des BVerwG siehe vor allem BVerwGE 15, S. 1 (2); 17, S. 315 (318); 26, S. 111 (119 f.); 32, S. 173 (178); 49, S. 365 (368); BVerwG Buchholz 406.11 § 35 BBauG, Nr. 113, S. 96 (101 f.); siehe auch bereits BVerwGE 3, S. 335; 4, S. 57 (60).

[189] Überblick zur Rspr. bei *Krohn/Löwisch* (FN 187); siehe insbes. im einzelnen BGHZ 30, S. 338 (342/ 3); 72, S. 211 (216/7); 73, S.351 (354); 87, S. 66 (72 f.); BGH LM Nr. 5 zu Art. 14 (C b) GG; BGH NJW 1977, S. 945; BGH NJW 1980, S. 2299, sowie bereits BGH DÖV 1957, S. 669 (Buchendom).

[190] *Gassner*, E., NVwZ 1982, S. 165 (166).

[191] Vgl. etwa BGHZ 1977, S. 351 (354).

[192] Std. Rspr., siehe etwa FN 191.

[193] z. B. BVerwGE 49, S. 365 (368/9).

schaftsschutz nicht zur Enteignung führen, daß vielmehr ihre Maßnahmen „lediglich Ausdruck der Sozialbindung" seien[194]. Dogmatisch unrichtig ist es dagegen, in Eingriffen, welche die Situationsgebundenheit konkretisieren, „nicht eigentlich" eine Beeinträchtigung oder Verkürzung der Dispositionsfreiheit des Eigentums zu sehen, weil dessen „Funktion" gar nicht so weit reiche[195]: Die Sozialbindung wirkt auch hier als eine Form von Eingriffsvorbehalt in das Eigentum, es wird nicht etwa festgestellt, daß es in ihrem Bereich „gar kein Eigentum gebe" — denn sonst dürfte ja der Eigentümer das insoweit ihm nicht gehörende Gut gar nicht nutzen, auch nicht, solange eine Konkretisierung der Sozialgebundenheit nicht erfolgt ist[196]; davon aber kann nicht die Rede sein.

Hier muß dogmatische Klarheit herrschen: Situationsgebundenheit erreicht, als Ausdruck der Sozialbindung, einen Besitz-, Nutzungs-, Verwaltungs- und Verfügungsbereich, der „an sich", solange der Staat ihn nicht konkretisierend in Anspruch nimmt, dem Eigentümer zusteht — er kann Bäume schlagen, solange ihm dies nicht im Falle eines Naturdenkmals oder der Bauordnung verboten ist. Die Konkretisierung der Situationsgebundenheit wirkt insoweit stets konstitutiv gegen den Eigentümer, sie drängt sein Belieben zurück. Wäre es anders, so müßten, bei nachträglicher Konkretisierung, Ansprüche des Staates für vorher gezogene Nutzungen von etwas in Betracht kommen, was dem Eigentümer gar nicht gehörte. Daß er davon nichts gewußt habe, könnte den Eigentümer nicht entlasten, denn angesichts einer bereits „an sich wirkenden" Situationsgebundenheit hätte er dann ja seine (früheren) „Eingriffe in Natur und Landschaft" als „Grenzüberschreitung gegenüber der Gemeinschaft" erkennen und daher mit späteren Ansprüchen rechnen müssen[197].

194 Zur Kritik dieser Auffassung vgl. oben I 3.

195 So etwa BGHZ 30, S. 338 (342/3); BGH LM Art. 14 (C e) GG, Nr. 24. Abgesehen davon, daß der Hinw. auf „Funktionen" des Eigentums ohnehin problematisch ist, wie an dieser Stelle vertiefend nachzuweisen sein wird — der BGH gibt ja, etwa an der erstgenannten Stelle, selbst zu, daß es sich um eine „Belastung" des Eigentums handelt.

196 Hier liegt der grundlegende Unterschied zu der — deklaratorischen —Feststellung, daß ein gewisser Naturbereich überhaupt, ab origine, gar nicht zum Eigentum gehört — so etwa der höhere Luftraum, das Grundwasser (BVerfGE 58, S. 300).

197 Die Frage ist etwa in dem Zusammenhang diskutiert worden, ob die sich aus der Situationsgebundenheit des Grundeigentums ergebenden Verpflichtungen durch Staatsakt konkretisiert werden müssen, oder ob diese Sozialbindung auch „unmittelbar" aus der Verfassung heraus wirkt (so etwa *Kreft*, F., Festschr. f. Hauß, 1978, S. 209 f.; dagegen *Gassner*, E., NVwZ 1982, S. 165 (167/8)). An dem im Text herausgestellten Ergebnis könnte auch dies nichts ändern; denn jedenfalls müßten dann diese Belastungen für den Eigentümer aus der Verfassung heraus vorhersehbar sein, was kaum anzunehmen wäre, an ihrem beschränkt-dienstbarkeitsähnlichen Charakter würde sich nichts ändern. Im übrigen wird weit überwiegend davon ausgegangen, daß eine Konkretisierung der Situationsgebundenheit nötig ist, aller-

Da dieses Ergebnis abwegig ist und zu unabsehbaren Folgen führen müßte, kann nur eine Lösung zutreffen: Die Konkretisierung der Situationsgebundenheit eines Grundstücks durch Gesetzgebung oder Einzelakt der Verwaltung stellt sich dar als Ausnutzung der Möglichkeit, dem Eigentümer eine dienstbarkeitsähnliche Belastung im öffentlichen Interesse aufzuerlegen. Er bleibt an sich voller Eigentümer, ebenso wie der Besitzer eines mit einer privatrechtlichen Dienstbarkeit belasteten Grundstücks, doch er muß nun gewisse Handlungen unterlassen, andere vornehmen — insoweit geht diese öffentlich-rechtliche Gestaltung unter Umständen weiter als die des Privatrechts. An der Wesensverwandtschaft beider Rechtsfiguren ändert dies aber nichts. Insbesondere macht der Staat mit der Berufung auf Situationsgebundenheit nicht etwas geltend wie ein Obereigentum früherer Feudalordnungen; zieht er seinen Naturschutz zurück, so erstarkt automatisch das bisher dienstbarkeitsbelastete Eigentum wieder zum Vollrecht.

Diese Feststellungen sind nicht nur theoretisch-dogmatisch, sondern auch praktisch von größter Bedeutung. Gehört nämlich der situationsbedingte Sozialbindungsbereich überhaupt nicht zum Eigentumsinhalt[198], so kann der Eigentümer dafür auch eine Verantwortung nicht tragen. Einer wie immer gearteten Kooperation zwischen ihm und der staatlichen Umweltschutz-Gewalt ist weitestgehend der Boden entzogen. Dann aber müßte man auch bereit sein, eine offen verfassungswidrige Folgerung zu ziehen: daß in der Formel „sein (des verpflichteten Eigentums) Gebrauch soll zugleich dem Wohl der Allgemeinheit dienen", das Wort „zugleich" ersatzlos gestrichen und durch „insoweit allein" ersetzt wird. Die Interessenverbindung beim Eigentümer *in der Hand des Eigentümers* müßte gelöst werden. Eine solche Interpretation gegen den Wortlaut hat, soweit ersichtlich, noch niemand gefordert.

Es bleibt also dabei: *Situationsbedingtheit ist eine virtuelle Belastung des Eigentumsrechts*[199], *besser: ein Raum von dessen möglicher Belastung sei-*

dings auch unterbleiben kann: Von einer (erst) „von hoher Hand herbeigeführten Verkürzung einer Rechtsposition", welche anderen Eigentümern nicht zugemutet werden müsse, spricht etwa schon BGHZ 23, S. 30 (33/34); vgl. auch BGHZ 60, S. 126 (131/2). Auch in der Rspr. des BVerfG ist davon die Rede, daß der *Gesetzgeber* dem Grundeigentümer „Nutzungs*beschränkungen auferlegt*" (Herv. v. Verf.), BVerfGE 25, S. 112 (119), mag er damit auch „nur aussprechen, was sich aus der besonderen öffentlichen Aufgabenstellung und Lage des Grundstücks ergibt". —

In ganz anderem Sinne ist, im Zusammenhang mit der Situationsgebundenheit, von „Konkretisierung" die Rede, wenn die Situationsgebundenheit ihrerseits wieder als eine Besonderheit der Sozialbindung verstanden wird, vgl. *Maunz*, Th., BayVBl. 1973, S. 569 ff.

[198] Wobei die in der Rechtsprechung verwendeten Worte „nicht eigentlich" (vgl. BGHZ 30, S. 338 (343)), nur die alte Regel bestätigen, daß man solche Ausdrücke bei rechtlicher Argumentation „eigentlich nicht" verwenden sollte . . .

[199] Zutr. sieht denn auch der BGH die Grenzen dieser Situationsgebundenheit dort

tens der Staatsgewalt, nicht mehr und nicht weniger. Rechtlich relevant wird sie erst, wenn der Staat von ihr Gebrauch macht. Vorher steht dem Eigentümer die volle Verantwortung dafür zu, insbesondere im Rahmen des Umweltschutzes. Nach dem Staatseingriff reicht diese noch so weit, wie sie nicht von den dienstbarkeitsähnlichen[200] Rechten der Gemeinschaft überlagert wird.

Diese Feststellungen gelten vor allem für das Bodeneigentumsrecht, dort ist der Begriff der Situationsgebundenheit entwickelt worden[201]. Nichts steht aber entgegen, ihn, mutatis mutandis, auch auf das gewerbliche Eigentum anzuwenden[202]. Allerdings ist dort der „Standort" häufig nicht von vergleichbarer Bedeutung, insbesondere nicht ebenso „konstant", so daß sich ein zentrales, sogleich noch näher zu behandelndes Konstitutivelement der Situationsgebundenheit meist wesentlich abschwächen dürfte.

b) Situationsgebundenheit nach lange bestehender Lage

„Situation" ist ein einprägsames, aber inhaltsarmes Wort. Die eigentumsdogmatischen Probleme, auch die der Eigentümerverantwortung, zeigen sich erst bei seiner Inhaltserfüllung. Zwei Kriterien stehen hier bisher deutlich im Vordergrund, die miteinander verflochten, im einzelnen allerdings nicht unumstritten sind: Die „Situation" muß eine bestimmte Stabilität in der Zeit aufweisen, hier spielt der Zeitfaktor in der Tat eine gewisse, aber nicht eine „dynamisierende", sondern eine kontinuitätswahrende Rolle[203]. Die „Situation" ist ferner primär ein tatsächlich-außerrechtlicher, nicht ein wiederum vorwiegend von der Staatsgewalt geschaffener Zustand.

Was zunächst die *„Zeitdauer"* des Zustandes anlangt, so standen solche Überlegungen sicher am Anfang der Entwicklung einer „Situationsgebundenheit". Wenn hier das Grundstück als „Bestandteil der Landschaft" gesehen wird[204], in einer Lage, die „naturgegeben" ist[205] und nicht das Ergebnis zufälliger Veränderungen darstellt[206], von der Natur der Sache her[207] vorge-

---

erreicht, „wo die entschädigungslose Aufbürdung des Opfers den Grundeigentümer unzumutbar hart oder schwer und unerträglich trifft" (vgl. BGHZ 57, S. 359 (365 f.); siehe auch 64, S. 220 (230)).

[200] Das BVerG formuliert ähnlich (E 25, S. 112 (119)): Das jeweilige Grundstück ist gewissermaßen in den Dienst dieser Aufgabe gestellt.

[201] *Weyreuther* (FN 187), S. 7; *Kimminich*, O., BK, Art. 14, Rdnr. 114.

[202] Wie es *Seibel-Schwiedernoch*, C., NJW 1985, S. 592 ff., vorschlägt.

[203] Zur Kritik einer „Sozialbindung nach Zeitumständen" vgl. oben I 2 a.

[204] Dazu *Ebersbach*, H., AgrarR 1972, S. 129 (133).

[205] BGHZ 23, S. 30 (33); 60, S. 126 (130).

[206] BGHZ 60, S. 126 (134).

[207] BGHZ 60, S. 145 (147); BGH NJW 1967, S. 1855 (1856).

zeichnet erscheint, oder wie sonst die vielgestaltigen Formulierungen lauten mögen, so kann kaum ein erst seit kurzem bestehender, jedenfalls nicht ein plötzlich eingetretener oder gar ein hinsichtlich seiner Dauer kontingenter Zustand gemeint sein. Dann nämlich wäre jene Sachangepaßtheit an die Belange des Bodenrechts völlig verfehlt, welche dieser Sozialbindungsformel stets eine gewisse Überzeugungskraft verliehen hat: „Grundstücke ändern sich eben" in ihrer Lage im engeren Sinn überhaupt nicht, und auch die weitere Umgebung beeinflußt ihre „Situation" nur bis zu einem gewissen Grad. Vor allem aber zieht die Formel von der Situationsgebundenheit ihre entscheidende Überzeugungskraft aus der Berücksichtigung der Interessen des Eigentümers: Ihm widerfährt damit kein Unrecht, denn er hat, beim Kauf oder im Halten des Grundstücks, dessen Lage gekannt und einkalkulieren müssen — eine „Verpflichtung gegen sich selbst", im Rahmen einer Eigentümerverantwortung sich selbst gegenüber. Er mußte also mit dieser Belastung rechnen, konnte sich seit langem darauf einstellen, die Belastung erscheint schon deshalb als „zumutbar", gerade dem aktiven Eigentümer gegenüber, der über sein Gut wacht, die Entwicklungen von dessen Wert und Ertrag beobachtet. Das Buchendom-Urteil des BGH etwa[208], einer der Ausgangspunkte dieser Judikatur, zeigt dies deutlich; es prägt die gesamte Rechtsprechung ersichtlich bis heute, und deshalb wird auch ausdrücklich in den Entscheidungen auf die Situationsgebundenheit von jeher[209] oder „von Alters her" bestehender Lagen[210] hingewiesen; was lange zurück- und in dieser Weise festliegt, kann nicht mit einem Male konkretisierend verändert werden.

Im Sinne der vorliegenden Untersuchung ist daher die Situationsgebundenheit insoweit ein *deutliches Votum für Eigentümerverantwortung* — gegenüber dem Eigentümer selbst und *zugleich* gegenüber der Gemeinschaft: Der Grundeigentümer muß beim Erwerb und beim weiteren Halten seines Eigentums aufmerksam die Situation beobachten, sie ist „Bestandteil seines Eigentums", und er hat deren Veränderungen zu überwachen[211]. Verfestigen sie sich in einer gewissen Dauer, so modifiziert dies nicht etwa seinen Eigentumsinhalt, wohl aber seine Verantwortungslage, insbesondere gegenüber dem Umweltschutz: Er muß davon ausgehen, daß ihn weitere oder auch geringere Pflichten treffen, denn die Situation kann sich ja auch im Sinne einer *Rechteerweiterung* für ihn günstig entwickeln, wie zunehmend erkannt wird[212].

---

[208] BGH DÖV 1957, S. 669.

[209] BGHZ 60, S. 126 (134).

[210] BGH LM Nr. 3 zu Art. 14 (C b) GG.

[211] *Krohn / Löwisch* (FN 187), Rdnr. 84.

[212] *Krohn / Löwisch* (FN 187), Rdnr. 82; *Seibel-Schwiedernoch*, C., NJW 1985, S. 592/3; vgl. dazu auch BVerwGE 29, S. 357 (364).

Die Situation des Eigentums ist Grundlage spezifischer Sorgfaltsverpflichtungen des Eigentümers, der die Entwicklung der Lage zu beobachten und sein Verhalten danach einzurichten hat, zunächst im eigenen Interesse, zugleich aber auch in dem der Allgemeinheit, insbesondere des Umweltschutzes, denn diese Belastungen — oder auch nur Belastbarkeiten — hat er eben „mit seinem Eigentum erworben", damit ist, im öffentlichen Recht, nicht sein Gut, sondern er selbst belastet.

Dieses Verständnis zwingt den Eigentümer in einer zugleich aktivitätsmotivierenden und eingriffslegitimierenden Weise deutlich in seine Verantwortung, die als eine einheitliche — sich selbst und der Allgemeinheit gegenüber — zu verstehen ist. Deshalb sollte dieser Aspekt der Situationsgebundenheit weit stärker betont und dieser Begriff damit legitimiert werden; er verliert dann viel von seiner Blanketthaftigkeit, erscheint nicht mehr als unentrinnbares Lage-Schicksal, sondern als Ausdruck des alten lex vigilantibus scripta, zugleich aber als Zwang zur Eigentümerverantwortung und als deren Entfaltungsraum.

c) Situationsgebundenheit an einen „tatsächlichen", nicht (primär) rechtlich geschaffenen Zustand

Weitaus problematischer ist es, ob „Situation" nur oder doch in erster Linie die natürlich-außerrechtlich entstandene Lage bezeichnet, oder ob diese auch insoweit Grundlage von Sozialbindung sein kann, als sie insgesamt, überwiegend oder doch gleichgewichtig, auf staatliches, insbesondere hoheitliches Handeln zurückzuführen ist oder sich dadurch gerade wesentlich verändert. Insbesondere fragt es sich etwa, ob der umweltschützende Staat mit Hoheitsgewalt oder schlicht hoheitlichem Handeln einen neuen Datenrahmen setzen und *dadurch* die Situation zu Lasten des Eigentümers verändern darf — mit der Folge, daß dieser dann auch (noch weitere) Eingriffe entschädigunglos, eben in dieser „neuen Situation", hinzunehmen hat.

Diese wichtige Frage ist, soweit ersichtlich, noch nicht hinreichend vertieft, jedoch schon in verschiedener Hinsicht erörtert worden. Sie ist deshalb für die Bestimmung einer Eigentümerverantwortung im Umweltschutz von entscheidender Bedeutung, weil ein Staat, der aus selbstgeschaffenen ökologischen Situationen heraus den Bürger immer weiter zurückdrängen darf, nicht nur dessen Verantwortungsraum wesentlich verengen, sondern auch die Möglichkeit einer Vorausschau der Situationsentwicklung durch den Eigentümer wesentlich verkürzen kann.

Eine doch insgesamt deutlich herrschende Judikatur geht denn auch davon aus, daß die Situation „durch die Natur des Grundstücks" bestimmt sein muß, nicht durch staatliche Regelung[213], jedenfalls nicht durch sie allein geprägt sein darf[214]. Dafür sprechen auch die oben unter b) angeführten Argumente zugunsten einer gewissen Konstanz in der Zeit: Was von solcher Kontinuität getragen ist, mag hier und dort auch vom Staat beeinflußt worden sein, die staatlichen Effekte gehen jedoch in der Regel in einer größeren gesellschaftlich bestimmten Entwicklung auf. Planung mag zur Konkretisierung der Situationsgebundenheit nötig sein[215], doch die Lage darf nicht allein auf Planung zurückzuführen sein[216]. Wenn die Eingriffsgewalt selbst ein Grundstück erhöhten Belastungen ausgesetzt hat, wird dies nicht wiederum durch die „Situation" erfaßt und berechtigt nicht zu weiteren Belastungen des Eigentums[217].

Hinsichtlich der *Planung* ist sogar eine klare Linie erkennbar: Sie darf mit Wirkung auf die Situation *reagieren*, nicht *agieren*: Soweit sie als (notwendige) Reaktion auf veränderte (allgemeinere) Verhältnisse erscheint, kann sie auch die Situationsgebundenheit beeinflussen[218], wobei stets die allgemein gebotene Abwägung stattzufinden hat[219]. Eine solche Reaktion muß sich überdies anbieten[220]. Im Falle der Berufung auf vorangegangenes hoheitliches Handeln zur Bestimmung der Situationsgebundenheit ist also Zurückhaltung geboten[221]. *Die staatliche Entscheidungsentwicklung ist situationsrelevant, soweit sie sich als „gesellschaftsbegleitend" darstellt*, nicht aber, wenn sie eine außerrechtliche Entwicklung forciert oder gar diktiert. Im einzelnen mag dies zu zahlreichen Zweifelsfragen führen, doch gewisse Anhaltspunkte zeigt schon die bisherige Rechtsprechung: Beim Denkmalschutz etwa, der hier nach den gleichen Grundsätzen der Situationsgebundenheit zu beurteilen ist[222], wird sich stets zunächst eine Wandlung der allgemeinen historisch-ästhetischen Auffassungen vollziehen, sie wird dann von der Staatsgewalt ratifiziert. Wollte diese rücksichtslos „voranschreiten", so wäre schon die Legalität durch Übermaßentscheidung verletzt. Dasselbe

[213] BGHZ 23, S. 30 (33) — eine Entscheidung, die eben damit deutlich den Ausgangspunkt dieser Lehre zeigt.

[214] BGHZ 60; S. 145 (148); BGH NJW 1967, S. 1855 (1856); BVerwGE 26, S. 111 (118).

[215] BVerwG, aaO., S. 119.

[216] BGH LM Art. 14 (C e) GG, Nr. 15; vgl. BGH NJW 1964, S. 202.

[217] BGHZ 80, S. 111 (114).

[218] Vgl. dazu BGH NJW 1983, S. 1657; zur wasserwirtschaftlichen Planung *Ronellenfitsch*, M., VerwArch 1986, S. 177.

[219] Siehe *Weyreuther*, F., UPR 1981, S. 33 (37).

[220] *Krohn / Löwisch* (FN 187), Rdnr. 84.

[221] Jedenfalls schließt das Dazwischentreten einer hoheitlichen Maßnahme Entschädigung nicht von vornherein aus, vgl. BGHZ 60, S. 126 (137).

[222] BGH JR 1979, S. 98 (99); BGHZ 72, S. 211 (217/8); *Krohn / Löwisch* (FN 187), Rdnr. 95; *Papier*, H. J., MD, GG, Art. 14, Rdnr. 370 m. Nachw.

hat hinsichtlich der optisch-ästhetischen Vorstellungen vom „Landschaftsbild" zu gelten[223]. In all diesen Bereichen sollten sich die Richter wohl auch noch mehr als bisher selbst sachkundig fühlen, nicht einfach als Ratifizierungsinstanzen irgendwelcher Sachverständigengutachten fungieren, denn damit verfehlen sie ja auch die Gerechtigkeit gegenüber dem betroffenen Eigentümer, der sich eben auf die Meinung avantgardistischer Experten nicht einstellen konnte. Der vielkritisierte Konservatismus der Richter ist hier ein Gebot des Eigentumsrechts. Daß die Veränderung der „Bau- und Wohnungsgesinnung" der Allgemeinheit die Situation verändern kann, steht außer Zweifel[224], der Staat darf, ja muß dies mit seinem Baurecht begleiten, insoweit konkretisiert er zulässig die Sozialpflichtigkeit. Auch die allgemeine Industrialisierung einer Gegend, welche ein nunmehr stadtnah gewordenes Grundstück mit neuartigen Verpflichtungen belastet, muß grundsätzlich als neue Situation hingenommen werden[225], mag dies der Staat auch subventionierend gefördert und als Hoheitsgewalt pauschal planungs- und baurechtlich ratifiziert haben. Dabei kann die Situation auch größerräumig gesehen werden[226].

Eine Grenze aber gilt es stets zu beachten: Der Staat darf nicht selbst primär jene Situation zunächst neu schaffen, um dann den Eigentümer in seine Schranken zu weisen und immer weiter sozial zu binden; hier könnte ja auch ein gefährlicher Spiralvorgang einsetzen, in einer Berufung des Staates auf eigenes Unrecht. Gerade im Umweltschutz liegt diese Versuchung nahe, daß die Hoheitsgewalt eine „Kettenreaktion von neuen Situationen" schafft, indem sie zunächst nur eine solche verändert, sich bei den übrigen dann „zum Nachziehen verpflichtet" erklärt. Eine entschädigungslose Unterschutzstellung kann nicht sozusagen „automatisch" eine weitere auslösen, nur damit die Wirkungen der ersteren erzielt werden können. Vielmehr muß dann auch gegenüber dem zweiten Betroffenen nachweisbar sein, daß „seine Lage gleichfalls seine Beschränkungen" erforderlich mache; zu deren Bestimmung mag die Situation eines anderen, benachbarten Grundeigentümers herangezogen werden, *sie allein* aber legitimiert den Zweiteingriff noch nicht. Kein Eigentümer braucht sich „die Lage eines anderen *als solche*" entgegenhalten zu lassen, die Situationsgebundenheit entfaltet nicht eine „Drittwirkung" in diesem Sine.

Es bleibt also dabei: Die „Situation" ist ein „sozialer Bezug" im Sinne der Rechtsprechung des BVerfG, d. h. in ihr steht der Eigentümer primär nicht gegenüber den politischen Entscheidungsinstanzen, sondern gegenüber der „Gesellschaft". Das Grundstück steht nicht in einer primär „rechtlichen

---

[223] Dazu *Krohn / Löwisch* (FN 187), Rdnr. 92.

[224] BGH NJW 1967, S. 1855 (1856).

[225] BGHZ 30, S. 30 (33).

[226] So schon BayVGH BayVBl 1984, S. 366.

Situation", die beliebig vom umweltschützenden Staat verändert werden könnte. *Dieser Staat muß sich immer als Begleiter von Entwicklungen eines allgemeinen Bewußtseins legitimieren, Situationsgebundenheit darf nicht durch im weiteren Sinne „politische" Entscheidungen verändert werden, sie wären unbeachtliche „zufällige Veränderungen" aus der Sicht des Eigentümers*[227]. *Auf ihn aber kommt es entscheidend an und seine Eigentümerverantwortung, wie sich gerade hier zeigt. Diese Verantwortung darf nicht, unter dem Deckmantel der Situationsgebundenheit, durch politische Mehrheitsentscheidungen zurückgedrängt werden, sondern nur im Rahmen einer allgemeinen, gesellschaftlichen Entwicklung.*

Dieses Ergebnis bewahrt die Eigentümerverantwortung und legitimiert sich gerade aus ihr: Dem Eigentümer als Glied eben dieser Gesellschaft ist es zumutbar, deren längerfristige Entwicklungen zu beobachten und sich auf diese auch einzurichten; hier handelt es sich wirklich einmal um immanente Bindungen seines Eigentumsrechts. Dies eröffnet auch dem Staat jeweils die erforderlichen Entscheidungs- und Gestaltungsräume. Eines aber ist ihm verwehrt: Sozialgestaltung ohne Entschädigung auf Kosten der Eigentümer zu betreiben. Solange er gesellschaftsbegleitend wirkt, braucht er nichts zu bezahlen; eine politische Instanz jedoch, die im Namen einer Mehrheit dezisionistisch vorgehen will, ist dazu in Grenzen berechtigt, solcher Sozialgestaltungsavantgardismus aber muß — eben zahlen.

Die Grenzen mögen, wie schon gesagt, schwer zu ziehen, gelegentlich auch fließend sein. Dies aber legitimiert nicht ihre weitere Verwischung, sondern ist Aufruf, sie immer wieder sichtbar werden zu lassen, sonst wird das Grundeigentum auf Dauer im Spiralvorgang von Eingriff und Situationsveränderung völlig ausgehöhlt. Gerade im Umweltschutz muß dies heute ernst genommen werden: Hier besteht eine, nicht selten tages- und parteipolitisch heute motivierte Versuchung, durch rasches politisches Vorgehen neue Situationsdaten zu setzen, um gewissen Bewegungen den Wind aus den Segeln zu nehmen, und dies soll dann möglichst wenig kosten. Das Eigentumsgrundrecht setzt dem unüberschreitbare Schranken.

Die Verantwortung des Eigentümers aber wird durch ein solches Verständnis der Situationsgebundenheit des Grundeigentums gestärkt. Im Rahmen der notwendigen, längerfristig zu bestimmenden Schranken, welche ihm das Gemeinwohl zieht, kann er sich weit besser darauf einrichten, zugleich seine eigenen und die öffentlichen Belange zu verfolgen, als wenn er hier kurzerhand politische Entscheidungen in rascher Folge hinzunehmen und nachzuvollziehen hätte. In seinen Grundstücksaktivitäten folgt er ja nicht etwa dem dynamischen Rhythmus einer Parteipolitik, sondern weit mehr den ruhigen, langfristig-beständigen Zwängen und Belangen, die sich nun wirklich — aus der Lage seines Grundstücks ergeben. Daß er hier

[227] Mit einem solchen Fall beschäftigt sich BGHZ 60, S. 126 (134).

zugleich im eigenen und im Interesse des Umweltschutzes tätig wird, kann von ihm erwartet werden, der ja diese Lage weit besser kennt als jeder andere, wenn er dazu die Motive unmittelbar aus dieser Situation gewinnen kann, sie nicht für einzelne, ihm oft schwer verständliche, staatliche Maßnahmen umständlich erst suchen muß, nachdem sie nur zu oft der Staat noch nicht einmal offenlegt.

Der Begriff „Situationsgebundenheit" zeigt hier also eine interessenverbindende, nicht-konfrontierende Kraft, ihr kann eigentlich nur ein Eigentümer gerecht werden, der an sich und damit auch an die Allgemeinheit denkt — und umgekehrt. Denn die „Lage" eines Grundstücks muß als Einheit gesehen werden, in der oft untrennbaren Interessenverflechtung öffentlicher und privater Belange. Darin liegt wirklich die Besonderheit allen Grundeigentums, und insoweit ist dem BVerfG zuzustimmen, daß hier eine andere, aber eben nicht notwendig eine schärfere Sozialbindung als bei sonstigen Eigentumsgütern erforderlich ist. Wenn Situationsgebundenheit als ein Begriff für dieses aliud der Grundstückssozialbindung verstanden wird, ist dem Grundanliegen einer Rechtsprechung genüge getan, die hier, wenn nicht immer in voller dogmatischer Klarheit, so doch mit sicherem juristischem Gespür entschieden hat. Und dieses aliud ist dann entscheidend geprägt durch jene Eigentumsverantwortung, die das ganze Interessengeflecht zu erfassen vermag, weil der Eigentümer — mitten in ihm sitzt.

Die nicht zu Unrecht angemeldeten Bedenken gegen den Begriff der Situationsgebundenheit, in dem unzulässig Feststellungen und Wertungen[228], Sein und Sollen[229] verwischt und nicht selten die „konkrete Situation" aus den Augen verloren werde[230], können nur dann entschärft werden, wenn feststeht: Situationsgebundenheit kann nie reine Deskription sein, in ihr liegt schon Feststellungswirkung, und sie ist ohne auswählende Wertung nicht möglich. Dennoch muß die Sinnerfüllung im Einzelfall stets und möglichst nahe an dem tatsächlich Vorgegebenen bleiben, von diesem als ein natürlicher und zugleich gesellschaftlicher Tatbestand ausgehen, sie darf diesen nicht schon im Ausgangspunkt durch die Einbeziehung politisch-kontingenter Entscheidungen umprägen. Gesellschaftsbegleitende Wertung, nicht Tatsachenregistrierung, liegt vor, wie sie die Begriffsbildung bei den Grundrechten allgemein fordert[231], und hier findet dann der Eigentümer, das Glied dieser Gesellschaft, mit seiner Verantwortung gebührenden Platz.

---

[228] Siehe etwa *Gassner, E., NvwZ 1982, S. 165 (166); Papier*, H. J., MD, GG, Art. 14, Rdnr. 326 m. Nachw.; *Schink*, A., AgrarR 185, S. 185 (190); *Schmidt-Aßmann*, DVBl 1973, S. 633 (634).

[229] *Schink*, aaO., *Gassner*, aaO., S. 167.

[230] *Schmidt-Aßmann*, aaO., S. 633.

[231] Die Begriffe, mit denen die Schutzbereiche der Grundrechte bezeichnet werden, müssen ja weitestgehend nach solcher Methode bestimmt werden, soll etwas

2. *Die Privilegierung der „verwirklichten Nutzung" — Prämie für den „aktiven Eigentümer"*

a) Eigentumsschutz nur für „verwirklichte" und naheliegende Nutzung — der „Mittelweg" der Rechtsprechung

Der Eigentumsschutz umfaßt, darüber besteht Konsens, Besitz, Verwaltung, Verfügung, vor allem aber die Nutzungsrechte, welche das betreffende Gut gewährt. Hier liegt der Mittelpunkt der Problematik der Situationsgebundenheit. Beinhaltet diese „Lage", wie sie der Eigentümer *und* der sozialbindende Staat hinzunehmen haben, lediglich die realisierte Nutzung, oder auch die Nutzungsmöglichkeit des Bodens, die noch nicht verwirklicht, nach der bisherigen Rechtslage aber zulässig war, jede solche Nutzungsmöglichkeit, unabhängig davon, wieviele (andere) Alternativen dem Eigentümer nach dem sozialbindenden Zugriff noch bleiben? Die Lösung kann, geht man von der Situationsgebundenheit aus, nur diesem Begriff entsprechen: Umfaßt die „Lage" lediglich das „Realisierte", das „Greifbare" — oder doch auch das, was in dieser Lage legal möglich ist? Die Rechtsprechung hat dies klar erkannt und ihre Lösungen nicht nur in den unmittelbaren Zusammenhang mit der Situationsgebundenheit gestellt, sondern eindeutig als Folgerung aus dieser verstanden[232]. Für die Eigentümerverantwortung ist dies eine entscheidende Frage, nicht nur, weil die Situationsgebundenheit ihre Legitimation und zugleich ihren Aktionsraum darstellt; gerade die hier nun zu untersuchende „virtuelle Dimension der Situation", deren (un)ausgeschöpfte Möglichkeiten, sind der aktuelle, motivierende Verantwortungsbereich des autonom handelnden Eigentümers. Hier zeigt sich die Grundeinstellung zum Eigentum überhaupt, welche Eigentümerverantwortung prägt, wenn nicht erst ermöglicht. Bezeichnet dieses Recht den rein statischen Besitz, der nach abgeschlossener Eigentümeraktivität, „weiter ebenso geschützt" wird, oder aber ist das Eigentum in seiner Dynamik, in all seinen Möglichkeiten, als Aufruf an den aktiven Eigentumsbürger zu verstehen, der aber im Namen dieses seines Aktivitätsrechts auch passiv bleiben darf? Die Antwort der Rechtsprechung ist zwiespältig, sie zeigt erhebliche Unsicherheit; jedenfalls soll hier eine Art von Mittelweg gegangen werden; ob er möglich ist, wird sich zeigen.

Unproblematisch ist die oft bestätigte, ganz herrschende These, daß jedenfalls die *bisher realisierte Nutzung*, als Bestandteil der „Situation" eines

---

von der „Natürlichkeit" hier erhalten bleiben, die Freiheit sich nicht in einer „Verfassung nach Gesetz" verlieren. Entsprechende Übergänge von Deskription und Normativierung treten allenthalben im Recht auf, es gilt stets vor allem, die Akzente bei der Bedeutungsermittlung des „Außerrechtlichen" zutreffend zu setzen.

[232] Vgl. oben Nachw. FNen 188, 189.

Grundstücks, vom Eigentumsschutz umfaßt[233] wird, soweit dies, aus welchem Grunde immer, als eine legale Nutzung anzusehen ist[234]. Daß eine solche Nutzungmöglichkeit bisher schon mit einer bestimmten Kontinuität bestanden haben muß[235], folgt bereits aus dem Begriff der „Situation"[236]. Aus demselben Grund muß auch eine „objektive" Nutzbarkeit gegeben sein[237], anderenfalls wären ja *nur* subjektive Aktivitätsbereitschaften geschützt, kein Eigentums*wert*, wie ihn aber Art. 14 GG stets verlangt. Schließlich bedarf die in der Praxis oft schwer durchzusetzende, grundsätzlich aber problemlose Auffassung hier keiner Vertiefung, daß der Eigentümer Entschädigung nicht für das verlangen kann, was ihm erst infolge des sozialbindenden Eingriffes an weiteren Nutzungsmöglichkeiten zugewachsen ist[238]. Die eigentliche Diskussion geht vielmehr um den Eigentumsschutz für (noch) nicht ausgeübte Nutzungsmöglichkeiten — gehören sie grundsätzlich nicht zur „Situation"[239] — oder doch[240]?

Die *„Mittelweg-Formel" des BGH*[241] lautet: Entschädigungspflichtig ist die Untersagung oder der wesentliche Eingriff in eine Nutzungsmöglichkeit, die sich nach der Lage und Beschaffenheit des Grundstücks objektiv anbietet[242]. Das *BVerfG* dagegen verlangt sogar eine Nutzung, die „legal und in der

---

233 Siehe f. viele *Kimminich*, O., BK, Art. 14, Rdnr. 114; *Maunz*, Th., BayVBl 1983, S. 257 (258); *Gaentzsch*, G., NuR 1986, S. 89; *Nies*, V., AgrarR 1986, S. 93 f.; aus der Rspr. etwa BGH NJW 1977, S. 945; BGH NJW 1980, S. 2299.

234 Diese Schranke wird auch in der Judikatur des BVerfG betont, vgl. m. Nachw. *Papier*, H. J., MD, GG, Art. 14, Rdnr. 347 m. Nachw.; daß solche (bisherigen) Nutzungsschranken ihrerseits vor der Eigentumsgarantie Bestand haben müssen, versteht sich von selbst.

235 Siehe z. B. BGHZ 60, S. 126 (134).

236 Vgl. oben 1 b.

237 Unter anderem betont in BGHZ 60, S. 126 (131, 148); BGH BayVBl 1985, S. 219 (220).

238 Siehe dazu *Krohn / Löwisch* (FN 187), Rdnr. 84. BGHZ 60, S. 126 (134); BGH NJW 1967, S. 1855 (1856); BVerwGE 48, S. 160 (164); zur Frage der Vorteilsausgleichung vgl. unten III.

239 *Soell*, H., DVBl 1983, S. 241 (242); daß auch gewisse bisher ausgeübte Nutzungen entschädigungslos entzogen werden können, stellt kein argumentum a maiore für den Fall der noch nicht realisierten Nutzung dar. Jene Lösung kann sich, als solche, nach der allg. Dogmatik der Situationsgebundenheit, für sich betrachtet, rechtfertigen, etwa weil ein „vernünftiger Eigentümer" sie nie gezogen hätte oder wegen Änderung der Verhältnisse. Der Sachverhalt ist zu dem der nicht verwirklichten Nutzung nicht analogiefähig.

240 Siehe etwa *v. Schalburg*, R. NJW 1978, S. 303 (305).

241 Zu weit gehen daher Formulierungen, nach denen nur eine ausgeübte, d. h. ins Werk gesetzte, Befugnis eigentumsmäßig geschützt sein soll, darüber berichtet m. Nachw. *Krohn* (FN 2), S. 24.

242 BGHZ 30, S. 338 (342/3); 60, S. 126 (137 f.); BGH NJW 1980, S. 2299 (2300); BGHZ 77, S. 351 (354); 87, S. 66 (72/3), std. Rspr.

gegebenen Situation des Grundstücks in einer Weise angelegt ist, die sich der darauf reagierenden Verkehrsauffassung als angemessen aufdrängt"[243]. Verlangt wird, daß „die Verkehrsauffassung diese Nutzung geradezu vermißt"[244]. Hier hat sich in der Judikatur auch ersichtlich eine Verschärfung vollzogen — früher sollte eine Möglichkeit „vernünftiger" Nutzung genügen, welche „situationsgerecht" erschien[245]. Die Rechtsprechung hatte es ursprünglich dabei bewenden lassen, die Folgerungen aus der Figur des von ihr eingeführten „vernünftigen Eigentümers" (dazu unten 3) zu ziehen und folgerichtig auch nur eine „vernünftige" Nutzung des Grundstücks verlangt. Dies genügte ihr offensichtlich in letzter Zeit nicht mehr, die Anforderungen an den Nutzungsschutz wurden deutlich gesteigert[246]. Hält dies kritischer Nachprüfung stand?

b) Kritik

Es mag hier offenbleiben, ob die obersten Gerichte mit dieser — vorsichtig ausgedrückt — Akzentverschiebung den stürmischen „Wandlungen" des Umweltbewußtseins haben Rechnung tragen wollen, ob sich unter diesem Druck eine Biegung oder gar Verbiegung der Judikatur vollzogen hat. Dies wäre an sich noch nicht illegitim, mag es auch problematisch erscheinen, eine auf Kontinuitätswahrung angelegte Formel im „Kontinuitätsgebiet Eigentum" wie die „Situationsgebundenheit" nun doch, unter dem Eindruck (jedenfalls im weiteren Sinne) politischer Entwicklungen zu dynamisieren. Erhebliche andere Bedenken aber bieten sich nicht nur an, sie drängen sich auf — um bei dem gerichtlichen Sprachgebrauch zu bleiben:

— Die beiden obersten Gerichte gewinnen ihre Formeln aus der Situationsgebundenheit, aber durch das „Medium" der Betrachtung des Verhaltens des „vernünftigen Eigentümers". Konsequent ist dann aber nur eine Betrachtung, welche allein diejenigen, aber auch alle die Nutzungsmöglichkeiten schützt, welche der „vernünftige Eigentümer" ins Auge fassen würde. Diese aber sind ersichtlich nicht *nur* diejenigen, welche sich „anbieten" oder gar „aufdrängen". Es entspricht gerade der Handlungsweise eines „vernünftig denkenden Menschen", daß er nicht nur in Angriff nimmt, was sich ihm „aufdrängt". Hier wird der Eigentumsbürger zum grundsätzlich passiven oder doch reaktiv Wirtschaftenden „umfunktioniert", der erst aktiv wird, wenn er von seinem Eigen-

[243] BVerwGE 55, S. 272; BVerwG NJW 1976, S. 765 (767).

[244] BVerwGE 49, S. 365 (372); 67 S. 93 (97).

[245] Vgl. etwa BGH WM 1962, S. 307 (308); BGH NJW 1967, S. 1855 (1856); NJW 1977, S. 945; JZ 1979, S. 98 (100); NJW 1980, S. 2290.

[246] Dazu *Kloepfer* (FN 2), S. 14; *Krohn* (FN 2), S. 25.

tum dazu geradezu „angestoßen" wird. *Dies entspricht keineswegs dem Menschenbild des Grundgesetzes allgemein oder gar dem der Aktivität voraussetzenden, persönliche Freiheitsentscheidungen fordernden Grundrechte.*

— Der Passivbürger, der nur in „sich aufdrängenden Nutzungsmöglichkeiten" geschützt wird, ist auch, nach allgemeinen ökonomischen Grundsätzen, nicht der *ökonomisch oder ökologisch „vernünftig" handelnde Eigentümer.* Dieser muß vielmehr, „aus seiner Vernunft heraus", gerade oft erst Nutzungsmöglichkeiten erschließen, er kann es als Bürger und als Eigentümer am besten, dies ist die Grundlage der Marktwirtschaft in einer freiheitlichen Demokratie. Daß er dabei stets auf die „Verkehrsauffassung" Rücksicht zu nehmen hat, ist bereits, als Aktivitätsbremse für den Bürger, nicht unproblematisch; die heutige Wirtschafts- und Umweltordnung lebt gerade aus Initiativen, welche sich über diese Verkehrsauffassung hinwegsetzen, um sie eben dadurch sodann in ihren Anstößen weiterzuentwickeln. Es ist bedenklich, daß gerade durch solches im besten Sinne staatstragendes Tun der Eigentümer in die Gefahrenzone der entschädigungslosen Sozialbindung seitens eines Staates geraten kann, der sich eben darauf laufend stützt. Vollends sterilisierend auf Eigentümeraktivität aber muß es wirken, wenn der Grundstücksbesitzer nicht nur laufend auf die Verkehrsauffassung zu schauen, sondern auch noch stets so zu handeln hat — will er Eigentumsschutz erlangen—, daß sich seine Lösungen unter diesem Blickwinkel der unzähligen Augen geradezu „aufdrängen". Dann wäre er nicht mehr Avantgarde, sondern Nachhut der Gesellschaft, die Eigentümerverantwortung wäre in ihrem aktiven Aspekt, dem entscheidenden, wesentlich beeinträchtigt. Und mit „Vernünftigkeit" hat dies gewiß nichts mehr zu tun, hier hat sich eine metabasis eis allo genos vollzogen, die Begründungskette aus der „Eigentümervernunft" ist abgerissen.

— *Die Formulierungen von BGH und BVerwG weichen ersichtlich schon verbal voneinander ab,* vor allem, wenn man sie in ihrer Entwicklung sieht: Was sich „anbietet", „drängt sich noch nicht auf". Werden solche Formulierungen des täglichen Lebens gebraucht, so müssen sie in dessen Sinn zu verstehen sein. Daran ändern Versuche wenig[247], die Identität der Abgrenzungsformeln implizit — durch Folgezitate — oder ausdrücklich zu behaupten: Der wesentliche Unterschied nach dem Wortlaut bleibt unüberbrückbar bestehen. Das BVerwG verlangt mehr als der BGH. In der Praxis muß sich dies auswirken, wenn der Instanzrichter solche ohnehin sehr schwierigen Feststellungen zu treffen hat. Aus der Sicht der Rechtsstaatlichkeit ist eine solche Abweichung nicht hinnehmbar.

---

[247] Siehe etwa BGHZ 77, S. 351 (354).

— Selbst wenn nun aber die Formulierungen von BGH und BVerwG zu harmonisieren wären oder vereinheitlicht würden, was zu erwarten steht, blieben *Bedenken aus der Rechtsstaatlichkeit, gerade nach der Wortwahl*: Was heißt denn praktisch, daß sich eine „Nutzungsmöglichkeit anbietet" oder gar „sich aufdrängen" muß? In aller Regel eröffnen sich doch dem Grundeigentümer im einzelnen mehrere, oft viele, nicht selten zunächst zahllose Nutzungsmöglichkeiten. Wer wollte hier im Einzelfall entscheiden, welche unter all diesen sich in solcher Weise aus den anderen heraushebt, daß sie eigentumsrechtlich geschützt ist — denn dies allein kann doch der Sinn der Judikatur sein. Wenn dies nicht gerade zu einer Formel „in dubio contra" werden soll — und so ist sie möglicherweise gemeint, so muß sie in der Regel wirken —, dann werden umfangreiche Beweisaufnahmen erforderlich, meist unter Hinzuziehung von Sachverständigen, und deren Meinung bestimmt dann die geschützte Nutzung; der Eigentümer, der sie doch primär in seiner Verantwortung auswählend finden sollte, wird in die Rolle des Zuschauers „objektiver" Beurteilungen dessen gedrängt, was sich eben kaum objektiv bestimmen läßt: ob sich eine der vielen Nutzungen ihm „aufdrängt".

Hier wird im Ergebnis das Feld nicht der Objektivität, sondern der Subjektivität Dritter überlassen, und auch wenn sie sich entschieden äußern, bleibt ein schwer erträgliches Maß von Unvorhersehbarkeit der endgültigen Entscheidung. Wenn überdies der Eigentümer bisher diese „sich aufdrängende" Nutzungsmöglichkeit nicht genutzt hat, so liegt es doch nahe, ihm hier ökonomisch-ökologisches Fehlverhalten anzulasten: Im Ergebnis wird der Eigentumsschutz deshalb versagt, weil der Eigentümer dafür „bestraft" werden soll — wäre es dann aber nicht besser, offener jedenfalls, den Schutz des Eigentums nur für realisierte Nutzungen oder solche zu gewähren, die aus vertretbaren Gründen bisher nicht verwirklicht worden sind? Damit aber wird ein weiteres Bedenken offenbar: Im Grunde geht es dann gar nicht mehr um den Schutz einer Möglichkeit, in deren Wesen liegt es ja, daß sie realisiert werden kann oder nicht; vielmehr wird nur die Inswerksetzung geschützt, ihr stehen Fälle gleich, in denen dies bisher aus vertretbaren Gründen nicht geschehen ist. Der Eigentümer ist dafür jedenfalls dann voll beweispflichtig, objektiv oder gar subjektiv. Es fragt sich daher, ob diese Formeln überhaupt einen Mittelweg darstellen, ob sie nicht Verwaltungen und Richter dazu zwingen, sich in jedem Einzelfall einen eigenen Pfad zu bauen — im Ergebnis wohl immer weiter entfernt vom Eigentumsschutz.

— Nahe liegt es, die Rechtsprechungsformeln auf dem Hintergrund der Bestandsschutzproblematik zu deuten, wo gleichfalls restriktive Tendenzen erkennbar sind[248], vor allem im industriellen Immissionsschutzrecht[249]. Wenn sogar bisher zulässige Nutzungen im Lichte neuer Erkenntnisse oder Entwicklungen aus dem vollen Eigentumsschutz ausscheiden müssen, wenn hier nicht nur der überwirkende[250], sondern sogar der eigentliche Bestandsschutz zurückgenommen wird — muß dies dann nicht „erst recht" zu einer Schutzabschwächung für das werden, was bisher „nur möglich", noch gar nicht realisiert war? Die Frage ist eindeutig zu verneinen, beide Probleme sind nicht analogiemäßig lösbar[251] — jedenfalls nicht in solcher Weise. Hier müßte ein Zirkelschluß eingesetzt werden: Zu beweisen ist doch, daß noch offene Nutzungsmöglichkeiten geringeren Schutz verdienen als bereits verwirklichte. Bei solcher Beweisführung wäre dies aber gerade vorauszusetzen, denn sonst könnte ja der erstrecht-Schluß nicht gezogen werden. Nichts steht jedoch entgegen, in beiden Fällen gleiche Kriterien einzusetzen: Muß der Bestandsschutz für Verwirklichtes weichen, so rechtfertigt dies sicher auch die Herausnahme des Schutzes einer unrealisierten Möglichkeit aus der vollen Eigentumssicherung — mehr aber auch nicht.

— *Investitionsschutzüberlegungen*[252] mögen die Rechtsprechung ebenfalls motiviert haben. Wer im Schutze bisheriger „Lage" zulässig Aufwendungen getätigt hat, muß doch, so scheint es, anders behandelt werden als jener Eigentümer, der dies nicht getan, weil eben nichts realisiert hat. Von diesem letzteren kann auch nicht das Verbot der „abrupten Veränderung"[253] ins Feld geführt werden. Diese Begründung trägt aber gleichfalls nicht: Derartige — beachtliche — Unterschiede dürfen nicht auf der Ebene der Gewährung oder Versagung des Entschädigungsschutzes als solchen, sie müssen auf der der *Entschädigungshöhe* berücksichtigt werden: Wer investiert hat, kann mehr verlangen, weil ja auch seine Belastung größer ist, er muß mehr aufwenden, um das durch Investitionen meliorierte Gut durch ein anderes zu ersetzen. Die grundsätzliche Entschädigungspflicht für den Entzug auch unrealisierter Nutzungsmöglichkeiten wirkt also nicht als Bestrafung der Investition, als Prämie für Inaktivität des Eigentümers.

— Die Rechtsprechung mag befürchten, bei Entschädigung für (noch) nicht verwirklichte Nutzungsmöglichkeiten werde sich die wichtige, von ihr

[248] Vgl. dazu BVerwGE 49, S. 365 (368/9); *Papier*, H. J., MD, GG, Art. 14, Rdnr. 340; zu der Verbindung vgl. *Papier*, aaO., Rdnr. 338.

[249] Dazu Überblick bei *Jarass*;H. D., DVBl 1986, S. 314 ff.

[250] Zum Begriff BVerwGE 49, 365 (370); *Papier*, aaO., Rdnr. 342 f.

[251] Siehe dazu bereits oben FN 239.

[252] Dazu für das Immissionsschutzrecht *Rehbinder*, E., in: Salzweldel, J. (Hrsg.), Grundzüge des Umweltrechts, 1982, S. 81 (88); *Schröder*, M., UPR 1986, S. 127 (132).

[253] *Schröder*, aaO.

immer zutreffend betonte *Unterscheidung zwischen eigentumsrechtlichen Positionen und Verdienstchancen aufgrund des Eigentums*[254] *verwischen*: Wer Nutzungen noch nicht ins Werk gesetzt habe, könne eben nicht Ansprüche für einen entgangenen Gewinn geltend machen, der ja auch, im Zeitpunkt des Eingriffs, noch gar nicht abzusehen sei. Entscheidung für vollen Schutz offener Nutzungsmöglichkeiten — das laufe darauf hinaus, Ersatz für den Eingriff in die (mögliche) Basis künftig zu realisierender Ertragschancen zu gewähren; diese Grundlage aber sei ebensowenig schutzwürdig wie der Anspruch auf den zukünftigen Gewinn. Überdies könnte hier aus der grundsätzlich doch zu wahrenden *Unterscheidung der Schutzbereiche von Art. 12 und Art. 14 GG* argumentiert werden[255]: Art. 12 GG schütze die Aktivitäten (häufig aufgrund von geschaffenen Eigentumspositionen), Art. 14 GG dagegen primär das bereits Geschaffene selbst. Ist denn nun aber „geschaffen", zur Rechtsposition verfestigt, was „noch nicht realisiert" ist?

Eine solche Betrachtungsweise beruht auf einem — leider naheliegenden — Denkfehler. Was sich nicht zu einer eigentumsrechtlichen Rechtsposition verfestigt hat, dafür kann Entschädigung nicht verlangt werden. Dieser Begriff der „Rechtsposition" ist jedoch kein Hebel, Eigentumsinhalte beliebig aus dem Schutzbereich des Grundrechts des Art. 14 GG herauszuziehen. Es ist schon sprachlich ein Mißverständnis, als „Position" nur zu verstehen, was „bereits fertig gesetzt" sei, weiterer „Verwirklichungsmaßnahmen" also nicht mehr bedürfe — es wäre wieder nur eine petitio principii. Sie würde auch dem Wesen der (noch) nicht realisierten Nutzungsmöglichkeiten nicht gerecht. Diese bedeuten nicht nur eine „vage" Zukunftschance. Diese wird deshalb mit Recht nicht (voll) geschützt, weil ihre Realisierung, damit ihr Wert, nicht allein von dem Willen des (jeweils) Berechtigten abhängt, sondern zugleich, meist weit überwiegend, vom Hinzutreten anderer Umstände, auf deren Eintritt der Berechtigte keinen oder nur einen sehr beschränkten Einfluß hat. (Entfaltung des Geschäfts, insbesondere durch Kundenverhalten, Verlauf der allgemeinen wirtschaftlichen Entwicklung.) Was jedoch allein vom Eigentümer abhängt, hic et nunc, (bisher) jederzeit von ihm realisiert werden konnte und kann, das *ist bereits* eine Rechtsposition, sie ist im Augenblick des Zugriffs des Staates faßbar und, das ist nun entscheidend, auch zu bewerten, ohne Rücksicht auf den — vielleicht höheren oder auch niedrigeren — Ertrag, welchen die Verwirklichung der Nutzungsmöglichkeit später abwerfen mag.

Dies nämlich ist für die Rechtsposition entscheidend: Sie muß dem Eigentümer ausschließlich zustehen, und sie muß für ihn bereits im Augenblick

---

[254] BVerfGE 39, S. 210 (237): Durch Art. 14 GG sind „Chancen und Verdienstmöglichkeiten" nicht geschützt; vgl. auch BVerfGE 45, S. 272 (296); 30, S. 292 (335).

[255] BVerfGE 30, S. 292 (335).

des Eingriffs einen *faßbaren, ja einen „fest bestimmbaren" Vermögenswert darstellen*. Dies wird nun nicht bei jeder noch nicht realisierten Nutzungsmöglichkeit der Fall sein. Je stärker sie mit Finanzierungs- oder Ertragsrisiken belastet erscheint, je weniger hier mit Marktwahrscheinlichkeiten gerechnet werden kann, desto weniger ist sie eben heute wert, desto weniger ist sie *damit auch verfestigt*. Denn diese Verfestigung — das ist nun wesentlich — kann eben nicht vom Richter, sie kann nur vom Markt festgestellt werden, der hier ohne weiteres, wie auch der Eigentümer, ökonomische und ökologische Gesichtspunkte kombiniert zum Einsatz bringt. Der Markt wird sicher nicht stets die optimale Folge einer gewissen Bebauungs- oder Bewirtschaftungsmöglichkeit bei seiner Bewertung zugrunde legen, hier vielmehr vorsichtig mit Risikoabschlägen arbeiten. Und diese darf die Rechtsprechung übernehmen, sie mag sie noch verschärfen. Besondere Chancen darf sich ein Eigentümer durch Entschädigung nicht abgelten lassen, wenn er sie — eben nicht in Eigenverantwortung genutzt hat, *dies gilt* insbesondere mit Blick auf den Umweltschutz; wenn der Eigentümer durch Realisierung einer gewissen Nutzungsform bereits gezeigt hat, daß diese nicht nur umweltverträglich, sondern vielleicht sogar umweltfördernd wirkt, so wird der Markt dies mit Sicherheit wertsteigernd berücksichtigen. Ist (noch) nichts realisiert worden, so muß sich der Eigentümer vom Markt einen gewissen — weiteren — Umwelt-Risiko-Abschlag entgegenhalten lassen, und dies darf auch die Eingriffs- und Entschädigungsgewalt des Staates berücksichtigen.

Die im Entschädigungsverfahren erforderliche feste Bestimmung der Rechtsposition und ihres Wertes ist also im Falle (noch) nicht ausgeschöpfter Nutzungsmöglichkeiten eines Grundstückes durchaus zu leisten: Auszugehen ist von der Differenz zwischen dem, was der Eigentümer für sein Gut mit und ohne Ausnutzung einer solchen Möglichkeit erlösen kann. Eine Judikative, welche dem nicht Rechnung trägt, setzt sich in Widerspruch zu den ökonomischen Wertvorstellungen, welche ganz allgemein dem geltenden, insbesondere dem bürgerlichen Schuld- und Sachenrecht zugrundeliegen. Dort werden täglich Chancen verändert und erworben, und dies ist keineswegs alles nur unseriöse Spekulation, an der sich der Staat nicht beteiligen darf. Er kann sich vielmehr mit seinem Eigentums-Entschädigungrecht nicht außerhalb der bürgerlich-rechtlichen Handels-Ordnung stellen, wenn er schon „jedem vermögenswerten Rechtsgut" den Eigentumsschutz des Art. 14 GG angedeihen läßt[256]. Die Chance ist dann „verfestigt", wenn sie nach allgemeiner Auffassung eine weitgehende Realisierungsgeneigtheit beinhaltet, und hier kommt alles auf den Einzelfall an. Ob sich die Verwirklichung „aufdrängt", „anbietet" — das ist dafür nicht die richtige Umschreibung, sie verengt allzusehr den Begriff der „Möglichkeit" zu der

[256] Grundlegend BVerfGE 24, S. 367 (389): Das Eigentumsrecht soll „einen Freiraum im vermögensrechtlichen Bereich" sicherstellen; vgl. auch BGHZ 6, S. 270 (278): Die Eigentumsgarantie muß „auf jedes vermögenswerte Recht bezogen werden."

einer Wahrscheinlichkeit, und sie ist auch gar nicht nötig, denn der Markt bewertet eben wie er will, nicht danach, ob eine bestimmte Nutzung nun auch „bald verwirklicht werden kann" — er kennt durchaus auch die „ruhende Verwirklichungschance als Wert". Dieser Aspekt kommt bei der Rechtsprechungsformulierung gar nicht zum Tragen.

Damit ist durchaus der berechtigten Zurückhaltung der Rechtsprechung Rechnung getragen, welche nicht die jeweils optimale mögliche Ausnutzung eines Eigentumsgutes bei der Entschädigungsbemessung zugrunde legt[257], eine sinnvolle Nutzung des Eigentums aber durchaus durch vollen Eigentumsschutz stets gewährleistet sehen will[258]; und dagegen kann nicht argumentiert werden, es werde ja „nur eine" Nutzungsmöglichkeit genommen oder beschränkt, andere blieben bestehen[259] — entscheidend bleibt der Wert des Gutes insgesamt, er aber kann — und wird häufig — gerade dadurch beeinträchtigt sein, daß eine nicht unwesentliche Nutzungsmöglichkeit ausgeschlossen und dadurch die Eigentümerverantwortung beschränkt wird.

Schließlich verstößt diese Auffassung auch nicht gegen die vom BVerfG im Deichurteil aufgestellte These[260], es müsse *Entschädigung nicht in jedem Fall nach dem Verkehrswert vorgesehen werden.* Die Möglichkeit einer Absenkung der Entschädigung unter den Verkehrswert ist der Entscheidung des *Gesetzgebers* vorbehalten, nicht der des Richters; dieser hat, wenn gesetzgeberische Wertungen fehlen, nach dem Verkehrswert zu entschädigen. Dies ist bisher durchgehend so gehandhabt worden, es darf nicht der Grundsatz „judikative Entschädigung als Verkehrswertentschädigung"[261] dadurch ausgehöhlt werden, daß nun die *Gerichte* auf Umwegen „eben doch" weniger als Entschädigung zusprechen als der Markt; dies verstieße gegen die Gewaltenteilung und zugleich gegen Art. 14 GG.

---

[257] BVerfGE 38, S.348 (371): „Aufgehoben wird nur die Möglichkeit des Verfügungsberechtigten, jede sich bietende Chance zu einer günstigeren Verwertung seines Eigentums sofort und maximal auszunutzen." BVerfGE 58, S. 300 (345): „Aus der Verfassungsrechtsgarantie des Grundeigentums läßt sich nicht ein Anspruch auf Einräumung gerade derjenigen Nutzungsmöglichkeit herleiten, die dem Eigentümer den größtmöglichen wirtschaftlichen Vorteil verspricht"; dazu *Krohn*, DVBl 1986, S. 745 (747); *Ebersbach*, H., AgrarR 1972, S. 119 (133).

[258] Vgl. m. Nachw. BGH JZ 1979, S. 98 (100).

[259] Vgl. schon BGHZ 23, S. 30 (33); BGH LM, Art. 14 (C e) GG, Nr. 25.

[260] BVerfGE 24, S. 367 (421): Es trifft ... nicht zu, daß den Enteigneten durch die Entschädigung stets das „volle Äquivalent für das Genommene gegeben werden muß". Der Gesetzgeber kann je nach den Umständen vollen Ersatz, aber auch eine darunter liegende Entschädigung bestimmen (vgl. auch BVerfGE 4, 219 (235 f.)).

[261] Er hat auch nach der Naßauskiesungsentscheidung des BVerfG seine Bedeutung nicht verloren, denn in den meisten Fällen entscheidet ja der Richter in „Sinnerfüllung" allgemeinster gesetzlich vorgesehener Entschädigungsformeln („angemessene Entschädigung").

Eine noch weitere Problematik wird hier sichtbar: die Zurückhaltung der Judikative, gerade im Entschädigungsbereich, *gegen das Verkehrswertprinzip zugunsten des Ertragswertprinzips.* Lange hat es etwa gedauert, bis bei den Durchschneidungsschäden[262] die traditionelle, aber völlig überholte Ertragsberechnung aufgegeben worden ist, bis sich das Verkehrswertprinzip auch bei den Restbesitzbelastungen[263] durchsetzen konnte, und immer wieder spielen hier weiterhin Ertragsüberlegungen unterschwellig noch eine Rolle. Verständlich ist dies, denn der Richter gewinnt damit festeren Boden als bei den oft schwankenden Verkehrswerten. Und doch ist der Weg zu diesen letzteren in der Wirtschaftsordnung der Grundrechte vorgezeichnet.

Die bisherige Rechtsprechung bedarf also dringend der Überprüfung; auf Dauer können derartige Formulierungen mit Sicherheit nicht aufrecht erhalten werden. Sie sind kein schlechter, im Grund sind sie gar kein Kompromiß. Wie sie einst gekommen sind, sollten sie auch wieder gehen, Verbeugung und Resignation vor einer solchen ständigen Judikatur darf es nicht geben, wenn sie zwar gerechte Entscheidungen nicht stets verhindert, insgesamt aber doch in die falsche Richtung weist. Und dies zeigt sich gerade unter dem Gesichtspunkt der Eigentümerverantwortung im Umweltschutz.

c) Folgerungen aus der Judikatur und der Kritik an ihr für die Eigentümerverantwortung im Umweltschutz

Die Judikator zur Entschädigung für (noch) nicht realisierte Nutzungschancen des Grundeigentums ist von besonderer Bedeutung gerade für die Eigentümerverantwortung. Diese liegt nicht nur allgemein darin, daß hier eine bestimmte und bisher für den Eigentümer allzu restriktive Grenzziehung zwischen seinen Schutzbereichen und den Möglichkeiten des umweltschützenden Staates erfolgt, durch welche sein Verantwortungsraum deutlich verengt wird. Vielmehr wirkt sich diese Rechtsprechung darin negativ auf den Eigentümer aus, daß seine Entscheidungsfreiheit, das Kernstück der Eigentümerautonomie, über Gebühr beschnitten wird, mit ungünstigen Auswirkungen vor allem für seine umweltschützerische Tätigkeit.

Die kritisierte Judikatur übt, über das Entschädigungrecht, einen zwar indirekten, aber doch im Einzelfall oft spürbaren, in seinen Fernwirkungen überall gegenwärtigen *Aktivitätszwang* auf den Eigentümer aus. Sie verstößt damit gegen ökonomische, aber auch rechtliche Prinzipien.

Die Entschädigung für Eingriffe in (noch) nicht realisierte Nutzungsmöglichkeiten entspricht einem Grundprinzip des wirtschaftlichen Verhaltens in

[262] Vgl. *Leisner*, W., Grundeigentum und Versorgungsleistungen. Zur Entschädigung bei „Durchschneidungsschäden", 1973, insbes. S. 51 ff.

[263] Vgl. BGH WM 1981, S. 1138 ff.; WM 1982, S. 277 ff.; WM 1982, S. 279 ff.

einer Marktwirtschaft: Einen Aktivitätszwang gibt es dort nicht. Jeder Wirtschaftende ist frei, ob er sein Gut unter neuem Einsatz nutzen, ob er also „Nutzungschancen realisieren", oder ob er es auf Zeit oder vorläufig/endgültig brachliegen lassen will. Letzteres bedeutet nicht immer einen Mangel an Risikobereitschaft; nicht selten ist diese größer, wenn abgewartet wird, um eine noch größere Chance zu nutzen, die sich aber auch nicht einstellen kann. In gewissen Bereichen, unter bestimmten Voraussetzungen, mag der Staat an der Aktivität seiner Bürger interessiert sein, dann soll er diese fördern. Einen wirtschaftlichen Grundsatz, gewisse oder gar alle Nutzungsmöglichkeiten eines Grundstücks sogleich auszuschöpfen, kann es nicht geben. Als Rechtsprinzip wäre dies in solcher Allgemeinheit vollends unvollziehbar. Keinesfalls wäre das Entschädigungsrecht das geeignete Mittel, einen derartigen rechtlichen Aktivitätsdruck auf den Eigentümer-Bürger auszuüben.

Aus der Sicht einer Eigentümer-Verantwortung ist eine Privilegierung der ausgeschöpften Nutzungsmöglichkeit unannehmbar. Diese Verantwortung bewährt sich grundsätzlich darin, daß Wahlmöglichkeit besteht, auch und vor allem zwischen dem Tun und dem Unterlassen der Nutzung. Ein Staat, der den Bürger zur „Verfestigung seiner Rechtsposition in realisierter Nutzung" drängen will, entzieht ihm gerade damit Verantwortungsraum — mehr noch: Eigentumsrecht im eigentlichen Sinn. Wenn dessen Kern darin besteht, mit dem Grundstück „nach Belieben" zu verfahren, so gehört dazu eben auch das Unterlassen einer bestimmten Nutzung, ohne Gefahr zu laufen, deshalb einen Rechtsverlust zu erleiden, für den Eingriff in diese Nutzungsmöglichkeit Entschädigung nicht zu erhalten; denn eben das nimmt diesen Bereich ja aus dem Eigentumsinhalt heraus, über die letztlich entscheidende entschädigungsrechtliche Konsequenz.

Mit Blick auf den Umweltschutz ist bei solchen Folgerungen erst recht Vorsicht geboten. Gerade der umweltbewußte Eigentümer wird weit häufiger eine bestimmte Nutzung unterlassen als sie aufnehmen, durch ein Tun wird in vielen Fällen, wenn nicht in der Regel, die Umwelt stärker belastet als durch Verzicht auf gewisse Nutzungsarten. Es ist, gerade praktisch gesehen, widersinnig, dem Eigentümer Entschädigung für das Verbot einer bisher erlaubten Nutzung zu versagen, welche aus Gründen des Umweltschutzes erfolgt — mit der Begründung, er habe diese belastende Nutzung nicht vorher selbst aufgenommen, während im Ergebnis der Umweltbelaster belohnt wird, der sich durch derartige Aktivitäten rechtzeitig eine entschädigungsfähige Rechtsposition gesichert hat. Dies ist vielleicht der schwerstwiegende Einwand gegen die Aktivitätsprivilegierung über die Entschädigung für aufgenommene Nutzung: *Hier wird (auch) der umweltbelastend aktive Eigentümer privilegiert.* Dies spricht entscheidend gegen solche Aktivitätsprivilegien.

Wenn sich die leider fest eingefahrene Rechtsprechung nicht ändern sollte, so wäre wenigstens zu wünschen, daß diese Konsequenzen vermieden würden, damit dem umweltbewußt Nutzungsmöglichkeiten nicht (voll) ausschöpfenden Eigentümer gegenüber anderen, weniger umweltbewußt Handelnden kein Nachteil entstehe. Dies allerdings würde eine schwierige umweltprivilegierende Motivsuche voraussetzen, die in der Praxis kaum zu leisten wäre.

Wenn aber hinsichtlich der nichtausgeschöpften Nutzungsmöglichkeiten alles beim alten bleibt, so kann sich ein Befürworter der Eigentümerverantwortung nur damit trösten, daß die bisherige Judikatur immerhin eine gewisse Bevorzugung des aktiven Eigentümers erkennen läßt und damit den besitzenden Bürger zu einer Verantwortung motiviert, hinter der ein Nachdenken gegenüber Möglichkeiten und damit Pflichten des Eigentums steht. Eigentumsaktivitäten als Verpflichtung gegenüber sich selbst — dies mag den Eigentümer doch auch, zugleich, an die Umwelt denken lassen, deren Schutz ihm, gerade bei der Ausnutzung gewisser Nutzungsmöglichkeiten, zum Problem werden kann.

Doch auch hier gilt: Vertrauen auf Freiheit ist besser als Hoffnung auf die Wirkung von Zwang und Nachteil. Die Entschädigungsgewalt des Staates sollte dem Eigentümer volle Freiheit der Wahl lassen, wie und ob er nutzen will oder nicht, dies ist der weitaus beste Weg zur Eigentümerverantwortung.

3. Der „vernünftige Eigentümer" — Aufruf zur Verantwortung oder Rechtfertigung der Staatsvormundschaft im Umweltschutz?

a) Vernünftiger Eigentumsgebrauch — immanente Sozialbindung des Eigentums

Zur „Situation des Grundstückes", in deren Rahmen der Eigentümer frei handeln, in welche die umweltschützende Staatsgewalt nicht entschädigungslos eingreifen darf, gehören die Nutzungmöglichkeiten des Gutes. Selbst wenn man dies nicht weiter dahin verengt, daß sie sich dem Eigentümer geradezu „aufdrängen" müssen (vgl. oben 2 b), so scheint doch *bereits dem Begriff der Möglichkeit etwas von einer Rahmenvorstellung zugrunde zu liegen.* Kann der Begriff schlechthin im Sinne des „tatsächlich Machbaren" verstanden werden, müssen hier nicht ökonomische Kriterien jedenfalls schon begrifflich mitgedacht sein? Wenn dem Eigentümer der sinnlos-zerstörerische Kahlschlag verboten wird, oder die Anwendung von Düngemitteln, welche den Ertrag in kurzer Zeit schwerstens beeinträchtigen, so trifft solches „unvernünftige" Handeln den Berechtigten ebenso oder schwerer noch als die Gemeinschaft. Wird es dem Eigentümer untersagt, so kann dieser dafür Entschädigung doch kaum verlangen. Wer von ökonomischer Selbstschädigung abgehalten wird, schuldet er nicht eher Dank, als daß er sich dies bezahlen lassen dürfte? Gleiches gilt, nach heutigem Erkenntnisstand jedenfalls, für eine *schwerwiegende anti-ökologische Handlungsweise*, welche ebenso, wenn auch vielleicht erst längerfristig, dafür aber oft um so schwerer, den Eigentümer trifft wie die Allgemeinheit; die enge Verbindung von Wirtschaftlichkeit und Umweltschutz, „Ökologie als langfristige Ökonomie", wurde bereits herausgestellt.

Aus rechtlicher Sicht fragt es sich nun aber doch, ob diese Beschränkungen der Eigentumsnutzung durch Regeln ökonomisch-ökologischer Vernunft *bereits dergestalt im Begriff dieser Nutzung liegen, daß sie als „begriffliche" Schranken des Eigentums aufzufassen sind, nicht (erst) als Grenzen einer kraft Verfassungsgebot hinzutretenden Sozialpflichtigkeit* (Art. 14 Abs. 2 S. 1 GG), in der sich das Grundgesetz für ein gewisses Menschenbild „entschieden hat"[264] — denn dieser Begriff muß im Sinne einer politischen Grundentscheidung ernst genommen werden. Die Antwort kann nur aus der *allgemeinen* Eigentumsdogmatik gegeben werden, die nach wie vor vom Bürgerlichen Recht geprägt ist[265]. Nach § 903 BGB kann der Eigentümer mit seinem Gut „nach Belieben" verfahren, soweit dem nicht rechtliche Gebote oder Verbote entgegenstehen, welche das öffentliche Recht eben dem Bereich möglicher Sozialbindung zuordnet. Das bürgerliche Recht überläßt also „an sich" dem Eigentümer den *begrifflich nicht beschränkten Gebrauch seines Eigentums* — bis hin zur völlig sinnlosen Zerstörung eines Gutes[266]: Niemand kann es dem noch nicht entmündigten Eigentümer eines Kunstwerkes verbieten, dieses zu vernichten, weil er sich etwa von dessen Ausdruck belastet oder verfolgt fühlt — soweit dem eben nicht Gesetze zum Schutz des Kulturgutes entgegenstehen; dies verdeutlicht dann aber nicht eine begriffliche Schranke des Eigentums, sondern stellt eine Form entschädigungslos hinzunehmender Sozialbindung dar.

Gleiches gilt im Grundstücks-Umweltrecht. „An sich" ist Eigentumsgebrauch im Sinne der Verfassung auch ein ökologisch zerstörerisches Verhalten, welches dem Eigentümer ebenso schaden muß wie der Gemeinschaft, selbst wenn dies auch ökonomisch völlig unvernünftig ist. *Darin liegt eben die Größe des Eigentumsrechts wie aller Freiheitsrechte*: An sich, begrifflich,

---

[264] BVerfGE 39, S. 1 (67 f.); 18, S. 112 (117).

[265] Hier zeigt sich wieder, daß die (frühere) Formel von dem wesentlich vom Privatrecht geprägten Eigentum auch nach der Naßauskiesungsentscheidung durchaus noch ihre Bedeutung hat.

[266] *Soergel-Siebert, Baur*, BGB, Sachenrecht, Bd. 5, 11. Aufl. 1978, Rdnr. 2 zu § 903 BGB; *Staudinger, Seufert*, Komm. z. BGB, 11. Aufl. 1956, Rdnr. 23a zu § 903 BGB; *Erman, Hagen*, BGB-Handkomm., 7. Aufl. ;1981, Rdnr. 1 zu § 903 BGB.

sind sie offen für „guten" oder „schlechten" Gebrauch, eben weil sie, wie alle Freiheit, auch die „Sünde" zulassen. Die Freiheit mag hier „immanent beschränkt" sein, aber wie diese Worte schon aussagen, „Beschränkung" bleibt auch dies, im Falle des Eigentums eben Sozialbindung[267]. Zu unterscheiden ist das von den „eigentlichen begrifflichen Schranken" eines (Grund-)Rechts, die jeder Sozialbindung voranliege: Auf „Versammlungsfreiheit" kann sich von vornherein nicht berufen, wer sich in keiner — wie immer zu bestimmenden — Weise „versammelt", auf Religionsfreiheit nicht derjenige, welcher aus rein ökonomischen Gründen den politischen Gegner persönlich angreift.

Dies bedeutet im vorliegenden Zusammenhang: Derjenige, welcher seine Eigentümerverantwortung, sich selbst und der Gemeinschaft gegenüber, verletzt, „gebraucht" dennoch sein Eigentum, unzulässig ist dies nicht aus dem Begriff dieses Rechts heraus, sondern allein wegen der, allgemeineren oder spezielleren, Sozialbindung, in der *eben dieses Grundeigentum steht.* Die im folgenden zu behandelnden „Vernünftigkeitsgebote" sind also nicht etwa Ausdruck einer allgemein rechtsimmanenten Vernünftigkeitsverpflichtung — es gibt sie nicht. Obwohl sich die Demokratie, von ihren Anfängen her, als Staatsform der Rationalität legitimiert, verzichtet sie auf jedes allgemeine Vernünftigkeitsdiktat, vielleicht gerade deshalb, ihre Bürger dürfen grundsätzlich auch „ganz und gar unvernünftig" handeln. Selbstschädigung ist nicht an sich schon, sondern nur auf spezieller gesetzlicher Grundlage und in engen Grenzen verboten[268]. Da es einen allgemeinen Vernünftigkeitsgrundsatz für die Eigentumsnutzung nicht gibt, kann hier im folgenden nur ein *spezielleres bodenrechtliches Vernünftigkeitsprinzip* in Betracht kommen. Dies bedeutet eine dreifache Beschränkung: Es muß sich um *spezifisch bodenrechtliche Belange* von Eigentümern und Gemeinschaft handeln; als ein *„spezielles Beschränkungsprinzip"* ist dieser Grundsatz *im Zweifel einschränkend* zu interpretieren; die *sozialen Bezüge*[269] müssen hier der Ausgangspunkt bleiben, in denen „gerade das Grundeigentum" steht. Dies letztere legt bereits, und seit langem schon, den Hauptakzent auf ökologische Belange, mögen auch die ökonomischen Interessen, man denke nur an die agrarische Erzeugung, für die Allgemeinheit keineswegs gleichgültig sein. In der Regel wird aber der Staat der Marktwirtschaft den Eigentümer nicht primär durch Vorschriften ökonomischer Vernünftigkeit sozial binden wollen.

Hier zeigt sich, wie wesentlich es ist, die Formel „Eigentum verpflichtet" (Art. 14 Abs. 2 S. 1 GG) auch als Bestimmung des Eigentümerverhaltens zu

---

[267] BVerfGE 44, S. 37 (49 f.); 52, S. 223 (246 f.).

[268] Zutr. insges. dargestellt von *v. Münch*, I., Grundrechtsschutz gegen sich selbst, FS. f. Ipsen, 1972, S. 113 ff.

[269] Im Sinne der Rspr. d. BVerfG, vgl. etwa BVerfGE 50, S. 290 (340).

verstehen. Daß dies bisher zuwenig erkannt worden ist[270], haben vor allem diejenigen zu vertreten, welche diesen Aufruf der Verfassung nur wieder im Sinne der Legitimation immer weiterer Zurückdrängung der Eigentümerrechte verstehen wollten[271]; dann kann nicht erwartet werden, daß eine in ihren Grundlagen noch immer liberal orientierte Eigentumsdogmatik dies aufgreift. Wird dagegen diese Formulierung, auch im Zusammenhang mit der „Vernünftigkeitsverpflichtung" des Eigentümers, im Sinne der Anerkennung einer Interessenparallelität Bürger-Gemeinschaft verstanden, bleibt deutlich, daß sie dem Eigentümer nicht nur Pflichten auferlegt, ihm vielmehr auch Rechte gibt, im Begriff der „Eigentümerverantwortung", so ist „Eigentum verpflichtet" und die auf solcher Grundlage entwickelte Sozialbindung ein Freiheits-, nicht ein einseitiger Umverteilungs- oder Zwangsbegriff; und so soll er im folgenden verstanden werden.

b) Der „vernünftige Bodeneigentümer" in der Rechtsprechung — von der „Vernünftigkeit" zur Duldungsbereitschaft staatlichen Zwangs

Der „vernünftige Grundeigentümer" erscheint in der Rechtsprechung, schon seit langem, im Zusammenhang mit der Situationsgebundenheit des Bodeneigentums[272], und dies war bereits zu einer Zeit der Fall, als die „Vernünftigkeit" noch nicht darin gesehen wurde, daß der Eigentümer das Recht zu „sich ihm aufdrängenden Nutzungen" geltend machen wollte; als „vernünftig" wurde schlicht derjenige bezeichnet, der sich situationsgerecht verhielt[273]. Dies ist auch weiterhin das Zentrum der „Vernünftigkeitstheorie" geblieben, über welche die Situationsgebundenheit im einzelnen praktikabel werden soll, denn in diesem Verdeutlichungseffekt liegt auch heute noch ihr Sinn.

Der Grundeigentümer handelt, davon geht die Rechtsprechung aus, zunächst *„wirtschaftlich vernünftig"*, dies ist deutlich der Mittelpunkt der Vernünftigkeitslehre; der Eigentümer unterläßt deshalb insbesondere eine wirtschaftlich nicht sinnvolle Nutzung seines Gutes[274]. Daß hier auch Raum ist für eine stärkere Beachtung ökologischer Erfordernisse, wurde bereits er-

---

[270] *Kimminich*, O., NuR 1985, S. 1 (6/7), der die Skepsis von *Bielenberg*, W., DVBl 1971, S. 442, erwähnt.

[271] Man denke nur an die Diskussion um den Planungswertausgleich.

[272] Siehe f. viele BGHZ 30, S. 338 (344); 48, S. 193 (196).

[273] BGH WM 1962, S. 307 (308).

[274] Für viele BGHZ 60, S. 126 (133); BGH NJW 1967, S. 1855 (1856); BGH NJW 1977, S. 945; JZ 1979, S. 98 (100); NJW 1980, S. 2299/2300; BayVBl 1985, S. 219 (220).

kannt[275] und ergibt sich wohl auch für die Rechtsprechung aus den mehrfach betonten Interessenverflechtungen von Ökologie und Ökonomie in der Sicht des Eigentümers. So wird in diesem Zusammenhang etwa zutreffend darauf hingewiesen, daß sich aus Artenverarmung auch für die Landwirtschaft Gefahren ergeben können[276], und die Erhaltung von Streuwiesen ist eben auch nicht nutzlos für einen größeren Besitz[277]. Interessenparallelen beim Waldbesitz liegen auf der Hand[278].

Nun läßt es die Rechtsprechung allerdings nicht bei dieser *ökonomisch-ökologischen Vernunft* bewenden, sie beschreitet mit anderen Formulierungen seit langem einen nicht unbedenklichen Weg — in Richtung auf „Vernünftigkeit als Duldungsbereitschaft staatlichen Zwangs". Daß der Eigentümer „umsichtig und verantwortungsbewußt" handeln soll[279], wird kaum jemand bestreiten, selbst wenn nicht näher definiert wird, wem gegenüber denn diese Verantwortung gefordert wird, ob sie zugleich im Interesse des Eigentümers und dem der Gemeinschaft zu fordern ist. Mit dem oft verwendeten Wort „einsichtig"[280] kann sowohl verständige Beurteilung eigener Interessen als auch Einsichtsfähigkeit in die Notwendigkeit staatlicher Zwänge — oder gar in deren Unentrinnbarkeit gemeint sein. Dasselbe gilt für den Eigentümer, der das „jedermann Einleuchtende" tut oder unterläßt[281]; man sollte mit solchen Formulierungen wohl zurückhaltend sein, schon weil derartiges oft nur dem Richter, nicht aber auch dem betroffenen Eigentümer „einleuchtet", doch dies nimmt eben eine Staatlichkeit hin, die das letzte Wort der Judikative gibt. Immerhin meint diese hier etwas „Vernünftiges": Was „jedermann" beobachten würde, kann auch einem Einzelnen zugemutet werden, der ein in stärkeren sozialen Bezügen stehendes Gut verwaltet. Aus gleichem Grund kann wohl auch noch die Formulierung hingenommen werden, die ein „Handeln nach der Verkehrsauffassung" verlangt[282], schon weil ja auch die für den Eigentümer entscheidende Wertentwicklung seines Grundstücks durch diese Verkehrsauffassung wesentlich bestimmt wird. Allerdings muß bei all diesen Einsichtigkeitsformeln bedacht werden, daß sie eben auch im Sinne jener „conduite sociale correcte"[283] verstanden werden könnten, in der etwas von der Unterwerfungsbereitschaft unter staatli-

[275] *Soell*, H., DVBl 1983, S. 241 (243).

[276] *Knauber*, R., UPR 1986, S. 9 (16).

[277] Dies berücksichtigt BVerwGE 97, S. 93 (98).

[278] Siehe dazu *Zerle / Hein*, Forstrecht in Bayern, 1.4. BayWaldG, Erl. Art. 1.

[279] VGHZ 60, S. 126 (138).

[280] Das schon im Buchendom-Urteil gebraucht wird, vgl. auch etwa BGHZ 30, S. 338 (344).

[281] VGHZ 23, S. 30 (33); dazu *Ebersbach*, H., AgrarR 1976, S. 333 (338).

[282] BGH NJW 1980, S. 2299 (2300); BVerwGE 26, S. 111 (119); krit. dazu *Gassner*, E., NVwZ 1982, S. 165 (167).

[283] *Gassner*, aaO.

che Zwänge mitschwingt, die man zwar weder als vernünftig, noch gar als notwendig ansieht, denen man sich aber — ebenso wie alle anderen — unterwirft, schon weil man keinen anderen Ausweg sieht.

Diesem letzteren nähert sich nun aber die Judikatur bedenklich dort, wo sie einen *„vernünftigen Eigentümer“ vorstellt, der „Rücksicht auf die Allgemeinheit nimmt“, das „Allgemeinwohl nicht aus den Augen verliert“*[284]. Hier kann bereits der grundrechtliche Rubikon überschritten werden: Solange der Eigentümer derartige „Einsicht“ zugleich *im parallelen eigenen Interesse zeigt, in einer einheitlichen Vernünftigkeit eigene und Gemeinschaftsbelange zusammenfaßt, sind solche Formulierungen Ausdruck der hier vertretenen These von der Eigentümerverantwortung*, sie zuerst haben den Verfasser auch darüber nachdenken lassen. Sollte damit aber nur an einen Eigentümer gedacht sein, der sich in einer Art von „freiwilligem Zwang“ oder als moralischer Modellbürger als ein Umweltanwalt der Allgemeinheit fühlt und darüber grundsätzlich seine eigenen Interessen freiwillig zurückstellt, so verliert sich all dieser tiefere Sinn: Dies eben kann von einem „vernünftigen Eigentümer“ ebensowenig verlangt werden, wie daß er freudig Steuern zahlt, deshalb gerade sollte die Parallelwertung in seiner Bürgersphäre aktiviert werden. Der Grundeigentümer als begeisterter Gemeinschaftsgärtner gegen seine eigenen Interessen — das wird nie mehr sein als ein ökologischer Traum. Wer dies im Namen der „Vernunft“ verlangt, entwertet diesen schönen Begriff für Eigentumsrecht und Umweltschutz. Die Demokratie verlangt zwar Gesetzesgehorsam vom Bürger, aber in einer Kritik, die nicht alle diese geschriebenen Staatsbefehle sogleich als ratio scripta wertet und sie in eigenes „vernünftig-duldendes Verhalten“ übersetzt. Am Ende stünde dann ja der Gesetzesungehorsam als Ausdruck der „Unvernunft“, der kritische Bürger wäre psychiatrisch zu betreuen.

Dies ist nicht übersteigert, es ist eine einfache „Hochrechnung“. Daß der Mißbrauch des Besten zum Schlechtesten geraten kann, zeigt sich gerade hier: Auf die Verantwortung des vernünftigen Eigentümers kann der umweltschützende Staat gegenüber dem Eigentümer nicht verzichten, eine letzte rule of reason muß dieser gegen sich gelten lassen. In diesen Begriff darf aber nicht „der gesamte Gesetzesgehorsam hineingepackt werden“. Wie die Rechtsprechung zutreffend erkannt hat[285], unterläßt ja der Eigentümer nicht im Namen seiner Vernünftigkeit die Geltendmachung von Entschädigungsansprüchen. *Vernünftiges Verhalten* kann also immer nur eines bedeuten: *Einsicht in die Parallelinteressen von Staat und Eigentümer; und dazu ist der Staat ebenso aufgefordert wie der Bürger.* Geht man darüber hinaus, läßt „Vernunft“ zur Interessenbelastung des Bürgers werden, so ist

[284] BGHZ 60, S. 126 (131); BGH NJW 1977, S. 945 (946); BGH BayVBl 1985, S. 219 (226); vgl. auch *Ebersbach*, H., AgrarR 1976, S. 333 (338).

[285] BGHZ 60, S. 126 (138).

der Schritt zum *staatlichen Vernünftigkeitsdiktat* unausweichlich. Der Umweltschutz aber wird dann diskreditiert, wenn man ihn zum Ausdruck der „Vernunft selbst" machen will, mag dies auch zunächst manchen Spezialisten erfreuen. Er bleibt Form der politischen Entscheidung, muß daher voll diskutabel sein, die Kritik darf gerade hier nicht durch Vernünftigkeitshinweise blockiert werden — im Gegenteil: Vernünftig ist auf Dauer Ökologie nur, wenn sie die Interessen der Betroffenen nicht immer weiter zurückdrängt, sondern maximal und optimal einbezieht.

„Vernünftigkeit als Gesetzesvorbehalt" zur Legitimation staatlichen Eingreifens, oder auch nur als Erweiterung eines solchen, ist der Demokratie fremd. Zutreffend hat denn auch die Rechtsprechung den „vernünftigen Eigentümer" nicht als eine Institution der Staatskuratel gesehen, sondern hier ausdrücklich von einem „Leitbild" gesprochen[286]. Höchst bedauerlich wäre es, wenn der Begriff durch langen Gebrauch derart im Sinne der „Akzeptanz staatlicher Sozialbindung" ausgeschliffen erschiene, daß man dann gänzlich auf ihn verzichten könnte, allein nur noch ganz hart die staatlichen Gegeninteressen nennen und durchsetzen wollte[287]. Dann wäre eine große begrifflich-dogmatische Chance zur Aktivierung der Eigentümerverantwortung verloren. Dem Bürger ist zwar nicht damit geholfen, daß der staatliche Zwang ihm mit Vernünftigkeitsworten versüßt wird, wichtig aber wäre es für ihn, daß mehr als bisher in dieser Vernunft seine und der Gemeinschaft Interessen parallel gesehen würden, und daß er zu solcher Sicht durch die Rechtsprechung motiviert würde.

Dies wird vom Eigentümer heute mit der Forderung nach einer „Verinnerlichung" ökonomischer Umweltbelastungen als (zumindest teilweiser) Eigenlast verlangt[288]. Dieser stark emotional geprägte Begriff ist in einer entscheidend von berechnender Interessenrationalität bestimmten Problematik wohl nicht hinreichend aussagekräftig. Wichtig ist jedoch das Anliegen, der Landwirt möge erkennen, daß manche Unterschutzstellungen bei vernünftiger Betrachtung auch in seinem Interesse liegen. Wer hier aber zuviel von ihm verlangt, wird nicht mehr als wirkungsschwache Appelle hervorbringen. Insbesondere kann man nicht dem Landwirt, unter Berufung auf gewisse parallele Eigentümerinteressen, die ganze Belastung solcher Unterschutzstellungen als „Eigenlast" auferlegen[289]; dies eben entspricht der Interessenparallele Eigentümer—Staat nicht. Sachgerecht ist daher eine Ausgleichsregelung, von der (unten D II) noch zu sprechen sein wird.

---

[286] Vgl. etwa neuerdings BGH BayVBl 1985, S. 219 (220); BGHZ 87 S. 66 (71/2).

[287] Auf eine neue Tendenz, auf den Begriff schlechthin zu verzichten, macht aufmerksam *Kloepfer* (FN 2), S. 14.

[288] So *Knauber*, UPR 1986, S. 9 (16), unter Berufung auf *Salzwedel*.

[289] Zu weitgehend in diesem Sinne *Knauber*, aaO.

Ohne Vernünftigkeitsstandard läßt sich Eigentums-Umweltrecht ebensowenig gestalten wie das Eigentumsrecht des Bürgerlichen Rechts, die Rechtsbeziehungen zwischen den Bürgern überhaupt. Dennoch ist dort die Forderung „vernünftigen" Verhaltens weniger problematisch als im vorliegenden Zusammenhang: Im Bürger-Bürger-Verhältnis werden die Vernünftigkeitsstandards durch den Richter allein bestimmt, der als neutraler, ehrlicher Makler, aber ohne primäre Eigeninteressen entscheidet. Bei der Sozialbindung des Eigentums dagegen besteht schon die Gefahr, daß „Vernünftigkeit" auch, in erster Linie, zum „Administrativstandard" wird, gesetzt und angewendet von einer Verwaltung, welche die Interessen der Allgemeinheit vertritt. Wenn der Richter dies dann zu rasch ratifiziert, gibt es bald nurmehr „Eigentum nach staatlicher Umweltvernunft", dahin aber darf es nicht kommen.

Immerhin hat eine vertiefende Betrachtung der Situationsgebundenheit des Eigentums gezeigt, daß Interessen, die „aus dem Gut selbst erwachsen", Eigeninteressen also des Eigentümers, sachgerecht bei der Bestimmung der Eingriffstiefe staatlicher Maßnahmen berücksichtigt werden können; die ganze, oft verschlungene Rechtsprechung zu diesen Fragen ist letztlich ein großer Versuch, Eigentümer- und Staatsinteressen dadurch zu harmonisieren, daß sie beide aus der „Natur des Eigentumsgegenstandes" abgeleitet werden. Das ist gut so; es ist eine Wendung gegen vorschnellen umweltpolitischen Dezisionismus, ein Schritt auf einem wahren Weg „zurück zur — Natur".

III. Annex: Vorteilsausgleichung bei Eingriffen in das Eigentum — Orientierung für eine Berücksichtigung paralleler Eigentümerinteressen

1. Keine Ausgleichung bei „allgemeinen Vorteilen"

Wenn eine Umweltschutz-Maßnahme des Staates zugleich den ökonomischen oder ökologischen Interessen des Eigentümers dient, so stellt sich eine Frage der Vorteilsausgleichung: Der Eigentümer muß sich von einer etwa von ihm zu beanspruchenden Entschädigung abziehen lassen, was in seinem Interesse hier erfolgt ist. Möglicherweise erweist sich der Eingriff deshalb gar nicht (mehr) als enteignend, weil nach solcher Vorteilsausgleichung der Eingriff in seiner Schwere die Enteignungsschwelle nicht überschreitet.

Hier sind auch durchaus gewisse Vereinfachungen, ja Pauschalierungen möglich und von jeher praktiziert worden, das Recht der *Flurbereinigung* bietet ein Beispiel: Was dort an Belastungen dem agrarischen Grundeigentümer zugemutet wird, erfolgt weithin ohne Entschädigung, bleibt also im Bereich der Sozialbindung, eben weil Vorteilsausgleichung angenommen wird[290]. Dabei liegt zwar der Akzent auf der „wertgleichen Abfindung"[291], insgesamt steht dahinter aber die Vorstellung von den Parallelinteressen, denn sonst wäre ja schon wegen des vollen Entzugs eines Eigentumsgegenstandes Enteignung anzunehmen.

Die *Vorteilsausgleichung*, wie sie im Bodenrecht allgemein diskutiert wird[292], ist vom BVerfG dem Grundsatz nach anerkannt worden, und zwar ausdrücklich als Form der Berücksichtigung der Parallelinteressen von Eigentümern und Allgemeinheit: „Das geltende Recht — z. B. Bundesbaugesetz, Flurbereinigungsgesetz — kennt mehrere Verfahren dieser oder ähnlicher Art, die einerseits den Interessen der Allgemeinheit an einer vernünftigen Ordnung des Bodens dienen und andererseits auch im Interesse der Betroffenen liegen"[293]. Der „Ersatzcharakter" des Eigentümervorteils steht dabei stets im Vordergrund[294], gerade dort, wo deshalb eine „Reduktion der Entschädigung auf Null" angenommen wird[295], ist eben darin die Einordnung in die Dogmatik des Sozialbindungs-Entschädigungsrechts deutlich.

Die zentrale Frage lautet nun aber: Muß sich der Eigentümer nur „Sondervorteile" anrechnen lassen, die gerade ihm über sein Grundstück zugute kommen[296], oder auch „allgemeine Vorteile", welche auch einer (großen Zahl) anderer Bürger in gleicher oder ähnlicher Lage zuteil werden[297]? Der Begriff des „Sondervorteils" ist zwar auch noch im einzelnen umstritten[298], doch insgesamt hat sich bisher eine Anrechnung allgemeiner Vorteile nicht durchsetzen können.

Dies ist auch berechtigt: Zweck der Vorteilsausgleichung ist in erster Linie die *Wahrung der Belastungsgleichheit* zwischen den (irgendwie) durch eine

---

[290] Vgl. zu diesem Wesen der Flurbereinigung BVerwGE 1, S. 225 (226 f.); 3, S. 156 (157); 12, S. 1 (6); 48 S. 160 (164).

[291] Vgl. auch BVerwGE 12, S. 1 (6).

[292] Siehe *Krohn / Löwisch* (FN 187), Rdnr. 354 f. m. Nachw.; *Küppers*, K., DVBl 1978, S. 349 ff.

[293] BVerfGE 24, S. 367 (417).

[294] Vgl. etwa BGH DVBl 1978 S. 54 (55).

[295] *Küppers* (FN 292), S. 352.

[296] *Küppers* (FN 292), S. 350; *Krohn/Löwisch*, aaO., m. Nachw. zur Rspr. d. BGH.

[297] Überblick über das Schrifttum zu dieser Auffassung, die vom BGH als „im Vordringen befindlich" bezeichnet wird, BGH NJW 1974, S. 1465 (1466), insbes. *Schmidt-Aßmann*, in: Ernst / Zinkahn / Bielenberg, BBauG, § 93, Rdnr. 52 m. weit. Nachw.

[298] Für eine enge Auslegung etwa *Küppers* (FN 292), S. 350.

Maßnahme betroffenen Grundeigentümern[299], insbesondere bei den Folgen staatlicher Planungen[300]. Im Schlußergebnis sollen wieder alle Eigentümer gleich (gut) dastehen, welche überhaupt in ihrer Interessenssphäre berührt werden, also etwa einen „allgemeineren" Vorteil durch die staatliche Maßnahme erlangen. Dies aber verlangt zwingend, daß diese allgemeinen Vorteile beim Vorteilsausgleich außer Betracht bleiben. Müßte der eine Eigentümer sie sich auf seine Entschädigung anrechnen lassen, während ein anderer (zufällig) nicht enteignet wird, in diese Lage also nicht geraten kann und die allgemeinen Vorteile daher einfach behalten darf, so stünde der Enteignete im Ergebnis schlechter da als dieser; das kann auch nicht als „Glück" des letzteren hingenommen werden[301]; denn der Staat mag Glück verschenken, muß darin aber die Gleichheit wahren. Ob der eine oder andere Eigentümer (auch noch) in ein Enteignungsverfahren verwickelt wird, darf nicht darüber entscheiden, was er im Ergebnis von diesem „Glück" behalten darf.

Dies ergibt sich noch aus einer weiteren Überlegung: Wenn derart „allgemeine Vorteile" die Folge staatlicher Maßnahmen sind, so ist in der Regel davon auszugehen, daß sie allen Grundstücken vergleichbarer Art zugute kommen, eben jenen Gütern also, aus denen der Eigentümer sich Ersatz für das ihm entzogene Gut zunächst wird zu beschaffen versuchen, aufgrund der ihm gezahlten Entschädigung. Steigen diese Güter im Wert, wegen dieser „allgemeineren Vorteile", so darf doch nicht umgekehrt seine Entschädigung um diesen Betrag gekürzt werden, wenn sie gerade der Ersatzbeschaffung dienen soll.

Allgemeine Vorteile sind also grundsätzlich nicht anrechnungsfähig.

2. *Folgerungen für die Eigentümerverantwortung*

Die Beschränkung der Vorteilsausgleichung auf Sondervorteile für das durch staatliche Maßnahmen betroffene Grundstück hat gewisse Auswirkungen auch für die hier zitierte Eigentümerverantwortung. Der Eigentümer, welchem entgegengehalten wird, gewisse Umweltschutzveranstaltungen des Staates kämen doch auch seinem Grundstück zugute, hier würden doch auch seine Interessen gefördert, braucht sich dies nicht etwa deshalb zurechnen zu lassen, weil diese Vorteile zugleich seinen Nachbarn, der ganzen Gegend, der Allgemeinheit überhaupt, zugute kommen. Denn insoweit handelt es sich eben um Interessen jener Allgemeinheit, deren Glied er zwar darstellt, mit der er jedoch nicht identisch ist. Anders ist die Lage dann,

---

299 *Küppers* (FN 292), S. 353; BGHZ 6, S. 270 (295); BGH NJW 1974, S. 1465 (1466).

300 Dazu etwa BGHZ 15, S. 268 (292).

301 So aber *Schmidt-Aßmann* (FN 292), Rdnr. 51.

deutlich ist die Interessenparallelität, wenn gerade seinem Grundstück damit wertsteigernd gedient wird, anderen aber nicht.

Diese Feststellung aus der Dogmatik der Vorteilsausgleichung beschränkt im Ergebnis aber den Bereich der Parallelinteressen und der daraus sich ergebenden Eigentümerverantwortung nicht allzu weitgehend. Denn zwar ist grundsätzlich davon auszugehen, und dies ist eine Lehre aus der Vorteilsausgleichungstheorie, daß diese „eigenen Interessen des Eigentümers" eine gewisse Spezialität gerade für ihn, für sein Grundstück aufweisen müssen. Unzulässig wäre es, wollte man dem agrarischen Eigentümer „Gemeinschaftsgärtnerei" abverlangen mit der allzu allgemeinen Begründung, es werde dann ja „die ganze Gegend schöner".

Dennoch ergibt sich aus der Vorteilsausgleichungslehre nicht etwa, daß die gleichzeitige Verfolgung irgendwelcher allgemeinerer Umweltschutzinteressen durch den Eigentümer von vornherein dem Bereich der „allgemeinen Vorteile" zuzuschlagen wäre, mit der Folge, daß ihm diese Vorteile nicht zuzurechnen wären, und er daher auch nicht in ihrem Namen zur Sozialpflichtigkeit herangezogen werden dürfe. Denn es muß ein Zweifaches hier berücksichtigt werden:

— Wenn eine und dieselbe Verpflichtung einer Reihe von Eigentümern in gleicher Lage im „kollektiven eigenen Interesse der betroffenen Eigentümer" abverlangt wird, so kann der daraus kommende Vorteil auch jedem Einzelnen individuell zugerechnet werden, ist also „anrechnungsfähig" im Sinne der Vorteilsausgleichung und darf vom Staat bei der Bestimmung der Sozialpflichtigkeitsgrenze dem Eigentümer gegenüber in Ansatz gebracht werden. Ein solches *„kollektives Eigeninteresse"* unterscheidet sich dann ja von den eben erwähnten „allgemeinen Vorteilen" dadurch, daß auch sozusagen alle diejenigen, bei welchen Vorteilsausgleich erfolgt, so zu behandeln sind, als würden sie bei Vorteilsausgleichung zugleich „im Enteignungsverfahren stehen". Dann aber ist bei ihnen allen gleichmäßig auch die Kompensation durch die Vorteilsausgleichung zulässig. Es gibt daher zwar nicht die Verpflichtung, rein im „allgemeinen Interesse" tätig zu sein, sich dies ohne weiteres als „zugleich im eigenen Interesse erfolgt" zurechnen zu lassen, wohl aber gibt es ein „kollektives Eigeninteresse" einer auch größeren Zahl von Eigentümern — und in deren Namen dürfen sie unter Umständen entschädigungslos zur Mitwirkung im Umweltschutz verpflichtet werden, weil sie damit auch im eigenen Interesse handeln, sich dieses anrechnen lassen müssen. Dies kann vom Biotopenschutz bis zum Gewässerschutz reichen, es darf nur nicht in die „reine Verfolgung von Allgemeininteressen" ausufern.

— Der Grundeigentümer muß sich auch ganz allgemeine Interessen als Eigeninteressen zurechnen lassen, welche der umweltschützende Staat durch Maßnahmen etwa im Bereich der Planung verfolgt, in dem Sinne, daß er sie als Ausdruck der Sozialbindung hinnehmen muß, weil er gleichzeitig daraus Vorteile zieht. Dies ist mit dem oben 1 erwähnten Fall der „allgemeinen Vorteile", die sich der einzelne Enteignete nicht anrechnen zu lassen braucht, nicht vergleichbar, aus folgendem Grund: Im obigen Fall würde durch eine Anrechnung der allgemeinen Vorteile nur zu Lasten des gerade Enteigneten eine Ungleichheit gegenüber den anderen geschaffen, welche „das Glück" des allgemeinen Vorteils weitergenießen dürften, um welches die Entschädigung des Enteigneten gekürzt würde. Damit wäre die Gleichheit gebrochen, eine solche Anrechnung allgemeiner Vorteile ist daher nicht zulässig. Im Falle des Eigentümers, dem, ebenso wie allen anderen Eigentümern in gleicher Lage, gewisse allgemeine Umweltverpflichtungen zugleich im allgemeinen wie auch im besonderen eigenen Interesse auferlegt werden, tritt ein solcher Bruch der Gleichheit nicht ein; der Staat verlangt ja von allen Eigentümern, die sich in gleicher Lage befinden, dann auch dasselbe. Unter dieser Voraussetzung, daß der Staat auf solche Weise der Gleichheit genüge tut, kann er auch das auf diese Weise verfolgte allgemeine Umweltinteresse jedem einzelnen der betroffenen Gleichen zugleich als ein Eigeninteresse entgegenhalten, das er mit verfolgt, und mit solcher Begründung seine Entschädigungspflicht mindern oder ausschließen. Nur dann, wenn er mit seiner Maßnahme einen einzigen Eigentümer trifft, durch dessen Opfer aber einen „allgemeinen Vorteil" für eine größere Zahl anderer Eigentümer hervorbringt, welche ihrerseits nicht belastet werden — dann kann er dem dergestalt speziell belasteten Bürger gegenüber nicht darauf hinweisen, er habe ja zugleich in dessen eigenem Umweltinteresse gehandelt; dies ist eben dann ein nichtanrechnungsfähiger allgemeiner Vorteil. Entscheidend ist immer, ob die Gleichheit gewahrt wird.

So ergeben sich aus der Dogmatik der Interessenparallelität doch wesentliche Präzisierungen der „Eigentümerverantwortung im Umweltschutz".

Ergebnis

„Situationsgebundenheit" ist der wichtigste Grundsatz des Bodeneigentumsrechts. Damit wird nicht etwa ein Sozialbereich aus dem Eigentumsinhalt herausgenommen. Situationsgebundenheit konkretisiert vielmehr den Beschränkungsvorbehalt der Sozialbindung, Belastungen sind hier ohne Entschädigung zulässig. Situationsgebundenheit ist zu verstehen als ein dienstbarkeitsähnlicher Raum möglicher Sozialbindung durch den Staat.

Nur wenn der situationsgebundene Bereich grundsätzlich zum Eigentum gehört, kann der Eigentümer dafür Verantwortung tragen.

Die „Situation" eines Grundstücks wird zunächst rechtlich wesentlich durch die *Zeitdauer* bestimmt, während derer sie (bereits) besteht. Der Eigentümer, welcher ein Grundstück in einer bestimmten Lage bereits übernommen oder lange schon besessen hat, hat sich auf diese einzustellen und muß sie sich vom umweltschützenden Staat entgegenhalten lassen.

Die Situation wird zunächst vom „natürlichen" Zustand des Grundstücks und seiner Umgebung bestimmt, sie wird jedoch auch maßgeblich durch *längerfristige gesellschaftliche Entwicklungen geprägt* (Stadtentwicklung in der Nähe); sie kann jedoch nicht allein durch kontingente politisch-administrative oder gesetzgeberische Entscheidungen der Staatsgewalt verändert werden. Diese mag sich hier als „Begleiterin von Entwicklungen eines allgemeinen Bewußtseins" legitimieren (allgemeine Einstellung zur Umwelt, zum Denkmalschutzcharakter), sie kann nicht die „Situation" dezisionistisch durch Rechtsentscheidung bestimmen, sonst würde die (weitergehende) Sozialbindungsmöglichkeit der Situationsgebundenheit allein aus vorangegangenen Konkretisierungen der Sozialbindung bestimmt. Nur auf eine so verstandene Situationsgebundenheit kann sich der Eigentümer einstellen, nachdem er selbst Glied dieser „Gesellschaft" ist, und er wird sie deshalb leichter akzeptieren. Seiner Eigentümerverantwortung wird hier ein insgesamt längerfristig-konstanter Rahmen geboten, innerhalb dessen Bürger und Staat gerade im Umweltschutz kooperieren, mit Blick auf etwas ihnen gemeinsam Vorgegebenes: die Lage des Grundstücks.

Aus der Situationsgebundenheit leitet die Rechtsprechung den Grundsatz ab, die *Beschränkung von bisher legal möglichen, aber noch nicht verwirklichten Nutzungsmöglichkeiten* eines Grundstücks durch den Staat sei entschädigungslos hinzunehmende Sozialbindung, wenn sich nach der Lage des Gutes nicht *gerade diese Nutzung „anbiete" oder gar „aufdränge". Dem stehen entscheidende Bedenken entgegen*: Ein „vernünftiger Eigentümer" zieht nicht nur eine Nutzung in Betracht, die sich „aufdrängt"; der Eigentumsbürger, wie ihn das Grundgesetz will, ist nicht der passive Besitzende, der von „seinem Gut zur Aktivität angestoßen werden muß", er geht in der Wahl der Nutzungsformen initiativ voran und blickt dabei nicht ständig auf eine allgemeine Verkehrsauffassung; die Formulierungen vom BGH und BVerwG divergieren — was sich „anbietet", „drängt sich noch nicht auf"; diese Begriffe sind überdies unklar und damit rechtsstaatlich anfechtbar, praktisch führen sie zu einer Vermutung gegen den vollen Schutz eines Nutzungsrechts, zumindest zu einer Beweislastverlagerung auf den Eigentümer; aus der Bestandsschutzlehre läßt sich dies nicht rechtfertigen, Rücknahme realisierter Nutzungsmöglichkeiten und Verbot der Ausnutzung noch nicht verwirklichter Nutzungen stehen nicht in einem „erstrecht-

Verhältnis"; Investitionsschutz ist nicht auf solche Weise, sondern über die Höhe der Entschädigung zu gewähren; künftige Verdienstchancen genießen zwar keinen Eigentumsschutz, von ihnen unterscheiden sich aber noch nicht realisierte Nutzungsmöglichkeiten: Sie sind meist bereits zu festen Rechtspositionen geworden und werden — das ist entscheidend — vom Verkehr auch so bewertet. Im Entschädigungsfall mag dann ein „Risikoabschlag" angenommen werden, ignoriert werden dürfen diese eigentumswertenMöglichkeiten nicht. Der Richter würde sonst der Entscheidung des Gesetzgebers vorgreifen, dieser allein darf die Entschädigung abweichend vom Verkehrswert festsetzen. Die Judikatur bedarf also hier dringend der Korrektur.

Die Behandlung nicht realisierter Nutzungsmöglichkeiten im Eigentumsrecht ist von besonderer Bedeutung für die Eigentümerverantwortung. Das Wahlrecht zwischen verschiedenen Nutzungsmöglichkeiten ist deren praktisch wichtigstes Betätigungsfeld; es darf nicht durch einen „Aktivitätszwang" eingeengt werden, den die gegenwärtige Rechtsprechung durch Prämierung der ausgeschöpften Nutzungsmöglichkeit auf den Eigentümer ausübt. Zur Eigentumsfreiheit gehören gleichermaßen Ausschöpfung und Nichtrealisierung von Nutzungsmöglichkeiten eines Gutes; letztere belastet sogar in der Regel die Umwelt weniger, die Rechtsprechung drängt also im Ergebnis die Eigentümer eher in Umweltbelastungen und privilegiert diese durch Entschädigung bei verwirklichter Nutzung.

Der „vernünftige Eigentümer" ist das Leitbild der Rechtsprechung bei der Bestimmung des Umfanges der Sozialbindung: Was er selber täte oder hinnähme, dafür kann er sich nicht als Eingriff in sein Eigentum vom Staat entschädigen lassen. Ein Eigentumsgebrauch, der solcher „Vernünftigkeit" nicht entspricht, gehört jedoch noch immer zum Inhalt des verfassungsgeschützten Eigentumsrechts, dieses ist nicht begrifflich nur in den Grenzen „vernünftigen Gebrauches" vorstellbar, wie schon ein Blick auf das allgemeine Eigentumsrecht zeigt: Soweit nicht spezifische gesetzliche Verbote entgegenstehen, kann der Eigentümer sein Gut auch völlig sinnlos nutzen, ja zerstören. Der „vernünftige Eigentümer" kann also nur als Ausdruck einer speziell bodenrechtlichen Sozialbindung verstanden werden, welche sich aus den besonderen sozialen Bezügen legitimiert, in denen gerade diese Güter stehen. Einer „begrifflichen Vernünftigkeitsschranke" unterliegen das Eigentum und sein Gebrauch nicht.

Vernünftige Eigentümer handeln nach entsprechenden ökonomisch/ökologischen Kriterien zur Verfolgung von Interessen, welche (zumindest zugleich) auch ihre eigenen sind. Ihre „Vernünftigkeit" bedeutet aber nicht, daß sie primär im Allgemeininteresse tätig sind, sich deshalb unausweichlich erscheinenden Zwängen der Hoheitsgewalt entschädigungslos beugen. Eine in der Rechtsprechung festzustellende Akzentverschiebung auf solche

Einsicht hin entwertet das Kriterium der „Vernünftigkeit". Weder ist vom Staat betriebene Ökologie Ausdruck einer „Vernunft" schlechthin, noch ist dagegen gerichtete Kritik „unvernünftig". „Vernünftiges Verhalten" bedeutet vielmehr Einsichtsfähigkeit in die Interessenparallelität von Staat und Eigentümer. In diesem Sinn ist ein Vernünftigkeitsstandard, als rule of reason, unverzichtbar; er eröffnet den Entfaltungsraum für Eigentümerverantwortung. Dieser muß allerdings im Umweltschutz behutsam entfaltet werden, denn „Vernunft" als „gerichtlicher Standard", wie er etwa im Zivilrecht gilt, ist leichter hinzunehmen, als der „vernünftige Eigentümer" im Sinne eines von der Verwaltung gesetzten Standards im Umweltschutz, der dann allzu leicht von den Gerichten nur ratifiziert würde.

Die Lehre von der *Vorteilsausgleichung* ist bei der Beurteilung der Eigentümerverantwortung wichtig, weil sich auch hier der Bürger sozusagen „an Entschädigung abziehen lassen muß", was zugleich der Verfolgung seiner Eigeninteressen im Umweltschutz dient. Nach der allgemeinen Eigentumsdogmatik sind nur „spezielle" Vorteile für ein Grundstück bei der Bestimmung der Schwere des Eingriffs im Enteignungsfall, und damit der Entschädigung, anzurechnen, nicht aber „allgemeine", welche auch anderen Eigentümern in gleicher Lage zugute kommen; dies folgt aus dem Gleichheitssatz. Hinsichtlich solcher spezieller Eigenvorteile für ein Grundstück ist also jedenfalls Eigentümerverantwortung gefordert. Dies schließt aber nicht aus, daß der Eigentümer auch allgemeine Interessen parallel zu seinen eigenen und gleichzeitig mit ihnen verfolgt, was im Umweltschutz sogar die Regel sein wird; auch daraus sich ergebende allgemeine Vorteile für das Grundstück darf der Staat dem Eigentümer gegenüber bei der Bestimmung der Enteignungsschwelle in Rechnung stellen, solange er in voller Gleichheit allen Eigentümern in vergleichbarer Lage gegenüber ebenso handelt. Dann wird, anders als bei der Vorteilsausgleichung in einem einzelnen Enteignungsfall, die Egalität nicht verletzt.

D. Eigentümerverantwortung und kooperative Staatsförderung des Privateigentums im Umweltschutz

I. Notwendigkeit und Formen von kooperativer Förderung

1. Kooperative Förderung und Eigentumsgrundrecht — Allgemeines

Parallelinteressen zwischen Eigentümern und umweltschützendem Staat gibt es (vgl. oben B); die Eigentumsdogmatik rechnet hier mit einer besonderen Eigentümerverantwortung und stellt Betätigungsräume für diese zur Verfügung, schützt sie (vgl. oben C). Nun gilt es, wenigstens einige typische Bereiche aufzuzeigen, in denen sich diese Verantwortung der Eigentümer in einer „der Gemeinschaft zugewandten Aktivität" entfalten kann.

Was der Eigentümer „ganz für sich" tut, wenn auch zugleich im Interesse der Gemeinschaft und in seinem eigenen, läßt sich nicht in erster Linie aus rechtlicher, sondern vielmehr zunächst aus agroökonomischer Sicht bestimmen; sodann erst ratifiziert es das Recht, indem es etwa Sozialbindung weiter vorschiebt mit der Begründung, hier handle die Staatsgewalt ja zugleich im Namen des Bürgers — oder indem, umgekehrt, Sozialbindung zurückgenommen wird, weil ja schon der Eigentümer vorgesorgt habe, auch für die Gemeinschaftsbelange.

Zugleich aber wird hier ein weiteres deutlich: Eigentümerverantwortung ist und bleibt Handeln in einem grundrechtlich geschützten *Autonomiebereich.* Dem neueren Grundrechtsverständnis entspricht es[302], die Grundrechte nicht allein als Gewährleistungen von status negativi zu sehen, für gewisse Bereiche aus ihnen vielmehr auch eine Verpflichtung des Staates abzuleiten, die Voraussetzungen für effektive Grundrechtsausübung zu sichern, wenn nicht gar zu schaffen. Zu dieser Realisierung der Grundrechte gehört auch die Wahrnehmung der Eigentümerverantwortung, so wie sie hier verstanden wird. In vielen Fällen ist der Umweltschutz ohne Zusammenwirken mit dem Staat gar nicht möglich, dann besteht hier, für beide Seiten, eine *Kooperationsverpflichtung* von Verfassungs wegen. Sie läßt

[302] BVerfGE 33, S. 303 (330f.): „Je stärker der moderne Staat sich der sozialen Sicherung und kulturellen Förderung der Bürger zuwendet, desto mehr tritt im Verhältnis zwischen Bürger und Staat neben das ursprüngliche Postulat grundrechtlicher Freiheitssicherung vor dem Staat die komplementäre Forderung nach grundrechtlicher Verbürgung der Teilhabe an staatlichen Leistungen."

sich, auf den Problembereich Grundeigentum-Umweltschutz bezogen und beschränkt, weit besser konkretisieren und begründen, als wenn sie aus allgemeinen Kooperationstheoremen entwickelt werden müßte[303].

Rechtspflichten gegenüber der Staatsgewalt — und dies bleibt eben auch hier die primäre öffentlich-rechtliche Betrachtungsweise — lassen sich dabei weit eher auf eine Information und Koordination der staatlichen Aktivität mit denen des Eigentümers begründen, als in Form echter rechtlicher Förderverpflichtungen seitens der öffentlichen Hand. Dennoch geht das eine in das andere über — Information ist eben auch eine Form von „Förderung", dafür eingesetzte Staatsmittel sind im Grunde Fördermittel. Der „Subventionsbegriff" darf nicht von vornherein auf unmittelbare, vielleicht gar noch „ungezielte" Leistungen aus der Staatskasse an die des Eigentümers beschränkt werden, und in gewissem Sinn ist eben jede Kooperation auch eine Form der Förderung. Daß sich aber Rechte darauf weit eher dort begründen lassen, wo der subventionierte Private zugleich eigene und öffentliche Interessen verfolgt, die einen durch die anderen, entspricht der allgemeinen Dogmatik des Subventionsrechts[304]. Anspruch auf eine „kooperative Förderung", in der eben Zusammenarbeit in Subvention übergeht, lassen sich also mit Sicherheit weit eher definieren und legitimieren, wenn dazu die Eigentümerverantwortung fruchtbar gemacht werden kann.

Unabhängig davon, ob nun rechtliche Ansprüche gegen den Staat so entwickelt werden können — was bis hin zur offenen Subventionierung sicher stets problematisch bleiben wird —, hat jedenfalls der Einsatz der Kategorie der Eigentümerverantwortung einen eigentums- und zugleich umweltschützenden Effekt: Subventionen bedürfen im Rechtsstaat nicht nur der politischen, sondern sogar der rechtlichen Legitimation — zumindest dahin, daß durch sie die Wettbewerbslage nicht verzerrt, oder, darüber hinaus, daß die Gleichheit nicht gebrochen werde[305]. Diese Begründung läßt sich am besten, wenn nicht ausschließlich, darauf stützen, daß gewisse Bürgeraktivitäten zugleich auch im öffentlichen Interesse erfolgen und deshalb gefördert werden dürfen. Wenn sich also aus der Eigentümerverantwortung auch kein Recht auf Förderung ergibt, so läßt sich aus ihr doch die rechtliche Unbedenklichkeit einer solchen, insbesondere den Verfassungsgeboten gegenüber, überzeugend nachweisen. Dies allein schon zeigt die große Bedeutung dieser Begrifflichkeit.

303 Dazu f. viele *Ritter*, Hasso, Der kooperative Staat, AöR 1979, S. 389 f. m. vielen Nachw.

304 Vgl. *Götz*, V., Das Recht der Wirtschaftssubventionen, 1966, S. 45 f.; *Henke*, W., Das Recht der Wirtschaftssubventionen als öffentliches Vertragsrecht, 1979, S. 2.

305 Im Falle der Landwirtschaft zeigt sich dies etwa deutlich, im Verhältnis zur gewerblichen Wirtschaft, im Urt. d. BVerfG zur Bodenwertbesteuerung (BVerfGE 28, S. 227).

2. *Formen von fördernder Kooperation Staat-Eigentümer in der Marktwirtschaft*

a) Marktwirtschaft und Eigentümerverantwortung

Eigenverantwortlichkeit als Rechtsbegriff[306] *bezeichnet jenen Verantwortungsbereich, innerhalb dessen der Verantwortungsträger befugt und verpflichtet ist, seine Aufgaben weisungsunabhängig zu erfüllen.* Im Falle des Eigentümers als Umweltschützer haben diese autonom zu erfüllenden Aufgaben Doppelcharakter: Einerseits sind sie im eigenen, zugleich aber auch in jenem Allgemeininteresse zu erfüllen, dessen Akzent auf dem Umweltschutz liegt. Da dieser Umweltschutz aber nicht ein rein „staatseigenes", sondern ein „allgemeineres Gemeinschaftsinteresse" darstellt, vergleichbar dem allgemeinen Interesse an einer funktionierenden, Wohlstand gewährleistenden Wirtschaft, liegt die *Verbindung hier zu jener Marktwirtschaft* nahe, welche ebenfalls auf einer Autonomie im allgemeinen, nicht staatsorganisatorisch verstandenen Sinn[307] aufbaut und in der Tat mit der Verantwortung des Eigentümers im Umweltschutz[308] auch bereits in Zusammenhang gebracht worden ist.

Nicht als ob „Marktwirtschaft als ökologisches System" von vornherein überzeugend wäre[309], vor allem nachdem es hier um die Nutzung „öffentlicher Güter" geht[310]; dem entspricht wohl auch die weithin vertretene Überzeugung, daß „Umweltbelastungen im Marktsystem nicht automatisch ausgeschaltet werden können[311]. *Doch derselbe „negative Ansatz", der die Marktwirtschaft im Bereich privater „verteilungsträchtiger" Güter zuallererst plausibel macht, trägt auch hier:* Der Staatsdirigismus versagt im Umweltschutz ebenfalls, wofür insbesondere amerikanische Beispiele angeführt werden können[312], schon weil es der Staatsgewalt an der erforderlichen allumfassenden Information fehlt[313], kann sie ein flächendeckendes ökologisches Regulierungssystem kaum aufbauen[314], obwohl dies neuerdings

[306] Dazu *Murswiek* (FN 103), S. 51.

[307] Zu gewissen Unterschieden hier *Murswiek*, aaO., S. 52.

[308] Die allerdings nicht mit einer allgemeinen „Landschaftspflegepflicht" der Grundeigentümer gleichgesetzt werden darf, wie sie in einigen Ländergesetzen vorgesehen ist und von der SPD-Fraktion im Bundestag gefordert wurde, vgl. *Engelhardt / Brenner*, NatSchR in Bayern, B 1, S. 5.

[309] Hier wird etwa auf die schwierige „Internalisierung externer Kosten" hingewiesen, vgl. etwa *Voigt*, R., WiVerw 1983, S. 142 (148/9).

[310] aaO., S. 149/150.

[311] *Hoffmann-Riem*, W., WiVerw 1983, S. 120 (124) m. Nachw.

[312] aaO., S. 123 m. Nachw.; allg. *Rehbinder*, E., Allgemeines Umweltrecht, in: Salzwedel (Hrsg.), Grundzüge des Umweltrechts, 1982, S. 108/9.

[313] *Hoffmann-Riem*, aaO., S. 127; *Rehbinder*, aaO.

[314] Skeptisch etwa *Breuer* (FN 25), S. 543; vgl. auch *Hofmann-Riem*, aaO., S. 141.

gerade im Bodenschutz gefordert wird[315]. Wenn es dann aber auch nicht sogleich zu einer „Deregulation" kommen muß, so spricht doch vieles für Beschränkung oder gar Rücksichtnahme des dirigierenden Staatseinflusses auf Formen indirekter Steuerung. Performance Standards haben dann generell Vorrang vor konkreten Eingriffen[316]. Darin wird der Vorteil umweltbedingter Abgabenverschonung gesehen[317], wie sie ja auch „erhöhten Abschreibungen für Wirtschaftsgüter, die dem Umweltschutz dienen", zugrunde liegt (§ 7 d EStG). Hier wird die „Anreizfunktion" zu eigenverantwortlichem Handeln besonders betont[318].

Die „Marktwirtschaft als System" wird also hier nicht positiv begründet, sondern durch eine gewisse staatliche Enthaltsamkeit soll dem Raum gewährt werden, was sie in erster Linie begünstigt: Eigeninitiative, Eigenverantwortung des Bürgers. Hier aber ist vor allem der Inhaber „ökologischer Produktionsmittel" angesprochen — der agrarische Eigentümer. Dies bedeutet dann nicht ein Plädoyer für eine spezifische Marktordnung ökologischer Güter, sondern den *Einsatz allgemein-ökonomischer Marktmechanismen zugleich für die Lösung ökologischer Zurechnungs- und Verteilungsprobleme* — also wiederum „Eigentumsordnung als *Umweltordnung*". Motor darin und Klammer ökonomischer und zugleich ökologischer Interessen ist wiederum die Eigentümerverantwortung. Mit ihr fällt nicht eine Entscheidung für die gezielte „Vermarktung aller Umweltgüter", wohl aber für deren begrenzte Einbeziehung in die Mechanismen allgemeiner Marktwirtschaft, was spezifische Schrankenziehung durch den Staat nicht ausschließt. Jedenfalls scheint so aber — grundsätzlich jedenfalls — eine gewisse Harmonisierung von Marktwirtschaft und Ökologie zu gelingen.

Eigentümerverantwortung und Umweltschutz muß also auch nicht zum System einer „*Umweltbörse*"[319] führen, auf welcher etwa Zertifikate auf Rechte zur Inanspruchnahme von Umweltgütern gehandelt werden[320]. Solche Formen radikaler Privatisierung würden vielmehr eine Absage an jene Interessenparallelität bedeuten, aus welcher hier Eigentümerverantwortung im Umweltschutz entwickelt wird, und auch der traditionellen Rolle des Staates im deutschen Umweltschutz nicht entsprechen, mit dem der private Eigentümer hier doch gerade zusammenwirken soll. Für *agrarisches* Grund-

315 Über Ausweisung von „Bodenschutzgebieten", vgl. *Storm*, P. C., NuR 1986, S. 8 (12) — wie ja überhaupt „Gebietsausweisungen" regelmäßig den Versuch einer systematischen Planung darstellen, welche marktwirtschaftliche Verhaltensweisen zurückdrängen soll.

316 *Hoffmann-Riem*, aaO., S. 129.

317 *Rehbinder*, E., RabelsZ 1976, S. 363 (397 f.); vgl. auch *Kloepfer*, M. DÖV 1975, S. 593.

318 BT-Drucks. 8/4688, S. 18.

319 Dazu *Voigt* (FN 309), S. 150 m. Nachw.

320 Vgl. *Hoffmann-Riem*, aaO., S. 134 f.

eigentum könnte eine Zertifikatlösung auch gefährlich werden: Gewisse „Nutzungsmöglichkeiten", welche nach herrschender Lehre „grundsätzlich" dem Eigentümer zustehen, „zum Eigentum gehören", etwa Düngungsrechte, müßten dann unter Umständen diesem global entzogen und „auf die Börse" gebracht, dort sodann vom Eigentümer wieder (zurück-)gekauft werden. Gerade für jene Güter, welche im vorrangigen öffentlichen Interesse aus dem Eigentum generell bereits ausgeklammert sind, wie im Falle des Grundwassers, scheitert eine Zertifikatlösung eben an diesen öffentlichen Belangen. Eigentumskonform ist hier allein ein Genehmigungssystem, in dem der Staat seine versagenden Entscheidungen immerhin rechtsstaatlich begründen — oder den Bürger eben zulassen muß, grundsätzlich ohne besonderes Nutzungsentgelt.

Eigentümerverantwortung darf eben mit jenen Formen der „Umweltprivatisierung" nicht verwechselt werden, für welche im Bereich der gewerblichen Wirtschaft mehr sprechen mag als im Agrarsektor.

b) Der Eigentümerinformationsanspruch

Die Bedeutung der Information im Umweltrecht ist gerade neuerdings besonders hervorgehoben worden[321], vor allem im Bodenrecht wird gerügt, daß die Staatsgewalt ihre Zielvorstellungen den Betroffenen nicht klar genug nenne[322]; dies aber ist Voraussetzung für ein Verhalten der Eigentums-Bürger, die doch bestrebt sein müssen, „ihren" Boden in Ordnung zu halten[323]. In der Tat ist *das rechtzeitig-informierende Gespräch mit dem Eigentümer* unabdingbare Grundlage jeder Bürgerverantwortung, das umweltnahe Baurecht verpflichtet daher seit langem zu ihm[324], nicht zuletzt im rechtsstaatlichen Interesse eines „möglichst geringen Eingriffs"[325]. Derartige Regelungen sollten — im Namen der Eigentümerverantwortung — in keinem Umweltschutzgesetz mehr fehlen.

Doch auf die Vorphase eines möglichen Verwaltungseingriffes darf dies nicht beschränkt werden. Wird Eigentümerverantwortung ernst genommen, so bedeutet dies einen *Informationsanspruch des Eigentümers, unabhängig von geplanten oder auch nur möglichen Verwaltungsverfahren, einer Sozialbindung oder gar Enteignung*. Jedenfalls sollten solche Verfahren generell nur *möglich* sein (nicht: anlaufen dürfen; dies ist ein Unterschied),

---

[321] *Sening*, C., Umweltzerstörung, Recht und Information, NuR 1985, S. 125 ff.

[322] *Hübler*, K.-H., DÖV 1985, S. 505 (511).

[323] aaO., S. 508.

[324] Vgl. etwa § 39 a BBauG; § 175 BauGB.

[325] Siehe *Schlichter / Stich / Tittel*, BBauG, § 39 a, Rdnr. 3.

wenn der Informationsanspruch des Eigentümers vorher befriedigt, seine Eigenverantwortung damit aber nicht geweckt werden konnte.

Dies verlangt zunächst begriffliche Klarheit: Die hier behandelte „Eigentümer-Information" dient, naturgemäß, *auch der Unterrichtung der Staatsgewalt in Umweltfragen*, zu welcher der Eigentümer besser legitimiert ist als Verbände und Beiräte, welche hier auch eingesetzt werden[326] — eben als der „beste Kenner seines eigenen Gutes". Der Informationsfluß darf aber nicht in Einbahn laufen: Der Eigentümer kann weder seine Verantwortung sachgerecht ausüben, noch die Staatsgewalt — wiederum zugleich im eigenen *und* im allgemeinen Interesse — zutreffend informieren, wenn ihm nicht jene Instanzen laufend alle Informationen zur Verfügung stellen, welche gerade bei jener zusammenlaufen, beim „Umwelt-Forschungsstaat". Solange etwa nicht nur Rechtsunsicherheit hinsichtlich der Zulässigkeit von Düngung herrscht[327], sondern bereits unklar ist, welche Stoffe in welchem Umfang den Boden — damit aber Eigentümer *und* Allgemeinheit — belasten, ist ein verantwortliches Eigentümerverhalten praktisch ausgeschlossen. Dem Landwirt darf auch nicht eine kaum begrenzte Vorsorgeverpflichtung auferlegt werden, schon weil sich ja seine, allenfalls zu erwartenden, individuellen Schäden stets in gewissen Grenzen halten werden, und überhaupt kann vielleicht ein Wissens-, nie aber ein Informationsdefizit durch Vorsorgeverpflichtungen kompensiert werden (zu diesen letzteren näher unten E).

Die Entwicklung eines allgemeinen Informationsanspruchs, jenseits von den „Vorgesprächen" über drohende Verwaltungsverfahren, ist daher eine Verpflichtung des Staates, die sich aus dem Eigentumsrecht ergibt. Mit einem solchen Anspruch macht der Eigentümer zugleich eigene *und* öffentliche Belange geltend[328]; denn es liegt im vorrangigen Interesse gerade der demokratischen Staatlichkeit und ihrer Wirtschaftlichkeit, daß sie sich soweit wie möglich „auf verantwortliches Eigentümerverhalten entlastet", welches aber nur um den Preis laufender Unterrichtung zu erwarten ist. Dies sollte auch eine Praxis beachten, der ständige Unterrichtung wohl oft lästig sein mag: Sie lastet insgesamt wohl noch immer weniger als der Eingriff und die Überwindung des Bürgerwiderstandes dagegen, ganz abgesehen davon, daß dies letztere eben meist längst nicht so effektiv sein wird wie die informierte Aktivität der vielen Eigentums-Bürger. Und selbst wenn dem nicht so wäre: Nicht nur „Information vor", sondern „statt Staatsgewalt" ist demokratisches Glaubensbekenntnis.

---

[326] Überblick bei *Soell* (FN 2), S. 560 f.

[327] Vgl. dazu *Deselaers*, AgrarR 1986, S. 97 (99).

[328] Was das BVerwG 1983 grundsätzlich im Umweltschutz anerkannt hat, vgl. BVerwGE 67, S. 74; vgl. auch BVerwG NJW 1984, S. 73.

Im Informationsbereich liegen heute entscheidende Defizite, hier vor allem muß die Eigentümerverantwortung vom Staat geweckt werden.

c) „Eigentumsvereinbarungen" — Landankauf und -anpachtung für Umweltzwecke

Die wichtigste Rechtsform, in welcher der Bürger als Privater seine Eigentumsverantwortung wahrnimmt, ist der bürgerlich-rechtliche Vertrag. Enteignung ist früher, in der Fiskustheorie des 18. und 19. Jahrhunderts, als „Zwangskauf" verstanden worden. Etwas von diesem Vertragscharakter sollte sich auch heute noch bei jeder Enteignung, ja bei allen enteignend wirkenden Maßnahmen, soweit irgend möglich erhalten; ja es fragt sich, ob nicht der Vertraglichkeit als Instrument einer zugleich umweltschützenden Eigentumsordnung besonderes Gewicht zukommen muß.

Daß Vereinbarungen zwischen Enteignungsgewalt und von den Maßnahmen (möglicherweise) Betroffenen vor jedem Eingriff anzustreben sind, ist wohl ein allgemeiner Grundsatz des Eigentumsrechts, der sich schon aus dem Verfassungsgebot des geringstmöglichen Eingriffs in das Grundeigentum (Art. 14 GG)[329] ergibt. Er hat auch im Gesetzesrecht seinen Niederschlag gefunden[330]. Ein Dilemma ist hier allerdings allgemein kaum lösbar: Wenn die Verpflichtung zu solcher „Eigentumsvereinbarung" zu stark betont oder gar endgültig-verbindlich eine solche vorgesehen wird, sieht sich die Staatsgewalt blockiert; beschränkt man sich umgekehrt auf eine kaum verbindliche Sollvorschrift, so wird diese zur Floskel, oder, was noch unerfreulicher wäre, sie gerät zur privatrechtlichen Ratifikationsform einer im Grunde doch voll durchschlagenden Enteignungsgewalt. Insgesamt werden die Gerichte hier eine oft schwierige Gratwanderung durchzuführen haben, zwischen dem „letzten Wort", das dem Staat bleiben muß, und der Staat-Bürgerkooperation, damit aber der Eigentümerverantwortung. Praktisch muß dies dazu führen, daß sich hinsichtlich des „Ob" der Staat durchsetzen darf, aber eben nicht um jeden (billigsten) Preis. Und hier tritt die Eigentümerverantwortung im Wege der Eigentumsvereinbarung in ihre Rechte.

Im Umweltschutz ist dies bereits vom Gesetzgeber, etwa beim Biotopenschutz, erkannt worden[331], es sollte im Namen der Eigentümerverantwor-

---

329 In diesem Sinn schon BVerwG BBauBl 1964, S. 549.

330 Siehe etwa § 87 Abs. 2 BBauG/BauGB (Verpflichtung des Antragstellers, sich vorher ernsthaft um den freihändigen Erwerb des zu enteignenden Grundstücks zu bemühen); § 110 BBauG/BauGB — Verpflichtung der Enteignungsbehörde, auf eine Einigung zwischen den Beteiligten hinzuwirken; vgl. auch Art. 29 Bay EG.

331 Vgl. etwa BayNatSchG, Art. 6 d Abs. 2: „Die Sicherung von Biotopen soll in geeigneter Weise, insbesondere durch privatrechtliche Vereinbarungen angestrebt

tung zu einem durchgehenden Grundsatz ausgebaut werden. Absprachen beherrschen schon heute weitestgehend das Immissionsschutzrecht[332], im Umweltschutz ist der Abschluß öffentlich-rechtlicher Verträge bereits vor Jahrzehnten näher behandelt worden[333]; und selbst für „regulative Normen" wird aufgrund der Ergebnisse der Implementationsforschung gefordert, sie sollten „weniger nach dem Befehl-Gehorsams-Prinzip als vielmehr im Wege von Verhandlungen („bargaining" zwischen Vollzugsbehörde und Normadressaten) durchgesetzt werden"[334].

Dies läßt sich nicht allein durch gesetzliche Normierungen erreichen, die notwendig allgemein bleiben müssen; sie können aber eine Gerichtsbarkeit orientieren, die hier das Entscheidende zur Verstärkung der Eigentümerverantwortung zu leisten hat: strenge Überwachung der „ernsthaften vorgängigen Verhandlung" mit den Betroffenen in Umweltfragen. Dies aber ist nur möglich, wenn von der bereits (oben C I 2 b, 3) kritisierten „Vermutung für eine entschädigungslose Zulässigkeit der Sozialbindung im Umweltschutz" abgerückt wird: *Hat der Eigentümer grundsätzlich keinen Entschädigungsanspruch, so wird der Staat nicht ernsthaft verhandeln,* seine Instanzen müssen davon sogar durch die Rechnungsprüfung abgehalten werden; denn der Staat hat nichts zu verschenken, was er kostenlos erhalten kann, darüber wird er nicht nur nicht, darüber darf er gar nicht mit Blick auf Kosten verhandeln. Damit aber entfällt der praktisch wichtigste Verhandlungsgegenstand, Vereinbarungen werden überhaupt zurückgedrängt, die Eigentümerverantwortung mit ihnen.

So zeigen die Formen der oft geforderten Kooperation, daß diese wohl nur um einen Preis zu haben ist: wenn die überzogene Sozialbindungs-Dogmatik gelockert wird.

An all diesen Bedenken vorbei werden aber bereits Forderungen erhoben, welche die richtige Richtung einschlagen: Den Landwirten sollen die wichtigsten Flächen zu Zwecken des Umweltschutzes abgekauft, und es soll stets ein gewisser Flächenbestand für Tauschzwecke, z. B. in Flurbereinigungsverfahren, bereitgehalten werden[335]. „Der Ankauf von Flächen als ökologische Vorrangflächen gewährt einerseits dem Landwirt sinnvolles wirtschaftliches Äquivalent für den „Verlust" der Grundstücke, während er andererseits durch die Einstellung der Landwirtschaft auf diesen Flächen höchste

---

werden". Da die Geeignetheit einer staatlichen Maßnahme eine Legalitätsvoraussetzung derselben ist, dürfte hier, trotz des Wortlauts, mehr gegeben sein als eine Soll-Vorschrift; mehr als ein 'Anstreben' allerdings kann nicht verlangt werden.

332 Vgl. dazu näher *Jarass*, H. D., DVBl. 1986, S. 314 (319 f.).

333 Siehe etwa *Uphoff*, K., Handlungsformen im Naturschutz, 1969, S. 98 f.

334 *Voigt* (FN 309), S. 145 m. Nachw.

335 So *Knauber*, R. UPR 1986, S. 9 (12), im Zusammenhang mit einer wesentlichen Verstärkung des Bodenschutzes.

Ansprüche zu erfüllen vermag"[336] — nur darf dahinter nicht die Drohung mit der entschädigungslosen Sozialbindung stehen, sondern allenfalls der Druck möglicher Enteignung.

Bayern etwa hat durch Einrichtung eines *Naturschutzfonds einen Anfang der Verwirklichung der Eigentümerverantwortung auf dem Weg der „Vereinbarung" gemacht* (Art. 43 a NatSchG). Dieser Fonds „bezweckt, daß Naturschutzaufgaben verstärkt nicht-hoheitlich erledigt werden, daß für Ausgaben nicht nur der Staatshaushalt, sondern auch Leistungen Dritter herangezogen werden, und daß der Ankauf ökologisch wertvoller Grundstücke vereinfacht und beschleunigt wird"[337]. Dies zielt nicht nur auf eine „Vergesellschaftung des Umweltschutzes" in einem neuen Sinn, nicht in dem der Staatsmonopolisierung, hier wird zugleich die überzogene Sozialbindung zurückgenommen und durch eine Kooperation mit dem verantwortlichen Eigentumsbürger ersetzt.

Dies steht in einer langen, wenn auch nicht hinlänglich verbreiterten Tradition, in deren Rahmen schon seit längerer Zeit zu Zwecken des Naturschutzes auch *Pachtverträge* geschlossen werden[338]. Von dieser Möglichkeit sollte verstärkt Gebrauch gemacht werden, kann doch Pachtrecht flexibler den sich wandelnden Notwendigkeiten des Umweltschutzes Rechnung tragen; was etwa infolge zwischenzeitlich günstiger Artenentwicklung an Land nicht mehr gebraucht wird, kann in das reine Nutzeigentum des Inhabers zurückfallen. Zugleich ist hier eine *besonders gezielte Berücksichtigung der Umweltinteressen möglich*, und es wird der Versuchung vorgebeugt, dem Eigentümer ein eigentlich zu ganz anderen Zwecken benötigtes Grundstück unter dem Vorwand des Umweltschutzes wegzunehmen, damit dies ohne Entschädigung erfolgen kann, obwohl doch bei Flächenstillegungen aus marktpolitischen Gründen entschädigt werden müßte[339]. Wie nahe dies liegt, zeigen neuere Bestrebungen, agrarische Produktionseinschränkung mit Belangen des Umweltschutzes über Betriebsstillegungen zu verbinden. Durch ein solches „soziales Marktentlastungsprogramm" können Umweltinteressen kaum hinreichend gezielt verfolgt, und doch könnten Landwirte (auch) mit solcher Begründung aus ihrer Umweltverantwortung völlig verdrängt werden. Die Vereinbarung zeigt sich hier eben — wieder einmal — als das besser umweltangepaßte Instrument im Vergleich zum großflächigen normativ-einseitigen sozialrechtlichen Angebot.

Eigentümerverantwortung bleibt also eine wirkungsarme dogmatische Figur, solange sie sich nicht in konkreten Rechts-, vor allem in Kooperationsformen zwischen Bürger und Staat bewährt, die, beide im eigenen Interesse,

---

[336] *Knauber*, aaO., S. 15 (FN 71).

[337] BayLT Drucks. 9/ 10375, S. 15.

[338] Vgl. *Uphoff* (FN 333).

[339] So zutr. *Deselaers*, AgrarR 1986, S. 97 (104).

etwas für die Umwelt leisten wollen. Die „natürliche" Form der Entfaltung solcher Eigenverantwortung ist der — möglichst „freie" Vertrag; an seinem Entwicklungszustand wird stets Eigentümerverantwortung gemessen werden.

Ergebnis

Kooperation zwischen Eigentümer und Staat ist ein zentraler Entfaltungsraum der Eigentümerverantwortung im Umweltschutz. Sie bleibt zwar Aktivität in einem Autonomiebereich, der Staat hat jedoch, auch entsprechend den Ergebnissen neuerer Grundrechtsdogmatik, die Voraussetzungen für solche Freiheitsentfaltung in Kooperation zu schaffen. Daraus ergeben sich gewisse Ansprüche auf „kooperative Förderung der Eigentümerverantwortung durch den Staat", andererseits eine Legitimation für deren subventionierende Auswirkungen.

„Marktwirtschaft" bietet als solche kaum ein volles umweltrechtliches Ordnungssystem. Gerade im Agrarbereich würde etwa ein „Börsenhandel mit Umweltberechtigungen" dem Eigentümer sein Gut entziehen, das er sodann zurückkaufen müßte. In marktwirtschaftlichem Denken lassen sich aber doch wichtige Ansätze für eine Stärkung der Eigentümerverantwortung im Umweltschutz gewinnen: Auch hier kann der regulierende Staat nicht alles beherrschen, muß also auf die Eigeninitiative des Bürgers setzen, diese zu stärken suchen. Allgemein-ökonomische Marktmechanismen aus der Eigentumsordnung heraus können daher für die Lösung ökologischer Zurechnungs- und Verteilungsprobleme eingesetzt werden.

Information ist für die Umweltkooperation Staat-Eigentümer entscheidend: Der Staat bedarf der Unterrichtung durch den Eigentümer, den „besten Kenner seines Gutes", vor allem ist dieser aber zunehmend auf laufende Information seitens des die gesamte Umwelt überwachenden und erforschenden Staates angewiesen. Mit Blick auf die Eigentümerverantwortung sollte daher ein *Umwelt-Informationsanspruch des Eigentümers* grundsätzlich anerkannt und im einzelnen entwickelt werden, unabhängig von etwaigen geplanten Umwelt-Verwaltungsverfahren, nicht nur zu deren Vermeidung. Mit ihm gerade macht der Eigentümer zugleich private und öffentliche Belange geltend, weil nur dann der Staat im Bürger einen informierten Helfer finden kann; und der Gemeinschaft kommt diese Information immer noch billiger als der — notwendig punktuelle — Eingriff und seine Durchsetzung.

Eigentum war früher Zwangskauf, etwas davon ist in der grundsätzlichen Verpflichtung erhalten, zunächst eine Vereinbarung anzustreben. Diese „*Eigentumsvereinbarung*" ist praktisch der beste Weg, die Eigentümerverantwortung kooperativ zum Tragen zu bringen. Vor allem sollten die

Gerichte hier dem Staat zwar die letztliche Durchsetzung der Gemeinschaftsbelange nicht unmöglich machen, den Preis aber weitgehend dem vertraglichen Interessenausgleich überlassen. Solche Eigentumsvereinbarungen sollten im gesamten Umweltschutz die Regel werden. Dies setzt jedoch voraus, daß dahinter nicht immer die Drohung mit der überzogenen entschädigungslosen Sozialbindung bei grundsätzlich jedem umweltschützenden Eingriff steht. Der Ankauf von agrarischem Grund und Boden für Zwecke des Umweltschutzes ist (noch weiter) zu begünstigen und, noch umweltgünstiger, weil flexibler, können hier *Pachtverträge* ausgestaltet werden. Am Entwicklungszustand einer möglichst freien Umweltvertraglichkeit wird stets der Stand der Eigentümerverantwortung abzulesen sein.

II. Ausgleichsabgaben — Abgeltung schwerer Eigentumsbelastungen — Anerkennung und Motivation der Eigentümerverantwortung

1. Die Gefahren einer Umweltsubventionierung der Agrarwirtschaft

a) Grenzen der Anreizsubventionierung — Ausgleich als Anreiz

Im Bereich des Naturschutzes hat es, ebenso wie beim Denkmalschutz, von jeher Leistungen an die kooperationsbereiten Eigentümer gegeben, die früher offen als *Subventionen* bezeichnet wurden[340]. Deutlich war dabei immer der Vorrang gezielter Zahlungs- oder Verschonungssubventionen gegenüber allgemeineren Finanzhilfen, und heute wie früher wurden diese Subventionen gerechtfertigt als „Honorierung der Gemeinschaft dafür, daß sie durch derartige Privatinvestitionen von sozialen Zusatzkosten verschont wird". Der umweltbewußte Unternehmer soll nicht schlechter stehen als der „normale Umweltschädiger", damit nicht „jeder Anreiz für Umweltinvestitionen von vornherein" genommen werde[341]. Die Subvention ist also legitim nur als „gleichzeitige" Erfüllung einer „öffentlichen Aufgabe" im weiteren Sinne durch den Eigentümer, die Eigentümerverantwortung in der Verfolgung der Parallelinteressen wird damit eindeutig anerkannt, und deshalb nimmt die fördernde Verwaltung hier auch ihrerseits eine öffentliche Aufgabe wahr[342]. Gerade weil dabei aber nunmehr „Anreiz" gegenüber der „Leistungsabgeltung" deutlich im Vordergrund steht[343], fragt es sich, ob hier

[340] Näher *Uphoff* (FN 333), S. 100.

[341] *Kloepfer*, M., DÖV 1975, S. 593 (595/6).

[342] *Uphoff*, aaO., S. 101, unter Hinw. auf *Forsthoff*.

[343] *Kloepfer* (FN 2), S. 13, weist in diesem Zusammenhang auf das Grenzertragsbö-

nicht Freiheitsgewährung in die „nahezu unwiderstehliche Angebotsdiktatur des Leistungsstaates" umschlägt[344], ob sich damit nicht nur Formen faktisch-ökonomischer Sozialbindung entwickeln.

Die gezielte Schaffung von Anreizen seitens des Staates entgeht leichter dem politischen Odium als die richtungslose belastungsausgleichende Leistung, und dem rechtlichen Gleichheitsmißtrauen, das Subventionen begleitet. Dennoch ist hier gerade aus der Sicht der Eigentümerverantwortung Vorsicht geboten: Sie mag so zwar hervorgerufen werden, wird aber durch ökonomischen Vorteilsdruck sogleich in eine bestimmte Richtung gedrängt, wenn nicht gebogen, so daß das Wesen der Eigenverantwortung damit eben doch verfälscht werden kann, welche freie Entscheidung und eine gewisse Wahlmöglichkeit beinhaltet. Soll also Bürgerverantwortung im Umweltschutz nicht zur Formel werden, so müssen sich derartige Anreizsubventionierungen in Grenzen halten, und praktisch bedeutet dies dann übrigens entweder Verzicht auf staatliche Finanzhilfen — oder deren, eben doch, allgemein-ungezielte Gewährung. Dann aber flieht man von der Scylla der freiheitsvernichtenden staatlichen Finanzumarmung in die Charybdis der odiosen, weil volkswirtschaftlich schon grundsätzlich bedenklichen allgemeinen Stützungs-Subventionen. Der Gegenleistungsbezug zur umweltfördernden Aktivität des Landwirts wird undeutlich. Dieses Legitimationsdefizit wirkt hier um so belastender, als dieser Wirtschaftszweig ohnehin über die Agrarpreise, und auch auf sonstigen Wegen, in einer Weise seit langem subventioniert wird, daß darüber geradezu der nationale politische Konsens zu zerbrechen droht, gerade im Namen der Marktwirtschaft, der tiefsten Grundlage der Eigentümerverantwortung.

Ein Dilemma der agrarischen Eigentümerverantwortung ist daher im Umweltschutz tief eingewurzelt: Einerseits wirkt gezielte Förderung als Zwang, der ihre Freiheit bricht — zum anderen ist diese als eine „allgemeine" rechtspolitisch kaum mehr durchsetzbar. In solcher Lage scheint ein Ausweg nahe, der begriffliche: Nicht mehr „Subvention" darf es heißen, von Ausgleich muß gesprochen werden, ein „schlecht gewordenes Wort" gilt es durch ein „gutes" zu ersetzen, und das hält überdies, wenigstens in Grenzen, die wesentliche Entscheidung offen: ob für einzelne Belastungen oder nicht doch „globaler" ein solcher Ausgleich erfolgen soll; mehr noch: ob es hier um echte Kompensation staatlicher Eingriffs-Belastungen geht, oder um Gegenleistung für agrarische Privatleistungen, die zugleich im Privatinteresse des Umweltschutzes erfolgen. Hier könnte sich, so scheint es doch, die Agrarpolitik den lästigen Begriffszwängen des Rechts entziehen und sich eine neue,

---

denprogramm in Baden-Württemberg oder das Randstreifenprogramm in Rheinland-Pfalz hin.

[344] *Kloepfer* (FN 2), S. 5, unter Hinw. auf Abschlachtprämien.

nicht allzu einschränkende, von vornherein definierte Position aufbauen — in einem Niemandsland zwischen *Subvention und Entschädigung*.

Denn darum geht es doch in erster Linie wirtschaftspolitisch: Die Land- und Forstwirte sollen für ihre Leistungen bezahlt werden, die sie zugleich im eigenen wie im allgemeinen Interesse erbringen; agrarische Eigentümerverantwortung steht der Gemeinschaft nicht zum Nulltarif zur Verfügung; dies durchzieht nicht nur die politische, sondern auch die agrarrechtliche Diskussion[345], und es geht bis zur Übertragung von Landschaftspflegearbeiten auf Landwirte, denen damit eine „regelmäßig auf Dauer angelegte Möglichkeit eines gewissen Zuerwerbs, meist außerhalb der eigenen Arbeitsbelastung, eröffnet werden soll"[346].

b) Allgemeine Gegenleistung der Gemeinschaft — oder speziellerer Belastungsausgleich?

Doch hier erheben sich grundsätzliche Bedenken. Es mag zugunsten der Agrarwirtschaft unterstellt werden, daß hier die Eigentümer von jeher und gerade heute laufend und in großem Umfang Umweltleistungen zugleich auch für die Gemeinschaft erbringen, was ja nicht unumstritten ist. Ferner soll davon ausgegangen werden, daß solche Leistungen weithin sehr allgemeiner Natur sind (Landschaftsgestaltung, Klimabeeinflussung), also ökonomischer Wertbestimmung im einzelnen gar nicht zugänglich erscheinen. Dann können, müssen vielleicht, diesen „Globalleistungen" des agrarischen Eigentums auch vergleichbare Globalleistungen der Gemeinschaft gegenüberstehen — rechtfertigt hier nicht eine Anwendung des do ut des-Prinzips Ausgleichsleistungen, welche in Form einer „allgemeinen Umweltbezahlung" der Problematik von Subventionszwang und Subventionsodium entgehen — in welcher Art immer im einzelnen zu leisten sein mag?

Der Versuch ist politisch verlockend, rechtspolitisch plausibel, rechtsdogmatisch muß er, in solcher Allgemeinheit unternommen, scheitern. Nicht nur Umwelt-, sondern schlechthin Allgemeininteressen sollen ja derartige Leistungen legitimieren. Sie aber werden nicht nur von der Land- und Forstwirtschaft, sondern ebenso, bereichsweise noch weit intensiver, auch von der gewerblichen Wirtschaft gefördert, im eigenen und zugleich im Interesse der Gemeinschaft. Wenn die Industrie die Mobilität der Bürger durch Herstellung von Kraftfahrzeugen steigert, oder die Lebensdauer durch Pharmazeutika verlängert, so liegt dies zugleich auch in einem sogar vorrangigen Allgemeininteresse, wie überhaupt die so bewirkte Sicherung von

345 Vgl. u. a. *Soell*, H., DVBl 1983, S. 241 (249); *Hötzel*, H. J., AgrarR 1985, S. 337 (338, 342/3).

346 Siehe *Soell* (FN 2), S. 534.

Arbeitsplätzen und die Steigerung des allgemeinen Wohlstandes. Günstige Allgemeinwohleffekte mögen Subventionen legitimieren, sie vermögen nicht Gegenleistungsansprüche an die Gemeinschaft zu begründen. Nichts anderes gilt für umweltgünstige Veranstaltungen, vom Katalysator bis zum umwelterschließenden Kraftfahrzeug überhaupt. Gegenleistungen der Landwirtschaft müßten nicht nur eine Flut von anderen derartigen Ansprüchen auslösen, in dieser würde auch die gesamte Dogmatik der öffentlichen Leistungen weggespült werden, würden jene lediglich auf ein Gegenleistungsprinzip gestützt. Die agrarische Besonderheit der „radizierten Interessenparallelität", die gerade auf Bodeneigentum gegründet ist, vermag hier Besonderheiten nicht zu legitimieren. Entweder es gilt dabei ein Gegenleistungsprinzip — dann ist es gleichgültig, in welcher „eigentumsspezifischen Form" seine Voraussetzungen, die Leistung der Bürger für die Gemeinschaft, erbracht werden — oder dies ist nicht der Fall, dann kann der Landwirt auf solcher Grundlage ebensowenig etwas verlangen wie ein Industrieunternehmen.

Wenn es also ein allgemeines Gegenleistungsprinzip im Umweltschutz im Verhältnis zwischen Gemeinschaft und Eigentümer nicht geben kann, so bleibt eben doch nur *eine Lösung: Belastungsausgleich*, Kompensation für Belastungen des Eigentums mit seiner Verantwortung; sie muß zwar allgemein legitimiert werden, bedarf „irgendwie" aber doch, anderen Wirtschaftszweigen gegenüber, einer „spezifischen Begründung". Und diesen Weg schlagen denn auch neuere Lösungen in Richtung auf den „Ausgleich" ein, über den sich Eigentümerverantwortung auch — lohnen solle.

2. *Die Ausgleichsleistungen — Kompensation für Eigentumsverantwortung*

a) Die Ausweitung der Ausgleichsleistungen

Die Ausgleichsleistungen für die Land- und Forstwirtschaft entwickeln sich, immer mehr, von einer punktuell-kontingenten Förderungspraxis in Richtung auf eine allgemeine Gestaltungsform des Umweltrechts — Beispiele sind etwa der Erschwernisausgleich nach dem BayNatschG[347] oder Art. 36 a desselben Gesetzes, nach dem Eigentümern oder Nutzungsberechtigten ein angemessener Geldausgleich in Fällen gewährt werden kann, in denen dem Eigentümer oder Nutzungsberechtigten durch behördliche Entscheidung die bestehende land-, forst- oder fischereiwirtschaftliche Bewirtschaftung einer Feuchtfläche wesentlich erschwert wird. Ähnliche

[347] Art. 35 a BayNatSchG, vgl. auch dessen Art. 6 d Abs. 2 (Wiesenbrüterprogramm).

Ausgleichsmaßnahmen sieht Art. 23 BayWaldG bei „Erlösminderungen oder zusätzlichen Aufwendungen" vor, die dem Waldbesitzer durch bestimmte forstliche Wirtschaftsmaßnahmen erwachsen, die aber bei „normaler Bewirtschaftung" nicht auftreten würden. Ausgleichszahlungen zur Beseitigung von Abfällen im Privatwald werden in Baden-Württemberg (WaldG § 43 Abs. 2) und Schleswig-Holstein (§ 14 Abs. 2 WaldG) gewährt.

Ähnliche Ansprüche auf Ausgleich kennt das Bundesrecht in anderen Bereichen seit langem, etwa im straßen- und wegerechtlichen Fachplanungsrecht oder im Städtebaurecht, wobei dies allerdings in der Nähe von Härteregelungen steht[348]. Im Umweltrecht im engeren Sinne wird in diesem Zusammenhang auf § 20 WHG hingewiesen[349]. Allen diesen Regelungen soll eines gemeinsam sein: Rechtsansprüche, welche sie gewähren, sind nicht auf Entschädigung gerichtet, da die Belastungen „unter der Enteignungsschwelle liegen" (dazu näher unten b).

Ein neuer Akzent hat sich für solche Ausgleichsleistungen durch den in Baden-Württemberg vorgesehenen „*Wasserpfennig*" ergeben. Hier werden nicht *Lenkungsabgaben* erhoben, deren grundsätzliche Zulässigkeit anerkannt ist[350], und die vor allem am Beispiel des Abwasserabgabengesetzes diskutiert worden sind[351]. Vielmehr soll eine Sonderabgabe auf den Wasserverbrauch erhoben werden, welche den durch Gewässerschutz belasteten Eigentümern — im wesentlichen der Land- und Forstwirtschaft — zugute kommt, die aber nicht eine Leistung zum Ausgleich von Eingriffen in Natur und Landschaft darstellt[352].

Hier wird also der „Ausgleich" in einem doppelten Sinn versucht: Einmal zwischen Allgemeinheit und besonders belasteten Eigentümern, zum anderen zwischen diesen und den die Allgemeinheit darstellenden begünstigten Bürgern. Dieser „Wasserpfennig" ist auf Kritik gestoßen, weil damit der Verursacher einer Umweltgefährdung auch noch „versilbert" werde[353]. Der Ansatzpunkt gerade beim Gewässerschutz mag in der Tat deshalb als problematisch erscheinen, weil das Grundwasser durch die Naßauskiesungsentscheidung des BVerfG völlig aus dem Inhalt des Grundeigentums

---

348 Siehe § 17 Abs. 4 FStrG; §§ 122 a, 122 b BBauG; § 85 StBauFG; § 181 BauGB.

349 z. B. von *Krohn* (FN 2), S. 22; *ders.*, DVBl 1986, S. 745 (748); vgl. auch *Kloepfer* (FN 2), S. 8.

350 *Breuer* (FN 25), S. 576; zur Diskussion darüber *Bullinger*, M., Festschr. f. Werner Weber, 1974, S. 663 (668 f.); *Rehbinder* (FN 312), S. 108/9); *Voigt*, R., WiVerw 1983, S. 142 (152/3, 156/7).

351 *Breuer*, aaO.; *Rehbinder*,aaO., S. 109; *ders.*, RabelsZ 1976, S363 (399); *Voigt*, R., aaO., S. 153.

352 Auch diese wird „Ausgleichsabgabe" genannt, vgl. zu ihrer Zulässigkeit BVerwG DÖV 1987, S. 25.

353 *Isensee*, J., zit. von *Knauber*, R., UPR 1986, S. 9 (13).

herausgenommen worden ist, so daß eine Unterlassung seiner Beeinträchtigung nicht so sehr als verantwortliche Tätigkeit im Eigentumsraum erscheint als vielmehr wie eine Unterlassung schädigender Grenzüberschreitung; dies aber kann kaum als „Belastung des Eigentums" angesehen werden. Andererseits bleibt zu berücksichtigen, daß immerhin grundwasserbedingte Düngungsverbote nicht nur, ja nicht einmal primär, solche „Grenzüberschreitung" verbieten, mag dies auch ihr eigentliches Ziel sein, daß sie vielmehr die unbestritten dem Eigentümer zustehende Nutzung seines Gutes schwer beeinträchtigen. Insoweit wird hier dann doch umweltverantwortliches Eigentümerverhalten gefordert und *dafür*, nicht für das Unterlassen der „Grenzüberschreitung" zum „Grundwasser der Allgemeinheit", Ausgleich geboten. Verantwortliche Eigentumsnutzung im Sinne des Umweltschutzes und Unterlassung von Umweltbelastungen durch solche „Grenzüberschreitungen" sind ja, wenn nicht immer, so doch in der Regel, eng verbunden. Wenn die „Unterlassung" gerade besonders verantwortliche Aktivitäten auf dem eigenen Grund verlangt, so mag es vertretbar erscheinen, für diese *Ausgleich* zu bieten, nicht für die Unterlassung des Ausgleichs. Begriffliche Schwierigkeiten sind allerdings nicht zu leugnen. Wie dem aber auch sei — die Tatsache, daß die begünstigten Glieder der Allgemeinheit als solche zu Ausgleichszahlungen herangezogen werden, mag Probleme der Abgabenqualifizierung aufwerfen, am Charakter der Ausgleichsabgabe als solcher ändern sie nichts. Diese Abgaben stellen sich in allen genannten Fällen dar als *Gegenleistungen der Allgemeinheit* für Umweltleistungen des Eigentümer-Bürgers, welche dieser im Rahmen seiner Eigentümerverantwortung erbringt[354]. Insoweit sind sie aus der Sicht der Eigentümerverantwortung grundsätzlich zu begrüßen, selbst wenn, gerade weil sie nicht als enteignungsrechtliche Entschädigung gewährt werden. Denn diese letztere ist ja nicht als Abgeltung oder auch nur grundsätzliche Anerkennung von Eigentümertätigkeit zugleich im (parallelen) öffentlichen Interesse zu verstehen, hier bleibt alles im Bereich des privaten Eigentümerinteresses, zu dem die öffentlichen Interessen in Konfrontation stehen; diese letztere wird gerade in Entschädigung aufgelöst. Die Ausgleichsabgabe dagegen geht nicht davon aus, obwohl ebenfalls Belastungen des Grundeigentums hier Ausgangspunkt sind; das Tragen dieser Last, vor allem aber das aktive, auf solche Weise geforderte Umweltverhalten werden vielmehr global als „Leistung für die Allgemeinheit" gewertet, welche diese nicht ohne Gegenleistung beanspruchen kann. Daß damit *zugleich* auch in die Eigentumsposition des Bürgers eingegriffen wird, steht nicht im Vordergrund und kann den Ausgleich nicht legitimieren, weil er ja gerade keine Entschädigung darstellt, als solche nicht zu begründen wäre.

---

[354] Dies betont deutlich *Gassner*, E. UPR 1986, S. 412 (414).

Letztlich bedeutet also die Rechtsfigur des „Ausgleiches", mag sie bisher auch befriedigende dogmatische Konturen noch nicht haben annehmen können: Der Staat erkennt an, daß im Rahmen der Sozialpflichtigkeit vom Eigentümer mehr geleistet wird als die duldende Hinnahme einer Gemeinschaftsbindung, die ihm als solche abverlangt werden darf, daß er vielmehr zugleich damit Leistungen für die Gemeinschaft erbringt, welche einer Gegenleistung wert sind, darauf einen Rechtsanspruch verleihen.

b) Die Problematik der Ausgleichsleistungen im System des Entschädigungsrechts

„Ausgleich" wird gerade in Fällen gewährt, in denen von einer enteignungsrechtlichen Unzumutbarkeit noch nicht gesprochen werden kann[355], hier bleibt der Eingriff zwar im Grenzbereich Enteignung-Sozialbindung, aber eben wesentlich „unterhalb der Enteignungsschwelle"[356]. Anderenfalls wäre der Ausgleich überflüssig, denn es bestünden ja Entschädigungsansprüche „klassischer" Art. Gedacht ist sie jedoch als ein „dritter Weg", zwischen Sozialbindung und Enteignung[357]. Er schien vor allem deshalb als notwendig, weil im Umweltrecht die Sozialpflichtigkeit so weit übersteigert worden ist (vgl. oben C I), daß die offensichtlich nicht nur unbilligen, sondern geradezu ungerechten Ergebnisse nicht mehr hingenommen werden konnten. Gerade wenn mit ihrer Korrektur nicht zu rechnen ist — muß dann nicht erst recht die Ausgleichsbegrifflichkeit weiter entwickelt werden — oder könnte dabei die Dogmatik des Entschädigungsrechts Schaden nehmen? Weiter fragt sich gerade im vorliegenden Zusammenhang, ob diese Kategorie nicht dennoch die Chance eröffnet, jener Eigentümerverantwortung im Umweltschutz näher zu kommen, die ja ebenfalls bisher nicht systematisch in die Dogmatik einbezogen werden konnte.

Zugegeben werden muß zunächst, daß sich die Kritik an der Ausweitung der Sozialbindung im Umweltschutz hier als voll berechtigt erweist. In einer Grundstimmung, die nicht selten sogar von Umwelt-Gemeinschafts-Romantik geprägt war, das Eigentumsgrundrecht jedenfalls weithin aus den Augen verloren hat, ist die Sozialbindungslehre in derartige Ausuferungen hineingeraten, daß sie zur Bewältigung des Interessenausgleichs heute kaum mehr in der Lage ist. Dies sollte zuallererst selbstkritisch festgestellt werden, schon um ähnliche eigentumsrechtliche Fehlentwicklungen in der Zukunft zu vermeiden.

---

[355] *Weyreuther* (FN 53), S. 253/4); *Gassner*, aaO.

[356] *Zerle / Hein*, Forstrecht in Bayern, A Beg. BayWaldG 1. 3; *Krohn*, G., DBVl 1986, S. 745 (747).

[357] *Gassner*, aaO.

Ein schwer lösbarer *Widerspruch* ist überdies auf solche Weise entstanden. Wenn gewisse Umweltbelastungen die Enteignungsschwelle nicht überschreiten, vom agrarischen Eigentümer vielmehr als Ausdruck der Sozialbindung hinzunehmen sind, so ist es, aus der Sicht der bisherigen Dogmatik, kaum begründbar, warum nun doch, „unterhalb der Enteignungsschwelle", Geldleistungen an Eigentümer vorzusehen sein sollen. Der Verfasser hält insoweit seine grundsätzliche Kritik[358] aufrecht: Da der Staat nichts zu verschenken hat, darf er nicht entschädigen, soweit Sozialbindung möglich ist. Dann aber können solche Ausgleichsleistungen, im bisherigen Begriffssystem, nur als eines qualifiziert werden: als Subventionen. Sollte hier lediglich ein „Verschleierungsbegriff für Einrichtung und Systematisierung von Dauersubventionen" vorliegen?

Ausgleichsleistungen als dritter Weg — das bedarf jedenfalls der dogmatischen Begründung. Sie ist bisher, soweit ersichtlich, nur in Ansätzen versucht worden, muß aber insbesondere Klarheit über die rechtliche Qualität solcher Ansprüche bringen: Sind sie rein einfachgesetzlicher Natur — dann rückt sie dies wiederum in die Nähe der Subventionen, was der Gesetzgeber gegeben hat, kann er jederzeit wieder entziehen. Oder sind sie, ganz oder wenigstens im Kern, doch verfassungskräftig, insoweit also den Entschädigungsansprüchen verwandt? Nur dann wäre hier für die Eigentümer wirklich etwas gewonnen, und deshalb bewegen sich bisherige Begründungsversuche auch auf Verfassungsniveau:

Die Grundlage der Ausgleichsleistungen wird etwa gesehen in einer „Persönlichkeitsentfaltung", welche mit derjenigen nicht identisch sei, die das Eigentum seinem Besitzer ermögliche[359]. Problematisch bleibt dann aber, daß eine solche Berechtigung von Art. 2 Abs. 1 GG abgekoppelt und in dem aktivitätsbezogenen beruflichen oder gar in einem höchst persönlichen privaten Freiheitsraum angesiedelt werden muß. Dies liefe einerseits eben doch auf eine Bedeutungsabschwächung des Eigentums hinaus, zum anderen auf eine nicht unbedenkliche „Personalisierung der Vermögensgüter und ihres Schutzes", welche in letzter Konsequenz in einer freiheitlichen Wirtschaftsordnung zum Problem werden muß. Überdies ist der Sinngehalt von Art. 2 Abs. 1 GG nach der Rechtsprechung des BVerfG[360] doch wohl nicht tragfähig für eine solche Konstruktion, wenn schon die Grundlagen des Eigentums nicht so weit tragen sollten. Schließlich müßte eine solche Auffassung von Persönlichkeitsentfaltung in die Nähe der Ausübung der Berufsfreiheit

---

358 *Leisner*, W., Sozialbindung des Eigentums, 1972, S. 108; ähnlich schon *Sendler*, H., DÖV 1971, S. 16.

359 *Weyreuther* (FN 355).

360 Das, abweichend von der Persönlichkeitslehre von *Dürig* (vgl. MD, GG, Art. 2 Abs. 1 GG, Rdnr. 17 ff.), das Grundrecht zur nahezu reinen Legalitätsgarantie reduziert hat, vgl. BVerfGE 6, S. 32 std. Rspr.

rücken. Diese ist jedoch kaum schutzstärker als das Eigentum, nachdem die Verfassungsrechtsprechung eine weitgehende Synchronisierung der Gesetzesvorbehalte (Sozialbindung ähnlich Berufsausübungsregelung)[361] vollzogen, die Berufsfreiheit in eher noch weitergehender Verhältnismäßigkeitsabschwächung relativiert hat; dann ist schwer vorstellbar, daß ihr Schutz gerade hier weiterreichen soll, bis hin zu einer Begründung von Ausgleichsansprüchen, wo aber der Eigentumsschutz versagt.

Ein weiterer Versuch wird auf die Pflichtexemplarentscheidung des *BVerfG*[362] gestützt. Das Gericht hat sich dort mit einer typischen Sozialbindung des Eigentums befaßt und festgestellt, auch eine solche Gestaltung müsse sich in Grenzen halten. Zwar liege nicht ein enteignender Eingriff, sondern eine Bestimmung von Inhalt und Schranken des Eigentums vor, überschreite diese aber ihre verfassungsrechtlichen Schranken, so sei dem Eigentümer dafür etwas zu bieten — etwa Ersatz seiner Kosten bei besonders teuren Drucken. Das BVerfG hat hier lediglich die nächstliegenden Folgerungen aus der unmittelbar vorhergehenden Naßauskiesungsentscheidung gezogen.

Daraus wird nun in der Lehre die dogmatische Begründung für den *„dritten Weg" der Ausgleichsleistung* entwickelt: Entweder es liegt ein Eingriff vor — dann kann es nach wie vor nur Sozialbindung oder „Enteignung" geben, Entschädigung nur im Falle der letzteren; oder der Gesetzgeber belastet im Rahmen einer Inhalts- und Schrankenbestimmung des Eigentums dessen Inhaber übermäßig, dann schuldet er ihm nicht Entschädigung, sondern eben — Ausgleich[363]. Ob darin mehr liegt als ein Verschieben von Begriffskonstruktionen, darf bezweifelt werden: Wenn der Gesetzgeber die der Inhaltsbestimmung des Eigentums von der Verfassung gezogenen Grenzen überschreitet, so greift er eben ins Eigentum ein — bis hin zur Naßauskiesungsentscheidung hatte man das stets als enteignenden Tatbestand angesehen und daher die Entschädigungsfrage gestellt. Faßt man den Enteignungsbegriff nun enger, so muß der Eigentümer für übermäßige Belastung durch Inhaltsbestimmung auch etwas erhalten. Man mag dies „Ausgleich" nennen oder nicht, in der Sache ist damit für den Eigentümer noch kaum etwas gewonnen[364]: Die Grenze, bei deren Überschreitung Ersatz geleistet werden muß, wird doch *bei der Inhaltsbestimmung ebenso zu*

---

[361] Aus der neueren Rspr. d. BVerfG vgl. z. B. BVerfGE 70, S. 1 (28); BVerfGE 70, S. 278 (286).

[362] BVerfGE 58, S. 137 (147 f.).

[363] *Schwerdtfeger*, G., Die dogmatische Struktur der Eigentumsgarantie, 1983, S. 29; *Wendt*, R., Eigentum und Gesetzgebung, 1985, S. 330 (343); ähnlich bereits *Schulze-Osterloh*, L., NJW 1981, S. 2543; dies., Das Prinzip der Eigentumsopferentschädigung, 1980, S. 22.

[364] Mit Ausnahme des konstruktiven Vorteils, daß hier der Junktimklausel nicht genügt werden muß.

ziehen sein wie im Falle des Eingriffs — also im Zweifel kein Ersatz für Umweltschutzmaßnahmen — oder der Gesetzgeber ist hier sogar noch freier, wie es dem Begriff der „Inhaltsbestimmung" eher entsprechen mag: Dann ist nicht zu begründen, daß die Ausgleichsverpflichtung sogar noch „vor der Erreichung der Enteignungsschwelle" beginnen soll, die „Ausgleichsschwelle" müßte eher noch höher liegen. Sollten auf solche Weise die offensichtlichen Fehlentwicklungen der übersteigerten Sozialbindung korrigiert werden können, so wäre dies im Ergebnis zu begrüßen, dogmatisch aber kaum haltbar. Eine „zweite Entschädigungsfront" läßt sich mit solcher Begründung kaum eröffnen.

c) Insbesondere: Kompensation als Verfassungsbegriff — Begründung aus der Eigentümerverantwortung

Es könnte schließlich daran gedacht werden, „Kompensation" als einen eigenständigen Begriff im System der verfassungsrechtlich grundgelegten öffentlich-rechtlichen Ersatzleistungen neben den der Entschädigung zu stellen und ihm Gestaltungen vorzubehalten, in denen der Gesetzgeber Eigentümerpositionen tiefgreifend verändert, sie insbesondere mit weitgehenden Pflichtbindungen nicht nur belastet, sondern sie geradezu durch derartige Aufgabenstellungen durchgehend prägt, in denen die Träger private und öffentliche Interessen in untrennbarem Gemenge wahrnehmen. Dann könnte man in der Tat Begriffsüberdehnung behaupten, wollte man dies als einen „enteignenden Eingriff in Eigentumspositionen" mit der Folge der Entschädigungspflicht bezeichnen. Hier würde eine korrespektive Rechte-Pflichtenlage als einheitliches Rechtsgebilde geschaffen, und dabei müßte, damit die privaten und öffentlichen Interessen angemessen ausgeglichen würden, eben etwas wie eine „Kompensation" vorgesehen sein, auf welche dann kraft Verfassung ein Anspruch bestünde, im Namen der Herstellung einer *ausgewogenen Eigentumsposition.* Als Beispiel könnte die Krankenhausfinanzierung angeführt werden, welche die notwendige Kompensation der weitgehenden und geradezu systematischen Einschränkung der Freiheit nicht-staatlicher Träger zu bieten hätte.

Mit einer solchen Konstruktion[365] mag immerhin dogmatisch eine neue Form gefunden sein, welche der engen Symbiose von privater und öffentlicher Interessenverfolgung besser gerecht wird als jene Konstruktion von statischem Eigentum und „enteignendem Eingriff", welche hier bisher aushelfen mußte[366]. *Diese Form könnte dann auch für die „Ausgleichsleistun-*

[365] Wie sie *Depenheuer,* O., vertieft hat. (Staatliche Finanzierung und Planung im Krankenhauswesen, 1986).

[366] So ja im wesentlichen auch noch *Bachof,* O. / *Scheuing,* D., Krankenhausfinanzierung und Grundgesetz, 1971.

gen" fruchtbar gemacht werden: Sie wären zu begrüßen als eigenständiger verfassungskräftiger Anspruch auf gesetzgeberische Kompensation zugunsten der Eigentümer, im Rahmen tiefgreifender Umgestaltung agrarischer Eigentümerpositionen. Das dialektische Verhältnis von Rechten und Pflichten wäre dabei ebenso zu betonen wie Ausgewogenheit einer Gestaltung, welche den Eigentümer nicht allzu schwer belasten dürfte; und dann mag es als zulässig erscheinen, derartige Verpflichtungen bereits vor Erreichung der Enteignungsschwelle beginnen zu lassen: Wo der Gesetzgeber den Bürger derartig systematisch in Pflicht nimmt, ihn nicht grundsätzlich in seiner Privacy beläßt, muß er auch „eher an Kompensation denken", als ihm dies im Falle der Enteignung-Entschädigung abgefordert wäre.

Eine komplizierte dogmatische Konstruktion — zugegeben, letztlich aber wohl doch haltbar, und ausbaufähig im Sinne der Korrektur der verfehlten Sozialbindungsentwicklung, in Fällen, wo dies am dringlichsten ist. Dies wäre dann — erstmals vielleicht — ein *praktisch klar faßbarer, verfestigter Bereich, wo sich Eigentümerverantwortung entfalten könnte*, in Pflichten und ihrem „Ausgleich". Und die wesentlichen Interessenparallelen im Bereich des agrarischen Umweltschutzes, zwischen privaten Eigentümern und Staatsgewalt, legitimieren sowohl einerseits die systematische, tiefgreifende Veränderung der Eigentümerposition, als sie auch, zum anderen, weitergehenden Ausgleich als Entschädigung begründen können. Dann wäre ein neues Kapitel der Eigentumsdogmatik aufgeschlagen im Umweltschutz — einmal nicht gegen das Eigentum gerichtet, sondern in dessen Einbeziehung.

Noch ist der Irrealis hier angebracht. Alles deutet bisher darauf hin, daß der Staat aus politischen Gründen der Agrarwirtschaft Geschenke machen, wenn nicht gar nur Härten einfachgesetzlich ausgleichen will, beides lediglich über Gesetzesrecht. Irgendwann wird die verfassungsrechtliche Probe aufs Exempel aber kommen, darauf, ob der Staat kraft Verfassung und nicht nur aus gesetzgeberischer Selbstbindung heraus zur Ausgleichsleistung verpflichtet ist. Für die Landwirtschaft wird dies ein wichtiger Tag sein, denn sie wird nur hier, in Anerkennung der Eigentümerverantwortung für den Umweltschutz, wirklich Substantielles erhalten — oder im Namen des Umweltschutzes ihre Eigentumssubstanz weithin verlieren.

Ergebnis

Eigentumsförderung wird im Umweltschutz seit langem betrieben, mit Akzent auf gezielten Anreizerleichterungen oder -verschonungen, welche der Kritik entgehen sollen, die die Agrarsubventionen zunehmend auf sich ziehen. Damit wird aber häufig ein Subventionsdruck ausgeübt, der die

Intensität von Eingriffen erreicht, Eigentümerverantwortung nicht primär als Freiheit ermöglicht, sondern im staatlichen Interesse orientiert, ja biegt. Weil aber verantwortungsgünstigere allgemeine Subventionen politisch kaum durchgesetzt werden können, liegt der Ausweg in generelle Staatsleistungen als *„Ausgleich für Umweltbelastungen des landwirtschaftlichen Eigentums"* nahe.

Damit können aber nicht *allgemeine umweltgünstige Effekte* agrarischen Wirtschaftens abgegolten werden, sondern immer nur speziellere Belastungen gerade für das landwirtschaftliche Grundeigentum; denn Ansprüche für (zugleich) gemeinschaftsgünstige Leistungen könnten auch andere Bürger, insbesondere die gewerbliche Wirtschaft, erheben. Es kann daher stets nur *speziellerer Belastungsausgleich zugunsten landwirtschaftlicher Eigentümer* in Betracht kommen.

„Ausgleichsleistungen" sind heute in nicht wenigen *Landes- und Bundesgesetzen des Umweltrechts vorgesehen*, die Tendenz ist steigend. Gemeinsam ist diesen Regelungen, daß den im Dienst an der Umwelt besonders belasteten Eigentümern Ersatzleistungen geboten werden, gerade für Belastungen, welche „unterhalb der Enteignungsschwelle" liegen. Ohne Belang ist dabei, ob dafür (unmittelbar) besonders begünstigte Glieder der Allgemeinheit herangezogen werden (Wasserpfennig).

Diese Ausgleichsfälle werden dogmatisch als „dritter Weg", neben Sozialbindung und Enteignungstatbeständen, verstanden. Verständlicherweise sollen hier die Fehlentwicklungen einer überzogenen Sozialbindung im Umweltrecht korrigiert, es sollen die Ersatzleistungen ausgeweitet werden. Bisher ist jedoch, soweit ersichtlich, eine überzeugende dogmatische Begründung für solche verfassungskräftigen Ansprüche noch nicht gelungen, sie ist auch schwierig: Was als Sozialbindung hinzunehmen ist — dafür kann doch kaum Ausgleich verlangt werden.

Aus einem vom Eigentum zu trennenden *„Persönlichkeitsrecht"* kann hier wohl kaum argumentiert werden. Aus der *Rechtsprechung des BVerfG* läßt sich die Zulässigkeit von Ersatzansprüchen bei Überschreitung der Grenzen ableiten, welche der Gesetzgeber bei einer Inhaltsbeschränkung des Eigentums von Verfassungs wegen beachten muß. Daraus läßt sich aber noch nicht begründen, daß hier Ersatzleistungen früher einsetzen sollten als bei enteignend wirkenden Eingriffen; eher wäre die Ausgleichsschwelle noch höher anzusetzen als die Enteignungsschwelle.

Ein möglicher dogmatischer Ansatz liegt, im Anschluß an Untersuchungen zur Krankenhausfinanzierung, in folgendem: Wenn der Staat eine Eigentümerstellung tiefgreifend im Sinne eines neuen Rechte-Pflichten-Spannungsverhältnisses umgestaltet, so sollte nicht von Enteignung und Entschädigung gesprochen werden, sondern von einer verfassungskräftigen

Verpflichtung zu einer Kompensation der Pflichtbelastung durch staatliche Ausgleichsleistungen, dafür, daß der Eigentümer zugleich in unauscheidbarem Gemenge privater und öffentlicher Interessenverfolgung tätig wird. So ist die Lage im agrarischen Umweltrecht. Damit könnte sich in derart legitimierten Ausgleichsverpflichtungen die Eigentümerverantwortung im Umweltschutz überzeugend bewähren.

E. Vorsorgeprinzip und Eigentümerverantwortung

Das Vorsorgeprinzip entwickelt sich zu einem beherrschenden Grundsatz des Umweltschutzes[367], er könnte sogar einmal dieses Rechtsgebiet entscheidend zur Einheit prägen. Im Atomrecht vor allem entfaltet[368], steht die „Vorsorge" heute im Mittelpunkt des Imissionsschutzrechts, sie beginnt jedoch auch die agrarrechtliche Diskussion zu beherrschen, wie sich etwa beim Nitratproblem zeigt[369]: Auch hier wird mehr Vorsorge gefordert[370], und sie soll früher einsetzen. Einzelne Seiten der Vorsorgeproblematik sind bereits erheblich vertieft worden, eine überzeugende systematische Dogmatik gibt es zur Zeit (noch) nicht. Ihre Entfaltung kann hier ebenfalls nicht unternommen werden. Ein Beitrag dazu soll jedoch aus der Sicht einer Eigentümerverantwortung versucht werden, für welche das Vorsorgeprinzip offensichtlich von Bedeutung ist: Sein Hauptakzent liegt heute auf den vorsorgenden Maßnahmen des *staatlichen* Umweltschutzes[371]. Es fragt sich, ob daneben, oder in Verbindung damit, eine *„Eigentümervorsorge"* zu verstärken oder gar erst zu entwickeln ist. Vor allem aber drängt sich das Problem auf, *ob eine Verstärkung der Vorsorge nicht jene Eigentümerverantwortung* zurückdrängt, welche im Mittelpunkt dieser Untersuchung steht. Nimmt der Staat allzuvieles im Umweltschutz in seine vorsorgenden Hände — was bleibt da noch dem Bürger in seiner doch auch notwendigen zukunftszugewandten Verantwortlichkeit, führt nicht über Vorsorge ein Weg in die umweltschützende Staatskuratel? Und lösen sich nicht in der Dynamik dieses Begriffs die festen Konturen des Eigentums auf, welche diesem Rechtsinstitut wesentliche Legitimation verleihen?

---

[367] Siehe dazu vor allem neuerdings *Ossenbühl*, F., Vorsorge als Rechtsprinzip im Gesundheits-, Arbeits- und Umweltschutz, NVwZ 1986, S. 161 ff. m. Nachw.; *ders.*, DÖV 1981, S. 1 (4 f.).

[368] Vgl. f. viele *Breuer*, R., DVBl 1978, S. 829 ff.*Bender*, B., NJW 1979, S. 1425 ff.; *Steinberg*, R., UPR 1984, S. 350 ff.

[369] Dazu *Nick*, T., AgrarR 1984, S. 297 ff.; *Breuer* und *v. Mutius*, in: AgrarR 1985, Beil. 2; *Knauber*, R., AgrarR 1985, S. 125 ff.

[370] *Knauber*, R., UPR 1986, S. 9 (11).

[371] Vgl. *Hötzel*, H. J., AgrarR 1985, S.337 (338).

I. Das Vordringen der Vorsorge

1. Der „allgemeine" polizeiliche Gefahrenbegriff und seine Erweiterung

a) Der Ausgangspunkt: Der polizeirechtliche Gefahrenbegriff — Umweltschutz zur Verhinderung einer „abstrakten Gefahr"

„Vorsorge" ist begrifflich mit „Gefahr" verbunden, ihr will sie begegnen, ohne eine solche verliert sie ihren eigentlichen Sinn. Als eine „Wette auf die Zukunft" nimmt sie die Herausforderung der Gefahr an, welche in der Zukunft liegt — die dogmatische Struktur beider Begriffe ist insoweit identisch.

Der Rechtsbegriff „Gefahr" hat sich im allgemeinen Polizeirecht entwickelt, nur bei ihm kann daher auch eine Untersuchung zum Vorsorgeprinzip ansetzen. Die allgemeinen Formeln gleichen sich und werden nahezu unverändert tradiert[372]: Gefahr ist die erkennbare, objektive, nicht entfernte Möglichkeit eines Schadenseintritts. Zwei Elemente bestimmen also von jeher diesen Begriff, auch in seiner neuen Entwicklung der Vorsorge: Der *„Schaden"*, seine Bedeutung, insbesondere nach seiner Größe (vgl. unten c) und die *„Wahrscheinlichkeit"* des Schadenseintritts (im folgenden b). Als entscheidend hat sich die Frage herausgestellt, ob das eine das andere kompensieren kann: Geringere Anforderungen an die Wahrscheinlichkeit bei vergleichsweise „großen Schäden", umgekehrt Ausreichen kleiner Schädigungen bei hoher Eintrittswahrscheinlichkeit.

Diese im Sicherheitsrecht entwickelten Lehren sind grundsätzlich auch im Umweltschutzrecht anwendbar, darüber besteht Einigkeit[373]. Diese Begrifflichkeit mag am technischen Sicherheitsrecht verfeinert und von dort vor allem in das Immissionsschutzrecht übernommen worden sein[374] — einen spezielleren Begriff der „Umweltgefahr", der sich in den erwähnten Grundelementen vom allgemeinen sicherheitsrechtlichen Gefahrenbegriff unterschiede, gibt es nicht. Eine andere Frage (dazu unten 2a) ist es, ob der Vorsorgebegriff auch im Immissionsschutzrecht „ausschließlich gefahrenorientiert" zu verstehen ist (dazu unten 2 a).

---

[372] Siehe f. viele *Götz*, V., Allg. Polizei- und Ordnungsrecht, 8. Aufl. 1985, S. 65 f.; *Drews / Wacke / Vogel / Martens*, Gefahrenabwehr, 9. Aufl. 1986, S. 220 ff.; *Friauf*, K. H., Polizei- und Ordnungsrecht, in- v. Münch, Besonderes Verwaltungsrecht, 7. Aufl. 1985, S. 201; *Rehbinder*, E. (FN 100), S. 1; *Schneider*, O., DBVl 1980, S. 406 ff.; *Murswiek* (FN 103), S. 83.

[373] Dazu etwa näher *Martens*, W., Immissionsschutzrecht und Polizeirecht, DVBl 1981, S. 597 (599); OVG Lüneburg, DVBl 1977, S. 347 (351); *Sommer*, H., DÖV 1986, S. 870 (873).

[374] *Rehbinder* (FN 100), S. 3; BayVGH DVBl 1979, S. 673 (675).

Die polizeirechtliche Unterscheidung zwischen *„konkreter" und „abstrakter" Gefahr* — letztere verstanden im Sinne einer generellen Wahrscheinlichkeit des Schadenseintritts — betrifft nicht die Wahrscheinlichkeit desselben, sondern allein die Betrachtungsform, aus der heraus eine solche angenommen wird. „Der Unterschied liegt nur in der Betrachtungsweise: bei der konkreten Gefahr „konkret", d.h. auf den Einzelfall, bei der abstrakten Gefahr „abstrakt-generell", also auf den typischen Fall bezogen. Eine konkrete Gefahr liegt danach vor, wenn in dem zu beurteilenden Einzelfall irgendwann, freilich in überschaubarer Zukunft, mit dem Schadenseintritt hinreichend wahrscheinlich gerechnet werden muß; eine abstrakte Gefahr ist gegeben, wenn eine generell-abstrakte Betrachtung für bestimmte Arten von Verhaltensweisen oder Zuständen zu dem Ergebnis führt, daß mit hinreichender Wahrscheinlichkeit ein Schaden im Einzelfall einzutreten pflegt und daher Anlaß besteht, diese Gefahr mit generell-abstrakten Mitteln, also einem Rechtssatz, insbesondere einer PolizeiVO, zu bekämpfen, was wiederum zur Folge hat, daß auf den Nachweis eines Schadenseintritts im einzelnen verzichtet werden kann"[375]. *Die „abstrakte Gefahr" ermöglicht also lediglich eine andere Art der Wahrscheinlichkeitsfeststellung*, gegenüber einer solchen, die sich auf Untersuchung des konkreten Falles beschränkt. Die Unterscheidung knüpft an die Distinktion zwischen Gefahrbekämpfung durch Normen und im Einzelvollzug an. Für das Umweltrecht ist sie daher nicht von primärer Bedeutung: Die Umweltgefahren sind ihrem Wesen nach in der Regel „abstrakte Gefahren", jedenfalls wandelt sich hier rasch die konkrete in eine abstrakte Gefahr, die Gefahrenabwehr wird denn auch möglichst bald vom Einzelbegriff in Normen transferiert. Die flächenübergreifende Notwendigkeit des Umweltschutzes, der Begriff „Umwelt" selbst als eines großen, überall und weithin durch vergleichbare Schadenserwartungen bedrohten Schutzgutes, legen ein „Hochrechnen der Gefährlichkeit" gewisser Verhaltensweisen nahe, von einer Belastung zur anderen. Daß hier Typisierung ihre Grenzen überschreiten könnte — denn um eine solche handelt es sich — auch mit Blick auf die Rechtsstaatlichkeit, darf nie aus den Augen verloren werden; und wenn die „Anlaßfälle" für die Annahme einer „abstrakten Gefahr" keine hinreichend festen Analogiebrücken darstellen, so bleibt auch hier der Nachweis der „konkreten Gefahr" sicher gefordert.

Abstrakte oder konkrete Gefahrenlage — das bezeichnet schon eine Frage, die vor allem von der Gerichtsbarkeit stets sorgfältig auf „problemverkürzende Gefahr" untersucht werden sollte, welche hier droht, und zwar gerade mit Blick auf das Vorsorgeprinzip, sozusagen in seinem Vorfeld: Wenn konkrete Gefahr anzunehmen und damit der Einzelfall zu untersuchen ist, so kann Vorsorge ebenfalls gefordert sein. In vielen Fällen wird sie hier aber doch mit weit größerer Vorsicht einzusetzen sein, vielleicht über-

---

375 BVerwG NJW 1970, S. 1890 (1892); vgl. auch BayVGH DVBl 1979, S. 673 (675).

haupt unnötig werden, weil sich eben im Einzelfall die Wahrscheinlichkeit doch besser abschätzen läßt als bei der abstrakten Gefahr; dort muß ja eine doppelt zukunftsbezogene Wahrscheinlichkeitsrechnung durchgeführt werden: zunächst hinsichtlich der Gefahrenwahrscheinlichkeit bei den „Anlaßfällen" selbst, sodann mit Bezug auf die Wahrscheinlichkeit des Gefahreneintritts bei den anderen Fällen, zu denen Analogie angenommen wird. Man mag diese beiden Prüfungen durch das Wort „Analogie" begrifflich gleichsetzen, an sich identisch sind sie doch nicht. Und deshalb führt — indirekt und mehr in den praktischen Auswirkungen als nach der dogmatischen Konstruktion — die Annahme einer „abstrakten" Gefahr im Ergebnis eben doch, vor allem in der Praxis, zu einer Erleichterung des Wahrscheinlichkeitsnachweises.

Weil also der abstrakte Gefahrenbegriff notwendig den Umweltschutz beherrscht, kann hier leicht erhöhter Handlungsbedarf für staatliche Vorsorge angenommen werden, der bei der Untersuchung der konkreten Gefahrenlage nicht bestünde. Die Gerichtsbarkeit muß insoweit auch die Entwicklung der Gesetz- und vor allem der VO-Gebung kritisch verfolgen, denn über den *abstrakten Gefahrenbegriff,* seinen zu raschen Einsatz, kann das Eigentum ausgehöhlt werden, das sich ja immer auf Rechte auf ein bestimmtes, ex definitione unauswechselbares Gut bezieht. Die Eigentümerverantwortung aber wird stets in erster Linie den konkreten Gefahren entgegentreten, die aus dem eigenen Grundstück drohen, zum Umweltschutz gegen „abstrakte Gefahren" ist sie meist schon wegen fehlender Information nicht in der Lage, dies ist wesentlich ein Begriff des staatlichen Umweltschutzes. *Gewährleistet muß aber bleiben, daß nicht im Namen einer auf abstrakte Gefahr ausgerichteten Vorsorge die an konkreter Gefährlichkeit orientierte Eigentümerverantwortung überrollt wird.* Ein Eintreten für sie bedeutet eine Warnung davor, die konkrete Gefahr im Umweltschutz zu vergessen.

b) Erweiterung des Gefahrenbegriffes durch „Gefahrenverdacht" und „Gefahrenerforschung"

„Gefahr" ist von rechtlicher Bedeutung als Grundlage von Pflichten des Bürgers, Rechten der Staatsgewalt zu ihrer Bekämpfung. Immer dann vollzieht sich also eine Erweiterung des Gefahrenbegriffes, wenn zu diesem Zwecke die Rechte zum Staatseingriff erweitert werden. Eine solche Entwicklung ist, mit Bedeutung für das Vorsorgeprinzip, „von der konkreten zur abstrakten Gefahr", wie dargestellt, im Umweltschutz angelegt, sie vollzieht sich auch, wiederum hier besonders akzentuiert, über jenen „Gefahrenverdacht", dem mit „Gefahrenerforschung" begegnet werden soll, wenn letztere nicht geradezu verdachtsunabhängig erfolgt.

„Gefahrenverdacht" genügt, nach allgemeinem Sicherheitsrecht, nicht als Legitimation für staatliches Eingreifen[376]. Dies ist nicht unbestritten[377], die Diskussion wird aber im Grunde lediglich um die Frage geführt, ob ein bestimmter Sachverhalt im Hinblick auf möglichen Schadenseintritt weiter erforscht werden darf, um dessen Wahrscheinlichkeit näher zu bestimmen. Anerkannt ist, daß Spezialgesetze dies vorsehen können[378], ja es kann sogar eine Nachweispflicht dessen festgelegt werden, der den Ausgangstatbestand „möglicher Gefahr" setzt[379]; dieser Begriff sollte allerdings vermieden werden; „Möglichkeit einer Möglichkeit" gibt es nicht, „Gefahrenverdacht" bezeichnet in Wahrheit nur das Problem der Zulässigkeit einer Gefahrenerforschung, dies zeigt sich vor allem im Immissionsschutzrecht, wo es um die Schließung von Wissenslücken geht[380].

Gefahrenerforschung wird grundsätzlich für zulässig gehalten[381], und dies ist zunächst dann der Fall, wenn der Sachverhalt bereits die Möglichkeit einer Störung nahelegt, so daß eine Präzisierung der Wahrscheinlichkeit erforderlich ist. Wollte man hier die Staatsgewalt zur Untätigkeit verpflichten, so könnte sie unter Umständen gar nicht mehr gegen diese „Gefahr" einschreiten, sie hätte den Schadenseintritt abzuwarten. Dennoch werden hier *Tendenzen zur Ausweitung des Gefahrenbegriffs* sichtbar — in doppelter Hinsicht:

— Die Staatsinstanz prüft im Ausgangspunkt gar nicht mehr, ob denn hier bereits von einer „Gefahr" die Rede sein kann, ob der Schadenseintritt nicht nur denkbar, sondern auch möglich, d. h. in gewissem Sinne eben doch „naheliegend" ist. Sie untersucht also die Wahrscheinlichkeit der Hypothesen zu Beginn ihres Erforschungs-Eingriffs gar nicht, obwohl dies doch ein, wenn auch vorgezogener, Teil der Gefahren-Wahrscheinlichkeitsprüfung sein muß. Damit wird im Ergebnis die Wahrscheinlichkeit überdehnt, zumindest besteht eine Versuchung dazu — der Gefahrenbegriff wird auf solchem Wege unzulässig ausgeweitet; denn nichts anderes steckt ja hinter der Problematik der „Gefahrenerforschung". Dann findet auch *Vorsorge* hier einen kaum mehr beschränkbaren Einsatzraum: Die Staatsgewalt darf sich nicht nur, im Rahmen möglicher „Denkbarkeiten", unbekümmert auf Gefahrensuche begeben, sie kann auch das Ergebnis ihrer Nachforschungen in Vorsor-

---

[376] *Götz* (FN 372), S. 70/1 m. Nachw.

[377] *Schneider*, O., DVBl 1980, S. 406 (408).

[378] *Götz* (FN 372), S. 70 f.

[379] *Götz* -(FN 372).

[380] Zum „Gefahrenverdacht" in diesem Bereich vgl. OVG Lüneburg, GewArch 1980, S. 203 (206); siehe auch *Murswiek* (FN 103), S. 383.

[381] *Friauf* (FN 378); *Götz* (FN 372), S. 71; BayVGH UPR 1986, S. 442 (443, m. weit. Nachw., 445).

gemaßnahmen bereits vorwegnehmen. Dieses Wesen der Vorsorge wird hier besonders problematisch: Solange sie erkannter Gefahr begegnet, wird sie durch die „Wahrscheinlichkeit" des Schadenseintrittes darin rechtlich und tatsächlich beschränkt. Bewegt sie sich jedoch nur im kaum beschränkbaren Raum der „Denkmöglichkeiten", so wird sie „entscheiden, als wenn sie schon erforscht hätte". Nimmt sie sonst in Gefahrenabwehr nur die Entwicklung der Realität vorweg — und darin liegt der legitime Sinn jeder Vorsorge — so antizipiert sie hier nun, bei der Gefahrenerforschung, sozusagen „ihr eigenes Verhalten", mit der fatalen möglichen Folge, daß dies nicht nur mit grundsätzlich überschießender Tendenz erfolgt, sondern sogar noch die Gefahrenerforschung selbst lähmt: *Was bereits vorsorglich verhindert ist, dessen Eintrittswahrscheinlichkeit braucht gar nicht mehr untersucht zu werden.*

— Nach geltendem Gesetzesrecht[382] sind im Falle *erkannter Gefahren* Maßnahmen primär gegen den Störer zu richten. Soweit es sich dagegen um die Ermittlung eines Sachverhalts handelt, etwa um die Prüfung, ob eine zu beseitigende Störung überhaupt gegeben sei, steht im Vordergrund die *behördliche Amtsermittlung*, die nur in bestimmtem Umfang durch die Mitwirkungspflicht der Beteiligten ergänzt wird. „In einer Situation, in der vernünftige Zweifel möglich sind, ob Gefahren ... eintreten oder nicht eintreten werden, sind alle staatlichen Organe, mithin auch der Gesetzgeber (aus ihrer Gemeinwohlverpflichtung und im Hinblick auf Art. 1 Abs. 1 S. 2 GG; der Verf.), gehalten, alle Anstrengungen zu unternehmen, um mögliche Gefahren frühzeitig zu erkennen und ihnen mit den erforderlichen verfassungsmäßigen Mitteln zu begegnen"[383]. Wird nun die „Gefahrenerforschung" weit vorverlegt, so hat dies *auch* zur Folge, daß der Eigentümer praktisch vom inquirierenden Staat überrollt wird; da ihm nur sehr begrenzte Mitwirkungspflichten obliegen, wird man ihm auch keine weiterreichenden Rechte zubilligen, seine Eigentümerverantwortung wird wesentlich zurückgedrängt. Im Falle der „erkannten Gefahr" dagegen ist er primärer Adressat der staatlichen Anordnungen, damit auch in eigener Verantwortung der Partner des umweltschützenden Staates; denn dieser darf ja, schon nach dem Verhältnismäßigkeitsgrundsatz, nicht früher und tiefer eingreifen, als dies unter Wahrung der (insbesondere Eigentums-)Rechte des Betroffenen erforderlich ist, muß diesem also seine Eigentümerverantwortlichkeit belassen und ihn zunächst im Rahmen derselben handeln lassen. *Im Recht der Gefahrenabwehr sichert also schon die Verhältnismäßigkeit die Eigentümerverantwortung, bei „Gefahrener-*

[382] Vgl. etwa die Nachw. in BayVGH UPR 1986, S. 442 (443).

[383] BVerfG NJW 1979, S. 359 (361); zur Frage, ob Handlungs- oder Zustandsstörer bei der Beseitigung der Folgen sog. Altlasten in Anspruch zu nehmen sind, vgl. BayVGH BayVBl 1986, S. 590.

forschung" wird diese, auch aus der Adressatenlage heraus, in kaum übersehbarer Weise zurückgedrängt. Wiederum besteht für den Staat die naheliegende Versuchung, den Eigentümer insbesondere durch Vorsorgemaßnahmen aus seiner Verantwortung zu verdrängen, weil diese Gefahrenabwehr, ja letztlich sogar -erforschung, vorweggenommen wird.

Daraus ergibt sich, im Lichte gerade auch der Eigentümerverantwortung, die Forderung: Einen selbständigen Begriff der Gefahrenerforschung, neben dem der Gefahrenbekämpfung und -vorsorge, kann es nicht geben; im Namen von „Gefahrenverdacht" und „Gefahrenerforschung" darf der Gefahrenbegriff nicht ausgeweitet, die Eigentümerverantwortung dadurch nicht zurückgedrängt werden. Deshalb muß gelten: *Gefahrenerforschung nur als Fortsetzung von Gefahrenfeststellung, keine Gefahrenerforschung ohne bereits festgestellte Gefahr*[384].

c) Die „große Gefahr" als Wahrscheinlichkeitskompensation

Die Größe zu erwartender Gefahr und die Wahrscheinlichkeit ihres Eintritts sind die beiden Grundelemente jedes Gefahrenbegriffs. Zunächst mag es erscheinen, als müßten sie streng getrennt bleiben, beide erfüllt sein: Bei eindeutigen „Bagatellschäden" ist ebensowenig Gefahrenabwehr oder gar -vorsorge angezeigt, wie bei ganz und gar unwahrscheinlichen Großschädigungen. Von beidem ging bisher auch das Eigentumsrecht aus: Für beides galt die (erweiterte) Formel casum sentit dominus — der Kleinschaden braucht ohnehin den Staat nicht zu kümmern, er gehört zu den Normallasten des Eigentums, kann aus ihm heraus auch getragen werden; gegen die ganz unwahrscheinlichen Großschäden mag sich der Eigentümer versichern.

Doch hier haben die „technischen Großrisiken" eine einschneidende Veränderung des Bewußtseins gebracht. Wirklich „große" Schäden werden überhaupt nicht mehr hingenommen; da sie vernichtend wirken können, bedeutet selbst die auch nur ganz weit entfernte Möglichkeit ihres Eintritts eine „Gefahr". Die Atomgefahren vor allem haben hier ihre bewußtseinsverändernden Fernwirkungen seit langem entfaltet (vgl. auch unten 2). Doch es hat sich nicht nur eine Formel allgemein eingebürgert, nach der etwa der Eintritt gewisser Riesenschäden auch dann eine Gefahr darstellt, wenn ihre Wahrscheinlichkeit verschwindend gering ist; die Problematik hat sich eben auch nicht im Atomrecht auffangen lassen. Vielmehr ist es heute ganz herrschende Lehre im gesamten Recht der Gefahrenabwehr, daß an die

384 Dies allein entspricht auch der Judikatur des BVerfG, das (aaO.) ausdrücklich betont, Zweifel „am Eintritt der Gefahr" (nicht an deren Möglichkeit!) seien Voraussetzung staatlicher Eingriffsverpflichtungen.

Eintrittswahrscheinlichkeit um so niedrigere Anforderungen zu stellen sind, je größer der drohende Schaden ist[385]. Die Bedeutung dieser Formel ist nur selten kritisiert[386], sie ist in ihrer vollen Bedeutung wohl noch kaum erkannt worden. *Sie bedeutet die grundsätzlich vollständige Kompensationsmöglichkeit der Wahrscheinlichkeit durch die Größe des möglichen Schadens.* Dies ist von größtem Gewicht: Die Schwierigkeiten liegen ja praktisch für die staatliche Eingriffsgewalt meist nicht so sehr in der Feststellung etwaiger Schadenshöhe, als vielmehr in der Bestimmung des Wahrscheinlichkeitsgrades des Schadenseintritts, hier werden sich die Betroffenen auch in der Regel, oft mit Erfolg, zur Wehr setzen. Ist der Schaden groß — und es fällt ja vielfach nicht schwer, sich ihn für die Zukunft „noch größer" vorzustellen — so kann man die odiose Wahrscheinlichkeitsprüfung überhaupt fallen lassen. Vor allem aber: Wo immer die Beeinträchtigung von Interessen der Allgemeinheit droht, sind die Schäden häufig, ja fast schon ex definitione, angesichts der großen Zahl möglicher Geschädigter, so hoch, daß die Wahrscheinlichkeitsprüfung gänzlich vernachlässigt werden kann, und dies gilt vor allem im Umweltschutz. *Die Kompensationsformel Schadenshöhe-Wahrscheinlichkeit führt also im Umweltrecht dazu, daß der Wahrscheinlichkeitsmaßstab praktisch oft, wenn nicht in der Regel, völlig zurücktritt.* Wer wollte die Vergiftung von Tausenden „auch nur entferntest in Kauf nehmen"? Hinzu kommt, und dies ist von rechtlichem *und* politischem Gewicht, daß der „große Schaden" den Schadensbegriff selbst für die Verwaltung verändert. Die kleine Schädigung bleibt „Schaden" im herkömmlichen Sinne, sie ist bedauerlich, irgendwie aber doch reparabel. Der Großschaden dagegen ist zugleich ein Politikum, er ruft nicht nur Schäden bei unmittelbar Betroffenen hervor, sondern auch eine allgemeine Unruhe und Aufregung, welche, polizeirechtlich betrachtet, die öffentliche Ordnung zusätzlich nachhaltig stört und damit einen „weiteren Schaden" bedeutet; sogar von einem Spiralvorgang der Schadenssteigerung kann hier gesprochen werden: vom Betroffenenschaden zur Allgemeinheitsunruhe und zurück.

Für eine Umweltverwaltung, deren erstes politisches Gebot lautet ut scandalum evitetur, *muß* dies geradezu die Folge haben: Sind größere Schäden nicht mit Sicherheit auszuschließen, so ist einzugreifen. Für den Eigentümer hat es als Konsequenz, daß ihm zunächst die Beweislast für die Unschädlichkeit rechtlich (Pharmabereich) oder doch faktisch aufgebürdet wird, und daß seine Eigenvorsorge überdies hier von vornherein als ungenügend, damit weithin als unbeachtlich erscheint; denn eine solche Verantwortung kann doch kein Eigentümer im Umweltschutz tragen. Da schließlich

[385] *Friauf* (FN 372), S. 202; *Martens*, W. (FN 100), S. 597 (599); *Nicklisch*, F., NJW 1986, S. 2287 (2290); *Murswiek* (FN 103), S. 87, 126 f. *Steinberg*, R., UPR 1984, S. 350 (352); BVerfG NJW 1979, S. 359 (363); BVerfGE 53, S. 30 (57); BVerwG NJW 1970, S. 1890 (1892); OVG Lüneburg, DVBl 1977, S. 347 (351).

[386] Vgl. etwa *Ossenbühl* (FN 367), S. 162 f.

die „großen Schäden" unbedingt zu verhindern sind, ist auch *jede Vorsorge* durch die Staatsgewalt berechtigt. Im Ergebnis: Der umweltschützende Staat kann zu jeder Zeit alles tun, was noch irgend eine Geeignetheit zur Verhinderung von Großschäden aufweist. Hier gibt es dann Eigentümerverantwortung praktisch überhaupt nicht mehr.

Die Folge könnte nicht so schwer wiegen, läge hier nicht eine „Gleitformel" vor — „Vorsorge nach jeweiliger Schadenshöhe": Diese letztere kann leicht „absolut gesetzt werden". Denn eine *rein quantitative* Bestimmung der Schadenshöhe ist in vielen Fällen, vor allem beim Schutz von „Rechtsgütern von absoluter Wertigkeit", wie Leben und Gesundheit, gar nicht möglich[387]. Also ist hier *ein Ergebnis vorgezeichnet: Vorsorge allein nach (denkbarer, nicht nach wahrscheinlicher) Schadenshöhe — absolute Vorsorge für absolute Werte.* Was dies für einen Wirtschaftszweig bedeuten könnte, der laufend „Leben und Gesundheit produzieren soll", es aber auch ebenso ständig gefährden könnte, ist noch gar nicht abzusehen. Die Entwicklung des allgemeinen Gefahrenbegriffs hat jedenfalls bereits eine Lage geschaffen, in der einer umweltschützenden Vorsorge keine rechtlichen Grenzen mehr gezogen zu sein scheinen. Ein Blick auf das Immissionsschutzrecht mag dies jetzt noch bestätigen, bevor wieder die Frage der begrenzenden Wirkung der Eigentümerverantwortung gestellt wird.

2. *Die Steigerung der Vorsorgebemühungen im Immissionsschutzrecht und das agrarische Eigentum*

a) Von der „wahrscheinlichen Schädigung" zum „Ausschluß erheblicher Belästigung" — Vorsorge ohne wahrscheinlichen Schaden?

Die Entwicklung des Vorsorgeprinzips wird in letzter Zeit eindeutig beeinflußt, ja im wesentlichen getragen vom Immissionsschutzrecht. Die Erweiterung des Gefahrenbegriffes in Spezialgesetzen, welche schon bisher, aber nur auf einzelne Rechtsgebiete beschränkt, vor allem auf den Gesundheitsbereich, als zulässig angesehen worden ist, hat hier eine Breite erreicht, welche der „Vorsorge" allgemein eine veränderte dogmatische Struktur zu geben scheint. Dann aber stellt sich die Frage, wie sich dies im agrarischen Eigentumsbereich auswirkt.

Das Immissionsschutzrecht (§ 3 Abs. 1 BImSchG) sieht ein Einschreiten der Staatsgewalt nicht nur gegen Gefahren vor, sondern auch gegen die durch Immissionen herbeigeführten *erheblichen Nachteile* (Umsatzrück-

---

[387] Siehe dazu *Rehbinder* (FN 100), S. 2.

gang, Beeinträchtigung des persönlichen Lebensraums) oder erhebliche *Belästigungen* (Einwirkungen auf das körperliche oder seelische Wohlbefinden)[388]. Darin wird allgemein eine wesentliche Erweiterung des Gefahrenbegriffes gesehen[389] — mit Recht, sind doch die beiden Wesenselemente desselben, Schaden und Gefahr, hier entscheidend ausgedehnt:

— Der Schaden ist zum *„Nachteil" reduziert*; darin mag noch insoweit allein eine Klarstellung zu sehen sein, als nunmehr auch mögliche „Persönlichkeitsschäden" den Immissionsschutz auf den Plan rufen. Dann aber hätte es wohl dieser Präzisierung gar nicht bedurft, um so weniger, da sie durch den Begriff „erheblich" wieder relativiert wird: Erheblicher Umsatzrückgang ist auch nach Schadensersatzrecht eben ein — Schaden; Eingriffe in den persönlichen Lebensbereich können zu einem solchen Schaden nicht nur deshalb führen, weil die Nachteile, als Verletzung von Güterrechten, ja zu beziffern sind, sondern auch wenn klarer erkannt wird, daß es sich hier nicht um höchstpersönliche, sondern durchaus meist (zunächst) um vermögensrechtliche Schädigungen im herkömmlichen Sinne handelt. Können Fenster wegen Lärmeinwirkung nicht mehr geöffnet werden, so sind der betreffende Hauseigentümer oder sein Mieter im traditionellen Sinne „geschädigt", und zwar zunächst in ihrem Eigentum, es liegt nicht eine Gefahr vor, der Schaden ist bereits eingetreten.

  Hier zeigt sich eine bedenkliche Tendenz, welche im gesamten Gefahren-Vorsorgebereich festzustellen ist: Entsprechend der Überbetonung der Rechtsgüter von Leben und Gesundheit bei den Regelungspflichten des Gesetzgebers[390], wo das „Eigentum" als Schutzgut deutlich aber unberechtigt zurücktritt, findet auch hier nun, ganz allgemein, eine „Personalisierung des Gefahrenbegriffs" statt: Der Staat greift ein zum Schutze persönlicher, nicht „materieller" Rechtsgüter, obwohl doch die Beeinträchtigung letzterer meist durchaus feststellbar und quantifizierbar wäre. Hier kann nicht entschieden werden, ob darin etwas von der seit Generationen in der Deutschen Rechtsgeschichte vorgebrachten Kritik an der „vermögensrechtlichen Materialisierung", vielleicht unbewußt, weiter webt, in der uns das römische Recht von persönlichkeitsgeprägten germanischen Rechtsauffassungen entfernt habe; von solcher vermögensrechtlicher Betrachtungsweise löst sich jedenfalls ersichtlich das Bundesimmissionsschutzrecht mit seinen Begriffen „Nachteil" und „Belästigung", zugleich allerdings von der alten Weisheit, daß der vermögensrechtlich zu beziffernde Schaden für den Richter

---

[388] *Götz* (FN 372), S. 66 f. Vgl. allg. noch *Martens* (FN 100), S. 598.

[389] Siehe f. viele *Steinberg*, R., UPR 1984, S. 350 (352); *Ronellenfitsch / Wolf*, NJW 1986, S. 1955 (1959).

[390] Vgl. etwa BVerfGE 53, S. 30 (57); 56, 54 (73).

in aller Regel weit klarere Entscheidungsgrundlagen bereitstellt als irgendein „Persönlichkeitsnachteil", der eben deshalb, nicht aus einer Geringschätzung der „Persönlichkeit" heraus, stets möglichst „materialisiert" werden sollte. Hinter dieser Entwicklung mag allerdings auch, viel mehr an der Oberfläche, der Versuch stehen, den Umweltbürger stets zuerst als „Menschen" zu sehen, nicht als Eigentümer oder Träger sonstiger vermögenswerter Rechte und Pflichten; als ersterer wählt er ja in der Demokratie, nicht in seiner letzteren Eigenschaft. Daß dem ein grundsätzlich verfehltes Demokratieverständnis zugrunde liegt[391], kann hier nur angedeutet werden. Jedenfalls wäre eine solche Unqualifizierung der Eingriffsvoraussetzungen notwendig gewesen, hätte man den Sinngehalt des Eigentums ausgeschöpft.

Ob man nun darin eine Erweiterung der Eingriffsbefugnisse sehen will oder nicht — immerhin werden nun „erhebliche" Nachteile und Belästigungen verlangt, andererseits wird die „Gefahr" noch neben diesen Begriffen verwendet — eine *Ausdehnung gegenüber der klassischen Gefahr liegt im Begriff der „Belästigung"*, sie ist, im Sinne der alten Molestierung, eben gerade noch nicht eine gefahrenmäßige Belastung der öffentlichen Sicherheit und Ordnung. Das Wort läßt in jedem Fall wesentlich weitergehende Umwelteingriffe seitens der Staatsgewalt zu, gerade dort, wo bisher allenfalls nachbarrechtlicher Interessenausgleich versucht werden konnte, also primär doch Eigentümerverantwortung angesprochen war. Der Staat soll seine Bürger in ihrem Freiheitsraum nicht „molestieren" — ist er dazu da, Molestierungen zwischen ihnen zu verhindern?

— Eine deutliche Ausweitung vollzieht sich nun aber hinsichtlich der *Wahrscheinlichkeit*: Vom Anlagenbetrieb dürfen keine Immissionen ausgehen, welche „geeignet" sind, schädliche Umwelteinwirkungen hervorzurufen, und dies muß „sichergestellt" werden. Selbst wenn der hier allgemein verwendete Begriff des „Risikos"[392] dabei nicht im Sinne eines über jede Gefahr hinausreichenden Gefahrenverdachts zu verstehen sein sollte[393], und wenn auch hier ein „Restrisiko" nie ganz auszuschließen ist[394] (dazu noch näher unten b), so verlangt doch die „Sicherstellung", daß nicht einmal emittiert werden darf, was auch nur

---

[391] Immerhin wird ja, auch in diesem Zusammenhang, der Vorsorgegrundsatz als ein „politisches Prinzip" hervorgehoben, vgl. etwa *Rehbinder* (FN 312), S. 87; *Ossenbühl* (FN 367), S. 164 ff.

[392] Vgl. für viele BVerfGE 55, S. 250 (254).

[393] In diesem Sinne wohl *Papier*, H. J., DVBl 1979, S. 162; *Bender*, B., NJW 1979, S. 1425 (1429); a. A. *Breuer*, R., NJW 1979, S. 1862 (1866); *Ossenbühl*, F., DÖV 1981, S. 1 (3); *Knauber*, R., UPR 1986, S. 9 (12).

[394] BVerwGE 55, S. 250 (254).

„geeignet" sein könnte, Belästigungen hervorzurufen, daß der *Wahrscheinlichkeitsbegriff als solcher eliminiert werden solle;* er bezieht sich ja stets nur auf das, was der Mensch in einer gegebenen Lage überhaupt voraussehen *kann*, nach seinem aktuellen Kenntnisstand. Das Immissionsschutzrecht kann dies nicht auch noch verschärfen, es ist aber hier bis an die möglichen Grenzen gegangen: Nichts darf in Kauf genommen werden, was vorhergesehen werden könnte. Daß dieser „rein intellektuelle Standard" viel weiter reicht als jedes Wahrscheinlichkeitsdenken, liegt auf der Hand; denn keine Begriffskunststücke führen daran vorbei: Nach der Erkennbarkeit (allenfalls) ist gefragt, nicht nach der Wahrscheinlichkeit des Eintritts von Erkanntem, eine reine Möglichkeitsfrage wird gestellt, nicht eine solche der Wahrscheinlichkeit[395]. Beides zu trennen ist aber dem Recht stets aufgegeben.

Daß die Begriffskonturen dieser Regelung unscharf und klärungsbedürftig sind, gerade wenn man sie nun wieder, etwa über Restrisiken, relativiert[396], ist zu Recht betont worden[397]. Dies gilt erst recht, wenn hier die *Zukunftsorientierung* unterstrichen[398], das Wesen des Immissionsschutzes gerade in seiner „Prognosebegrifflichkeit"[399] gesehen wird. Dann muß hier eine „Dynamisierung" des Rechtsgüterschutzes[400] die Folge sein, welche erst recht die Zukunft in Vorausschau noch überholen will — in *Vorsorge*.

Denn dieser Begriff wird damit *entscheidend erweitert*, wie auch stets in diesem Zusammenhang betont wird[401]. Ist Vorsorge wesentlich gefahrenbezogen, wie es dem klassischen Ordnungsrecht entspricht (vgl. oben 1 am Anfang), so ist sie durch die Größe zu erwartenden Schadens, vor allem aber durch den Wahrscheinlichkeitsmaßstab von vornherein und doch einigermaßen faßbar eingegrenzt. Wird der größere Schaden zur „Belästigung" herabgestuft, die Wahrscheinlichkeit durch reine technische Voraussehbarkeit ersetzt, so muß die Vorsorge entscheidend aktiviert werden: Sie hat nicht Wahrscheinlichkeiten auszuschließen, sondern mögliche Schadensursachen in jedem Fall und unbedingt

---

395 Die Kausalitätsabschwächung betont *Krohn*, G., DVBl. 1986, S. 745 (748).

396 Dargestellt bei *Martens* (FN 100), S. 598.

397 Siehe etwa *Rehbinder* (FN 312), S. 87; *Breuer* (FN 25), S. 545; krit. zu den Begriffsgrenzen auch *Kutscheidt*, E., Landmann / Rohmer, GewO III, Umweltrecht, 1 B ImSchG 1, 7.

398 *Martens* (FN 100), S. 602/3; *Feldhaus*, BImSchG, 2. Aufl., 1.2., § 5; *Friauf* (FN 100), S. 202/3.

399 BVerwGE 55, S. 250 (265/6); *Feldhaus*, aaO.; *Knauber*, R., UPR 1986, S. 9 (12).

400 Siehe etwa *Murswiek* (FN 103), S. 181 f.

401 Bei allen seit FN 388 zitierten Autoren klingt dies an, steht häufig im Mittelpunkt ihrer Überlegungen.

als solche zu beseitigen. Fraglich ist, ob dann überhaupt noch von „Vorsorge" gesprochen werden kann: Das Gesetz verbietet, hic et nunc, die Existenz von Schadensursachen, sie werden hier und jetzt beseitigt, und zwar nicht mit Blick auf spätere, „wahrscheinliche" Schäden, sondern weil es derartige Schadensquellen „von vornherein" nicht geben darf. Ein gefährliches Gebäude wird abgerissen, weil es nicht unwahrscheinlich ist, daß jemand zu Schaden kommt; zu hoher Verkehrslärm ist abzustellen, nicht, weil anzunehmen ist, jemand werde belästigt, sondern wegen der wesentlichen „Belästigungseignung" der Veranstaltung. Hier ist mehr gegeben als eine abstrakte Gefahr, hier besteht, ohne jeden Blick auf eine Gefahr, ein ordnungswidriger Zustand. Es wird nicht „für den Fall vorgesorgt", die aktuelle Lage der Allgemeinheit soll verbessert werden, der „Tag X" spielt gar keine begriffliche Rolle mehr.

Das ist weit mehr als ein dogmatisch-begrifflicher Unterschied. Die (künftig auftretenden) Gefahren werden als heutige Realität gesetzt, diese wird in „Vorsorge" beseitigt, die aber keine „Vorsorge" ist, sondern die Beseitigung einer aktuellen Störung der öffentlichen Sicherheit und Ordnung. Im Begriff der „Vorsorge" lag bisher nicht nur etwas von der „guten", den Bürger schützenden Obhut, ein Rest von behaglichem Wohlfahrtsstaat, sondern vor allem eine *wesentlich begriffliche Schranke*: Sie mußte sich jeweils aus der Wahrscheinlichkeit legitimieren. Dieser Verpflichtung ist die „Vorsorge" nun enthoben. Ihr Blick richtet sich auf „die Anlagen heute", Vorsorge ist, ganz einfach, zur Überwachung geworden, doch der positive Unterton des „Vorsorglichen" begleitet sie auch heute noch.

Können die Grundsätze einer solchen Überwachungs-Vorsorge auf die Agrarwirtschaft angewendet werden? Wenn es geschieht, gibt es Landwirtschaft nicht mehr. Wenn alle Veranstaltungen verhindert werden müssen, welche geeignet sind, erhebliche Belästigungen für gewisse Bürger hervorzurufen, so darf nichts mehr angebaut werden, denn die Eignung des Landbaus zur Vergiftung einzelner oder gar vieler läßt sich nicht leugnen. Und erkennbar ist dies ebenfalls schon heute — nur ist eben der Schadenseintritt nicht wahrscheinlich. Mit dem deutlich industriebezogen erweiterten Vorsorgebegriff des Immissionsschutzrechts lassen sich begrifflich die agrarischen Umweltprobleme überhaupt nicht mehr erfassen. Eine laufend TÜV-geprüfte Landwirtschaft, in der Intensität überwacht, welche früher bei „gefährlichen Anlagen" allein eingesetzt wurde — das wäre das Ende jeder agrarischen Eigenverantwortung.

b) Das „Restrisiko" — zurück zur „wahrscheinlichen Gefahr"

Im Zuge des Umwelt-Bewußtseinswandels haben Rechtsprechung und Rechtslehre, weithin kritiklos, die Sozialbindung des Eigentums überdehnt, nun versucht man, dies durch das dogmatische Kunststück der Gewährung von Kompensation für unerträgliche Pflichtbindung zu korrigieren (vgl. oben D am Ende). Ein ähnlicher Vorgang läuft im Bereich der Gesetzgebung und Gesetzesauslegung ab: Von den Verschärfungen des Atomrechts ausgehend ist die Vorsorge im Immissionsschutzrecht allgemein soweit gesteigert — übersteigert — worden, daß dies, beim Wort genommen, das Ende der industriellen Produktion bedeuten müßte. Nun werden dogmatische Dämme dagegen errichtet, nachdem der große Damm gebrochen scheint, der Verfassungsschutz des Eigentums. Und wieder beginnt es im Spektakulären, mit atomrechtlichen Betrachtungen.

Ein *Restrisiko* müsse hingenommen werden. Selbst im Atomrecht wird es akzeptiert (§ 7 Abs. 2 Nr. 3 AtomG), von dort aus werden nun Überlegungen für das gesamte Umweltrecht angestellt[402]. Die herrschende Lehre bejaht den Begriff in einer Allgemeinheit, welche seine Anwendbarkeit für das Umweltrecht im ganzen nahelegt[403]. Das BVerfG hat, für das Atomrecht, ausgeführt, daß „angesichts der Art und Schwere möglicher Gefahren bei der friedlichen Nutzung der Kernenergie bereits eine entfernte Wahrscheinlichkeit ihres Eintritts genügen muß, um die Schutzpflicht des Gesetzgebers konkret auszulösen"[404]. Ebenso, wenn nicht erst recht, muß dann die Verwaltung eingreifen.

Bemerkenswert ist hier bereits der Streit darüber, ob dies nur für die „Risikovorsorge bei nicht erkannten Gefahren" anzuwenden, oder sogar auf die „Abwehr erkannter Gefahren" auszudehnen ist[405]. Die Lehre verspürt offenbar Unbehagen bei dieser Unterscheidung, insbesondere ist die Annahme einer „gefahrenunabhängigen Vorsorge" eben dogmatisch noch nicht bewältigt; hier zumindest soll das „Restrisiko" Übersteigerungen ausschließen. Die Versuche zu einer Definition lassen nun aber die ganze Problematik sichtbar werden, die sich zeigen muß, wenn man den gesicherten, klassischen Gefahrenbegriff mit seiner Wahrscheinlichkeit des Schadenseintritts aufgibt, zu einer „Vorsorge ohne Gefahr" übergehen will. *Das*

---

[402] *Steinberg*, R., UPR 1984, S. 350 (352); *Ladeur*, K. H., UPR 1986, S. 361 (368); *Bender*, B., NJW 1979, S. 1425 (1427, 1429).

[403] *Martens* (FN 100), S. 599; *Breuer* (FN 25), S. 549; BVerfG NJW 1979, S. 359 (363); BVerfGE 53, S. 30 (55 f.); BayVGH DVBl 1979, S. 673 (675).

[404] BVerfGE 49, S. 89 (141 f.); 53, S. 30 (57).

[405] Im letzteren Sinne *Breuer*, R., NJW 1979, S. 1862 (1866); *ders.* (FN 25), S. 550; vgl. auch *Steinberg*, R., UPR 1984, S. 350 (353); dagegen *Bender*, B., NJW 1979, S. 1415 ff.; siehe zum ganzen auch *Ladeur, K. H., UPR 1986, S. 361 ff.*

Restrisiko läßt sich, als spezieller Rechtsbegriff des Umweltrechts, *nicht befriedigend definieren*, selbst wenn man von der Extremproblematik des Atomrechts ausgeht. Bezeichnet man als „Restrisiko" das „rein Denkbare", das „lediglich theoretisch Vorstellbare", so mag dies dem Richter einleuchten, der gegenüber komplizierter Wissenschaftlichkeit reagiert. Dogmatisch ist dies aber unzulässig: Geht man vom Wahrscheinlichkeitsstandard ab, so gibt es nurmehr Denkbares und Undenkbares, ersteres muß jedenfalls verhindert werden. Einer Gegenüberstellung von „theoretisch" und „praktisch" muß widersprochen werden, welche das Restrisiko etwa in einem Schadenseintritt sehen will, der nach „praktischer Vernunft" ausgeschlossen erscheint[406]. Naturwissenschaftlich betrachtet ist das theoretisch Mögliche stets auch praktisch möglich, mag die Wahrscheinlichkeit noch so gering sein, sonst könnte es „theoretisch" nicht, d.h. aber dann überhaupt nicht gedacht werden. Die sprachlich naheliegenden Verbindungen zur Unterscheidung von „praktischer" und „reiner" Vernunft führen hier in die Irre; für die Rechtswissenschaft überdies wäre eine Unterscheidung zwischen „theoretisch" und „praktisch" Anzunehmendem erst recht unerfreulich, hier würden ohnehin schon bestehende Gräben zwischen „Praxis" und „Theorie" vertieft, diese letztere, damit aber vor allem Dogmatik und Rechtswissenschaft, sähen sich abgewertet.

Dies alles zeigt nur eines: *Auf den Wahrscheinlichkeitsmaßstab kann nicht verzichtet werden*, auch nicht im Umweltrecht, nicht einmal im Atomrecht. Ein Restrisiko kann immer nur an dem Risikobegriff ausgerichtet werden, er aber beruht nicht auf „reinen Möglichkeiten" oder „Denkbarkeiten", sondern auf Wahrscheinlichkeiten eines Schadenseintrittes, ebenso wie im Falle der klassischen Gefahr. Mit dem (neuen) Begriff Risiko ist aber ebensowenig grundsätzlich gewonnen wie mit dem „Restrisiko"; gemeint ist immer nur eines: In Kauf genommen wird die „entfernte oder ganz entfernte" Wahrscheinlichkeit des Schadenseintritts. Da man dies, vorwiegend aus politischen Gründen, nicht deutlich auszusprechen wagt — daß nämlich auch bei noch so gut gesicherten Atomanlagen eine solche ferne Gefahr bleibt und als solche in Kauf genommen werden muß —, flieht man in einprägsame Worte, welche die „Gefahr" verbal eliminieren sollen, man unterscheidet also „Risiko" und „Gefahr" und streitet darüber, ob Restrisiko nur bei letzterer oder sogar bei ersterem bestehen bleiben darf — indem man die Begrifflichkeit (Risiko — Gefahr) damit schon wieder verwirrt. Richtig kann nur sein: Restrisiko ist in beiden Fällen hinzunehmen, denn Risiko ist eben auch Gefahr, und Restrisiko bedeutet „entfernte Wahrscheinlichkeit des Schadenseintritts".

Sobald man wieder den politischen und juristischen Mut aufbringen wird, dieser „weit entfernten Gefahr" eben doch — ins Auge zu sehen, wird erneut

---

[406] *Breuer*, R., NJW 1979, S. 186ff.; vgl. auch BVerfG NJW 1979, S. 359 (363).

Begriffsklarheit einziehen, heute kann sie keine noch so überzeugende Dogmatik schaffen. Wenn es wieder zu allgemeiner Überzeugung wird, daß der Mensch immer und überall „gefährlich lebt", daß im Umweltschutz Gefahren nie völlig auszuschließen sind, so kann es nur um ein nicht mehr primär juristisches Problem gehen: wie hoch die Anforderungen an die Wahrscheinlichkeit im einzelnen sein müssen, damit es möglichst nicht zum Schadenseintritt kommt. Hier kann das Recht letztlich nur ganz allgemeine Begriffe zur Verfügung stellen — nahe, fernere, entfernte, weit entfernte — aber immer doch „Wahrscheinlichkeit"; und dabei sollte man es auch bewenden lassen, der Rest ist Naturwissenschaft und Technik.

„Restrisiko" bedeutet bereits die Umkehr, zurück in die Wahrscheinlichkeitsrechnung, ohne welche Immissionsschutz impraktikabel würde. Dies ist auch eine Chance für die Agrarwirtschaft: Wenn auch bei ihr die „weit entfernte Wahrscheinlichkeit eines Schadenseintritts" nicht zu staatlichem Umweltdirigismus führen darf, so kann sie ihren Frieden mit dem Umweltschutz machen. In den meisten Fällen sind Schädigungen hier wirklich nurmehr sehr weit entfernte Wahrscheinlichkeit[407]. Im Zusammenhang mit dem Restrisiko ist auch noch eine Bemerkung zum zweiten Element im Gefahrenbegriff veranlaßt, zu dem — eben doch — hier zurückgekehrt werden muß: *zur Höhe des möglicherweise eintretenden Schadens.* Hier zeigt sich, daß eine „Kompensation" geringerer Wahrscheinlichkeit durch größeren Schaden nur sehr in Grenzen möglich ist (dazu oben 1 c). Dies mag bei Atomgefahren die Versuche motiviert haben, den Schadenseintritt auf „aller-entfernteste", „geradezu als theoretisch erscheinende" Wahrscheinlichkeiten beschränken zu wollen[408]. Hier aber gerät man gerade dann in unlösbare Probleme, wenn man von der Bedeutung des gefährdeten Rechtsgutes, insbesondere von Leben und Gesundheit ausgeht, was aber gerade die Verfassungsrechtsprechung trägt: Ist denn das Leben nur *eines* Bürgers kein Höchstwert, seine Gesundheit etwa „weniger wert" als die von 10 oder 100 anderen Bürgern? Wenn dies aber Höchstwerte sind — und nach dem Grundgesetz kann daran kein Zweifel bestehen —, so sind sie es nicht nur kollektiv, sondern auch individuell, Additionen bedeuten hier nichts. Dann aber müßten zuerst alle Motorräder, bald alle Kraftfahrzeuge, schließlich die meisten Maschinen verboten werden . . .

Ein Zusammenrechnen von „Leben und Gesundheiten", von denen einzelne „geopfert" werden, ist rechtlich und ethisch unerträglich, die Demokratie wird in jedem ihrer Bürger vernichtend getroffen, hier haben weder

[407] Was allerdings nicht allein in zeitlichen Horizonten auszudrücken ist: Artenverarmung kann auch erst in ferner Zukunft voll (negativ) wirksam werden, dennoch schon heute „Gefahr" sein; eine andere Frage ist, ob hier wirklich der Allgemeinheit und der Landwirtschaft nichtkompensierbare Schäden drohen.

[408] Wie in der Rechtsprechung des BVerfG (vgl. FN 403) geschehen.

verkappte Mehrheitsvorstellungen von „Vorrechten einer großen Zahl" einen Platz, noch Sündenbocküberlegungen, welche über Schädigungen einzelner Bürger im allgemeinen Prosperitätsinteresse hinweggehen. Beschäftigung mit der Vergangenheit, daran muß erinnert werden, läuft in menschenunwürdigen Bahnen, wenn sie sich vor allem mit der Vernichtung von Millionen beschäftigt: Genausoviel wert war der einzelne Mensch, der aus solchen Gründen sterben mußte.

Der Addition „höchster Güter" muß entschiedener Widerstand entgegengesetzt werden, dann aber kann hier auch keine unbedingte staatliche Schutzverpflichtung bestehen, wenn viele gefährdet werden, solange nicht jeder einzelne unbedingt geschützt wird. Wird sein Tod, in gewissen Grenzen, in Kauf genommen, so kann dies auch beim Tod mehrerer, vieler, sehr vieler nicht unter allen Umständen ausgeschlossen werden, so grausam dies klingen mag, und es geschieht ja auch täglich, aus der Verfassung lassen sich hier Grenzen wohl kaum gewinnen, hier ist der Gesetzgeber gefordert, wieviel an Risiko er hinnehmen will. Die Verfassungsrechtsprechung vermag dabei ohnehin nur Blankettformeln zu bieten, sie war wohl, im Atomrecht wenigstens, überhaupt auf einem Holzweg: Sagt das Grundgesetz denn etwas darüber aus, um wieviel mehr wert die Leben von Bürgern einer Kleinstadt sind, die durch ein Atomkraftwerkunglück getötet werden können, im Verhältnis zu täglich getöteten Verkehrsteilnehmern? Und wenn der Gesetzgeber hier (durch Untätigkeit) ständig der allgemeinen Prosperität Opfer bringen darf, vielleicht muß — warum nicht auch bei der Kernenergie?

Dies alles betrifft auch die Agrarwirtschaft: Wenn schon die wahrhaft „vernichtenden Risiken" der Atomindustrie nur zu strengen Sicherheitsauflagen, nicht zu Verboten führen, wenn dies alles mit der Wahrscheinlichkeit des Schadenseintritts abnehmen muß, so gibt es sicher Bereiche, die strengerer Kontrolle bedürfen, etwa Einwirkungen auf das Grundwasser; und ein solches Gebot mag auch aus der Verfassung abgeleitet werden. Ein völliger Risikoausschluß, etwa durch totale Düngungsverbote, ist hier aber nicht gerechtfertigt, wenn „nicht einmal" bei Atomanlagen jedes Restrisiko auszuschließen ist. Der Restrisikobegriff gibt also der Landwirtschaft schon heute Handlungsspielraum für die Entfaltung von Eigentumsverantwortung, sollte dies immer deutlicher leisten können, solange man an ihm festhält.

Für die *Vorsorge* aber bedeutet dies: Ein Restrisiko kann sie nie ausschließen, an der Wahrscheinlichkeit eines Schadenseintritts muß sie sich auch im Umweltrecht letztlich ausrichten. Unzulässig wäre es, im Umweltrecht einen anderen Vorsorgebegriff annehmen zu wollen. Heute verbreitete Vorstellungen in diesem Rechtsbereich zeigen, wie wenig dies bewußt ist: „Es ist ein weiterer Hauptzweck des (BImSch)Gesetzes, bereits dem Entstehen schädlicher Umwelteinwirkungen vorzubeugen *und damit Umweltschädigungen von vornherein zu vermeiden*, sowie auf lange Sicht die bestehenden

Umweltbelastungen zu verringern — sogenanntes Vorsorgeprinzip (Herv. v. Verf.)"[409]: So darf „Vorsorge" hier nicht verstanden werden, nicht zuletzt auch im Interesse der Eigentümerverantwortung, auf welche nun noch besonders zurückzukommen ist.

Ergebnis

Das Vorsorgeprinzip entwickelt sich zu einem beherrschenden Grundsatz des Umweltrechts. Durch übersteigerte Staatsvorsorge könnte die Eigentümerverantwortung ausgehöhlt werden.

„Vorsorge" will Gefahren entgegenwirken. Auszugehen ist hier vom *allgemeinen Gefahrenbegriff des Polizeirechts,* der auf die zu erwartenden Schäden und die Wahrscheinlichkeit ihres Eintritts abhebt. Die Unterscheidung von *„konkreter" und „abstrakter" Gefahr* betrifft nur die Art der Wahrscheinlichkeitsfeststellung — Blick auf den Einzelfall, oder analog typisierende Betrachtung, „von Anlaßfällen auf andere" schließend. Im Umweltrecht treten häufig abstrake Gefahren auf, Eigentümerverantwortung ist oft an der konkreten Gefahr orientiert; dieser Begriff darf aber nicht, zugunsten genereller Annahme einer Gefahrenlage, allzuweit zurückgedrängt werden.

Durch den Begriff des *„Gefahrenverdachts"* wird der Gefahrenbegriff erweitert, die Wahrscheinlichkeit des Schadenseintritts soll erst durch „Gefahrenerforschung" näher geklärt werden. Dies ist nur insoweit zulässig, als bereits bei Aufnahme der (weiteren) Gefahrenermittlung eine, wenn auch entfernte, Gefahr vorliegt. Anderenfalls würde vor allem das Vorsorgeprinzip überdehnt werden: Verhindert dürfte bereits werden, was als Gefahr noch gar nicht feststeht, was aber vorsorglich verhindert worden ist, dessen Eintrittswahrscheinlichkeit braucht dann gar nicht mehr untersucht zu werden ... Gefahrerforschung wird überdies von Amts wegen betrieben, hier wird, mehr als bei der Abwehr voll erkannter Gefahren, der Eigentümer ausgeschaltet, seine Verantwortung jedenfalls zurückgedrängt.

Die „große Gefahr" wird heute zur Kompensation fehlenden Wahrscheinlichkeitsnachweises eingesetzt; je größer der mögliche Schaden, desto ferner mag er liegen. Bei „Großrisiken" wird dann allein aus der möglichen Schadenshöhe auf Vorsorgenotwendigkeit geschlossen, das *Wahrscheinlichkeitskriterium wird durch das der Möglichkeit des Schadenseintritts ersetzt.* Dies trägt dann die Forderung „absolute Vorsorge zum Schutz absoluter Werte" — es könnte zu unabsehbaren Belastungen gerade für jene Landwirtschaft führen, die ständig und weitgehend Leben und Gesundheit der Bürger bedingt.

---

[409] *Kurscheidt* (FN 397), unter Hinw. auf die Abgeordneten *Konrad* und *Schäfer.*

Im *Immissionsschutzrecht* vor allem haben sich die Vorsorgebemühungen intensiviert: Nun soll sichergestellt werden, daß auch erhebliche Nachteile und Belästigungen ausgeschlossen sind, nicht nur Gefahren. Darin liegt eine bedenkliche Personalisierung des bisherigen Gefahrenbegriffs; in Abkehr von vermögensrechtlicher Schadensbestimmung wird teilweise von aus der Persönlichkeitssphäre akzentuierten Begriffen ausgegangen, bei denen Beeinträchtigungen an sich schon schwerer faßbar sind und überdies (durch „Belästigungen") in schwer absehbarer Weise noch zusätzlich ausgeweitet werden können. Mit der Wendung, es müsse „sichergestellt werden", daß nichts geschehe, was „geeignet sei", solche Beeinträchtigungen hervorzurufen, wird der Wahrscheinlichkeitsmaßstab überhaupt aufgegeben. Der *Vorsorgebegriff* ist dann entscheidend erweitert — es ist zulässig, „Belästigungsgeneigtes" sogleich abzustellen, ohne einen Blick auf den „Tag X" des Eintritts von Nachteilen. Damit wird die wesentliche begriffliche Schranke der Vorsorge aufgegeben, die sich stets aus der Wahrscheinlichkeit legitimieren mußte — Vorsorge wird zur allgemeinen präventiven Überwachung.

Im Begriff eines jedenfalls in Kauf zu nehmenden „*Restrisikos*" versuchen Rechtsprechung und Lehre, diese Übersteigerungen staatlicher Umweltüberwachung zu korrigieren, zu denen es vor allem durch eine Betrachtung mit Blick auf die Extremfälle der Atomrisiken gekommen ist. Auch hier zeigt sich aber, daß auf einen Wahrscheinlichkeitsmaßstab nicht verzichtet werden kann, einen speziellen Begriff des „Umweltrisikos" kann es nicht geben, Risiko bleibt Gefahr, Restrisiko bedeutet die (besonders) entfernte Möglichkeit des Schadenseintritts. Restrisiko kann nicht in Gegenüberstellung von „theoretischer Denkbarkeit" und „praktischer Vernunft" beim Schadenseintritt bestimmt werden. „Rein Denkbares" gibt es in Naturwissenschaft und Technik nicht, es ist auch keine Kategorie rechtlicher Betrachtung.

Hier hat sich eine atomrechtlich orientierte Verfassungsrechtsprechung in schwer überwindliche Schwierigkeiten verstrickt: Sie will verfassungsrechtliche „Höchstwerte" sichern (Leben und Gesundheit), nimmt jedoch eine Addition solcher Werte als Schutzgut etwa gegenüber atomaren Katastrophen vor. Dies ist grundsätzlich unzulässig. Verdient aber jedes einzelne Leben solchen Schutz, so müßten am Ende etwa alle Kraftfahrzeuge verboten werden. Nicht die Verfassung setzt hier Maßstäbe, der Gesetzgeber hat zu entscheiden, was er im Gemeinschaftsinteresse an Risiken (noch) in Kauf nehmen will.

Restrisiken sind also — jedenfalls grundsätzlich — in Kauf zu nehmen, das Recht kann hier nur Worte zur Verfügung stellen (besonders weit entfernte Wahrscheinlichkeit). Die *Agrarwirtschaft* sieht sich dann weitgehend von staatlicher Überwachung befreit, von einzelnen Bereichen (Grundwasserschutz) abgesehen. Auch die „Vorsorge" des Staates ist entsprechend zurückzunehmen; sie kann nicht darauf gerichtet sein, „Umweltschädigungen von vornherein zu vermeiden".

II. Eigentümerverantwortung — Grundlage und Schranke sachgerechter Vorsorge im Umweltrecht

1. Die Kritik am übersteigerten Vorsorgeprinzip — Vorsorge in rechtsstaatlichen Grenzen

a) Die ungeklärte Dogmatik des Begriffs — Vorsorge gegen Unbekanntes? — Keine Vorsorge ohne Gefahr

Erstaunlich ist es schon, daß bei einem Begriff, der seit Jahren im Mittelpunkt der Diskussion, der Aktivitäten, ja des Aktivismus von Gesetzgebung und Verwaltung steht, dogmatische Vertiefung noch immer aussteht, die Gefahren einer Übersteigerung erst seit kurzem klar erkannt worden sind[410]. Sie können gar nicht überschätzt werden: Wuchernde Vorsorge höhlt nicht nur das Eigentum aus, sie hebt überall die Freiheit aus den staatlichen Angeln, kann zum Kernbegriff eines „ganz anderen politischen Regimes" werden, selbst wenn heute nur wenige sie so verstehen und wollen — was vermöchte die Staatsgewalt nicht im Namen (noch) unerkannter „Gefahren", als Kompensation von Wissensdefiziten, welche uns, den Zauberlehrlingen inmitten einer neuen Technik, lediglich deutlicher bewußt werden?

Und doch hat die Lehre bisher, soweit ersichtlich, zur dogmatischen Erfassung der Vorsorge kaum mehr beizutragen vermocht als den Hinweis auf (noch) nicht erkannte Gefahren, auf technisch-naturwissenschaftliche Wissenslücken, welche eben „einstweilen" in Vorsorge geschlossen werden müssen[411]. Dabei wird mit einer gewissen Leichtigkeit die doch nicht nur im Atomrecht immer wieder betonte *Bedeutung eines Umweltschutzes nach dem jeweiligen Stand von Naturwissenschaft und Technik*[412] behandelt: Wenn schon von solchen Standards auszugehen ist, weil mehr an Erkenntnis ja ex definitione nicht möglich erscheint — wo soll dann der Raum der Vorsorge liegen, etwa grundsätzlich jenseits von Naturwissenschaft und Technik? Vorsorge als Kompensationsbegriff für Wissenslücken ist begrifflich abwegig, dies wäre nichts als eine „Begrifflichkeit des an sich Irrationalen". Wenn „alles unbekannt" ist, Verursachung, Wahrscheinlichkeit, ja der Schaden selbst[413] — wie kann dann mehr Rationalität erreicht, Hysterie verhindert werden[414], wenn dies im Namen eines Begriffes der Vorsorge geschehen soll, der Aktionen jenseits des rational Erfaßbaren legitimiert?

[410] Von *Ossenbühl* (FN 367), insbes. S. 166 f.

[411] Siehe f. viele *Martens* (FN 100), S. 603 m. Nachw.; *Kutscheidt* (FN 397), 7; *Bender*, B., NJW 1979, S. 1425 (1428); *Rehbinder* (FN 312), S. 88.

[412] Etwa BVerfGE 53, S. 30 (58/9); vgl. *Bender*, aaO., S. 1430; siehe auch *Martens* (FN 100), S. 600; *Rehbinder* (FN 100), S. 41; BVerwGE 55, S. 250 (254); *Kloepfer*, M., VerwArch 1985, S. 371 (394 ff.); *Bugl*, J, UPR 1986, S. 401 f.

[413] So unter Hinweis auf das Waldsterben *Ossenbühl* (FN 367), S. 166.

[414] Wie es *Ossenbühl*, aaO., mit Recht fordert.

Deutlich muß einmal ausgesprochen werden: Aktionismus als Ersatz von fehlender Erkenntnis darf es nie und nirgends geben, am wenigsten in der Demokratie. Wo immer durch Vorsorge eine „ganz weit entfernte, rein theoretische Gefahr" weder mit erkennbarer Wahrscheinlichkeit auszuschließen ist noch verringert werden kann, ist Vorsorge rechtswidrig und muß unterbleiben. Ein Staat, der Erkenntnisse durch Eingreifen ersetzen will, könnte mehr zerstören als eine Atomkatastrophe.

Gemeint sein kann nur etwas *ganz anderes: Wenn die Gefahr erkannt ist — die möglichen Schäden ebenso wie auch eine, wenn auch weit entfernte, Wahrscheinlichkeit ihres Eintritts — jedoch noch nicht voll geklärt erscheint, wie dem begegnet werden könnte, so ist es im Rahmen der Vorsorge zulässig, nach den geltenden technisch-naturwissenschaftlichen Standards Gegenmaßnahmen zu ergreifen, welche vielleicht mit ebenfalls nur weit entfernter Wahrscheinlichkeit den Schadenseintritt verhindern können.* Dies allein kann Vorsorge bedeuten, mit anderen Worten: Der Begriff betrifft nicht die Gefahr, sondern die Gegenmaßnahmen, er kompensiert nur hier Erkenntnisdefizite, nicht bei der Erkenntnis der Gefahr. Einen gefahrengelösten Vorsorgebegriff kann es nicht geben, Vorsorge, verstanden als „Vorsicht" bei nicht nur nicht nachgewiesenen, sondern nach Erkenntnisstand gar nicht nachzuweisenden Schäden[415], wäre unerträglich. Die Notwendigkeit der *Gefahrenkoppelung* gilt nicht nur für die Gefahrenabwehr, sondern auch bei der Vorsorge[416]. „Das zur Abwehr eingesetzte Mittel muß der Gefahr angepaßt sein, der es begegnen soll" — und dies letztere ist ja gerade wesentlicher Sinn jeder Vorsorge: einer Gefahr begegnen. Die bereits oben (E am Anfang) herausgestellte wesentliche Gefahrenbezogenheit jeder Vorsorge bestätigt sich damit.

b) Der Vorsorgestaat — Ende aller Freiheit — Verhältnismäßigkeit als Schranke der Vorsorge

Daß nach dem Staat gerufen wird, wenn bisher unbekannte Gefahren auftreten — denn dies trägt die Umweltbewegung —, entspricht historischer Erfahrung und politischer Notwendigkeit: Ein systematisch-flächendeckendes Einschreiten gegen weit entfernte Risiken ist der Privatinitiative nicht zuzumuten, dieses — Risiko ist meist für sie zu hoch. Wenn aber schon der Staat gegen „weit entfernte Gefahren Vorsorge trifft", denn mehr kann Vorsorge nie sein, so darf dies nicht überall und ohne Grenzen geschehen, sonst steht jede Freiheit ungeschützt zur Staatsdisposition. Zum Wesen der Freiheit gehört ja deren Gefährlichkeit, malo periculosam libertatem ist das Credo der Demokratie. Wenn die Opposition die Außen- oder sogar die

---

[415] Siehe etwa *Rehbinder* (FN 312), S. 87; *Murswiek* (FN 103), S. 256.

[416] BVerfGE 25, S. 112 (120).

Innenpolitik der Regierung heftig und systematisch angreift, ist die Gefahr keineswegs von der Hand zu weisen, daß dies zur Beeinträchtigung von Interessen des Staates führen kann, die sich in bald konkret faßbaren Schädigungen niederschlagen, bis hin zu großen vermögensrechtlichen Verlusten für die Gemeinschaft. Wer hier „vorsorgen" will, muß Opposition verbieten. Bei gewissen avantgardistischen Veröffentlichungen lassen sich ungünstige Wirkungen auf die Jugend, auf die allgemeine Moral keineswegs ausschließen. Wer wollte behaupten, dies sei weniger gefährlich als Darmbeschwerden durch verseuchtes Trinkwasser? Also müßten „vorsorglich" Zensur und Index eingeführt werden, und über solche „Vorsorge" ist dies denn auch viele Generationen lang legitimiert worden. Von Unvergleichbarkeit kann hier nur sprechen, wer engen Blicks seine heutigen Probleme überbewertet. Kurz: Am Ende des Vorsorgestaates steht notwendig der Wächterstaat, denn übersteigerte Vorsorge wird zur reinen, schrankenlosen Überwachung.

Deshalb ist nicht nur der Gefahrenbezug aufrecht zu erhalten, *Verhältnismäßigkeit bleibt oberstes Gebot der Vorsorge*, hier müssen die durch sie zu beschränkenden Rechtsgüter abgewogen werden gegenüber den zu schützenden. Diese Verhältnismäßigkeit wird bisher zuwenig betont[417]. Ihre Abwägung ist sicher besonders schwierig: Deutliche, gegenwärtig wirkende Vorsorgebelastungen stehen ja meist weit entfernten Rechtsgüterverletzungen gegenüber. Abwägung ist an sich schon problematisch, wenn sie, wie hier, zwischen grundrechtlich geschützten Rechtsgütern (Eigentum - Gesundheit) zu erfolgen hat, die Verfassung dabei Gewichtungsmaßstäbe kaum zur Verfügung stellt. Kommt dazu noch die weitere Schwierigkeit der Abwägung von gegenwärtig-Sicherem gegenüber zukünftig-Wahrscheinlichem, so kann dies nur zu einem Ergebnis führen: in dubio für den Schutz des Gegenwärtigen. Und es wird eben allzu oft in einer immer weniger eigentumsbewußten Welt übersehen, daß ja Vorsorge nicht nur grundrechtliche Werte schützt, sondern eben zugleich andere ebensolche, und zwar bereits heute, belastet, insbesondere das Eigentum.

In der *Agrarwirtschaft* zeigt sich dies ganz klar. Hier soll mit zum Teil schwer belastenden Auflagen, etwa im Bodenschutz, eine Vorsorge gegen Schädigungen getroffen werden, deren Wahrscheinlichkeit bestritten ist, jedenfalls aber in weitester Ferne liegt. Hier ist in der Tat daran zu denken: Vorsorge ist ein „Vorsichtsprinzip" auch darin, daß man — vorsichtig mit ihr umgehen sollte. Vorsorge als „vorsorglich Minimierung" ohne Rücksicht auf Schädigungsgrenzen, ist unannehmbar[418].

---

[417] Ausnahmen machen *Jarass*, H. D., DVBl 1986, S. 314 (316); *Murswiek* (FN 103), S. 249 ff., und auch *Ossenbühl* (FN 367), S. 164 f., 167.

[418] Zutr. betont von *Ossenbühl*, aaO., S. 166.

c) Bestimmtheit — nach Sachbereichen

„Das Vorsorgeprinzip" — wenn man überhaupt generell von einem solchen sprechen will, was schon problematisch erscheint — ist so allgemeiner Natur, daß die generellen Grundsätze des Verwaltungshandelns hier besondere Bedeutung erlangen: neben der Verhältnismäßigkeit, systematisch schon vor ihr, vor allem der *Bestimmtheitsgrundsatz.* Umweltschutz ist insoweit eben auch „Polizei", daß sie sich grundsätzlich mit den traditionellen polizeirechtlichen Maßen messen lassen muß.

Wird „Bestimmtheit" nur aus der Sicht des *Anordnungsadressaten* definiert, so ist sie auch in diesem Sinne bei der Umweltvorsorge keineswegs immer gegeben. Dem Landwirt können nicht allgemeine Minimierungspflichten (angeblicher) Umweltbelastung auferlegt werden, die Bestimmtheit verlangt in diesem Bereich in aller Regel klare, naturwissenschaftlich-technisch bestimmte und daher auf solchen Wegen kontrollierbare Standards.

Es fragt sich aber doch, ob nicht auch die *Bestimmtheit der Gefahrenlage*, der durch Vorsorge Rechnung getragen werden soll, für die rechtsstaatliche Bestimmtheit der Vorsorgemaßnahme von Belang ist. Werden hier Geschütze auf gänzlich unscharfe Ziele gerichtet, so ist erhebliche Unsicherheit beim Abfeuern der Kanonen die fast notwendige Folge, wenn „in der Zukunft flatternde Objekte" getroffen werden sollen. Die Unbestimmtheit des Zieles führt auch schon deshalb oft zur „Unbestimmtheit der Maßnahmen", weil diese beim Adressaten ja regelmäßig „mit Blick auf das Ziel" ausgelegt und verstanden werden müssen. Bei der Anwendung der vielen und unbestimmten Rechtsbegriffe aus Naturwissenschaft und Technik kann hier auch der Richter leicht überfordert werden. Nähert man sich dann Vorsorgeformulierungen und Geboten „alles zu unterlassen, was ... schädigen könnte", so ist der Bestimmtheitsgrundsatz verletzt. Hier kann nur strenge richterliche Kontrolle der Vorsorge helfen, damit sich nicht „vorsorgliche Vorsorge" entwickelt.

Eine Erkenntnis kann die Bestimmtheit der Vorsorge schon wesentlich steigern: daß es *keinen einheitlichen Vorsorgebegriff für alle Rechtsgebiete geben kann*[419], weil eben jeder Sachbereich seine eigenen Gefahren, seine spezifischen Schädigungen und Wahrscheinlichkeiten aufweist. Sie als „typisch" im betreffenden Sektor zu erkennen, steigert die Präzision, in der dann auch sachgerechte Vorsorge überzeugend wirken kann. Wer die Rechtsstaatlichkeit und die Klarheit bewahrt, stets an die Freiheit denkt und ihre Verhältnismäßigkeit, der wird auch die Vorsorge in sachlichen Grenzen halten; denn unsere Zeit sollte nicht nur durch deren Übersteigerung ihre technischen Ängste abreagieren, sondern auch — Angst vor der Vorsorge

[419] Klar herausgestellt von *Ossenbühl*, aaO., S. 168 f.

haben, sie könnte eine größere Kulturgefahr werden als manches, was sie ausschließen soll, und gerade in ihr liegt die vernichtende Neigung zur Kettenreaktion . . .

2. *Eigentümerverantwortung als Rahmen, Fortsetzung und Ersatz der Staatsvorsorge — Eigentümervorsorge*

Hier nun schließt sich der Kreis dieser Betrachtungen: Vorsorge findet ihre Schranken vor allem am Eigentum, an der Eigentümerverantwortung, insbesondere deshalb, weil ja auch diese letztere auf Vorsorge gerichtet sein muß.

Auf die *Bedeutung des Eigentums als Abwägungsgesichtspunkt* im Rahmen der entscheidenden Verhältnismäßigkeitsprüfung der Vorsorgemaßnahmen wurde bereits hingewiesen (oben 1 b). Hier kann es auch nicht etwa einen generellen „Vorrang der Gesundheit" geben, solange dieser Begriff nicht eng im Sinne schwerer oder gar lebensbedrohender Schädigungen verstanden wird. Ein Bürger kann nicht wegen jeder leichten Belästigung vom anderen Verzicht auf dessen Eigentum verlangen. „Vorrang des Immateriellen" ist ein sinnleeres Schlagwort, ebenso die angebliche Priorität „persönlicher" vor den „materiellen" Rechtsgütern — diese letzteren werden ja laufend, über die freie Entscheidung der Berechtigten, in persönlichkeitsbezogene Werte transformiert und sind in diesem Sinne selbst wesentlich persönlichkeitsbezogen.

Die Umwelt ist nicht ein Garten Eden ohne Schranken, in dem sich der vorsorgende Umwelthüter frei bewegen könnte, ohne Rücksicht auf Nutzungsrechte der Bürger; und die Regelung der Nutzung öffentlicher Güter darf eben nicht die Existenz privater Güter ignorieren.

Das *Eigentum* zieht aber der staatlichen Vorsorge im Umweltschutz nicht nur Schranken, es *motiviert und orientiert* sie auch. Im Namen des Umweltschutzes sollen ja nicht nur Leben und Gesundheit geschützt und der Allgemeinheit Annehmlichkeiten verschafft werden. Wichtig ist auch Sicherung und Steigerung von Eigentumswerten, schon im Interesse der Volkswirtschaft. Was sich also im parallelen Interessenbereich zugleich der betroffenen Eigentümer *und* der Allgemeinheit an Vorsorgemaßnahmen anbietet, sollte stets Vorrang haben bei jener Abschätzung der Zukunft, die doch im Ergebnis viel an Beurteilung, ja an Ermessen beläßt.

Alles was vorstehend (insbesondere unter B) zu den Parallelinteressen Eigentümer - Gemeinschaft gesagt wurde, betrifft auch die wenig problematischen Vorsorgeräume, sie müssen daher zuerst ausgefüllt werden, weiter gehen darf die Staatsgewalt nur, wenn dann noch immer deutlicher Handlungsbedarf besteht. Echte Bodenwertsteigerungen durch Umweltschutz — nicht zu verwechseln mit reiner, forcierter Ertragssteigerung — ist nicht nur leichter durchzusetzen, sie ist ein rechtliches Gebot für den Staat, aus jenem Eigentumsrecht heraus, das hier weniger oder gar nicht getroffen wird. Wenn aber dabei auch einmal ein „Vorsorge-Umweg über gleichzeitigen Schutz von Eigentumsinteressen" zu gehen ist, so sollte dies der technischen Effizienz nicht geopfert werden, weil damit rechtliche und politische Effizienz zugleich gesteigert werden können.

Vorsorge des Staates muß nicht nur vor der Schranke des Eigentums Halt machen, sich an diesem orientieren, sie kann dort auch *Unterstützung, ja Ersatz für eigene Tätigkeit finden.* Wird der Landwirt rechtzeitig, vollständig, überzeugend über die Bedeutung der Artenvielfalt oder einer bestimmten Düngedisziplin gerade auch in seinem eigenen Interesse und dem des Wertes seines Grundstücks, seiner „unmittelbaren Umwelt" aufgeklärt, so wird er nicht nur in aller Regel selbst tätig werden, er wird sich dies gar nicht nehmen lassen; und er wird dann diese *Eigentümervorsorge flexibler und kontinuierlicher* einsetzen als es je eine bürokratiegesteuerte Staatsmaschine zu leisten vermöchte.

Eigentümervorsorge liegt im Begriff der Eigentümerverantwortung, denn nur in Vorsorge kann der heutige Besitzer schaffen und erhalten, was er eines Tages — verantworten muß im wahrsten Sinne des Wortes, vor seinen Erben bei Hofübergabe, oder selbst beim Verkauf, wo es sich ihm im Kaufpreis zeigt. Weil das Eigentum für den Eigentümer in erster Linie, vielleicht nur für ihn, das eigentlich „Kontinuierliche" darstellt, ein Gut, das um solcher Kontinuität willen gerade in der Landwirtschaft gehalten wird, darf Eigentümervorsorge im Namen der Eigentümerverantwortung erwartet werden, sie ergibt sich geradezu aus dem Wesen dieser zukunftszugewandten Rechtsfigur. Der Eigentümer ist ja letztlich der einzige, der in jedem Falle die Folgen versäumter Vorsorge zu tragen hat, er oder diejenigen, in denen sich seine Rechtspersönlichkeit fortsetzt.

Eigentümervorsorge ist private Vorsorge, hier kommen alle besonderen Kräfte des Privaten zum Tragen, vor allem etwas Vorsorgegünstiges: die erfinderische, initiative Gestaltung im Einzelfall. Vorsorge bedarf ihrer gerade, ist sie doch auf Lagen gerichtet, die heute nur unter Einsatz einer gewissen naturwissenschaftlichen wie juristischen Phantasie erkannt werden können, denen nur auf solcher Grundlage in ihrer weit entfernten Gefährlichkeit angemessen Rechnung getragen werden kann. Der normativ bestimmte, administrativ arbeitende Mechanismus der Staatlichkeit vermag dies nur selten vergleichbar zu leisten, Behördenphantasie bleibt ein Wunsch, Eigentümerphantasie ist tägliche Realität. Und bei ihr vor allem kann jene Behutsamkeit erwartet werden, welche ein „Umgang mit ferner Zukunft" verlangt.

In vielen Fällen kann dem einzelnen Eigentümer großflächige Vorsorge nicht zugemutet werden, das große künftige Risiko scheint ja nicht ihn zu belasten, oder es scheint ihm mit dem kleinen Teil tragbar, der auf ihn trifft. Dann ist der Vorlauf der Staatsvorsorge legitim, ja gefordert. Sie aber sollte, sobald wie möglich, in Eigentümervorsorge übergeleitet oder mit dieser doch verbunden werden. Eigentümervorsorge als Fortsetzung von Staatsvorsorge — das verlangt von den Umweltschutzinstanzen eine *rahmenmäßig angelegte Vorsorge*, die dann vom Eigentümer verfeinernd fortgesetzt werden kann. Daß dieser dabei zugleich eigene Interessen mit einbringt, stärkt nur eine Kontinuität, ohne welche Vorsorge versagt. Vorläufige und rahmenmäßige Gestaltungen sollten, soweit irgend möglich, vor allem staatliche Vorsorge stets prägen.

Staatliche Umweltvorsorge ist also eine große Gefahr für die Eigentümerverantwortung — deshalb ist sie aus ihren Übersteigerungen auf den sicheren Boden der polizeilichen Gefahrenabwehr zurückzuführen. Zugleich aber zeigt sie sich als noch größere *Bewährungschance der Eigentümerverantwortung*, welche sie ihrerseits überflüssig machen, zumindest ihre rahmenmäßigen Vorgaben verfeinernd spezialisieren kann. Vorsorge gegen den Eigentümer ist nur in engen Verfassungsgrenzen möglich; bei Vorsorge mit ihm zusammen findet der Staat der Eigentümer kaum Grenzen.

F. Ausblick: Eigentümerverantwortung — Subsidiarität und „Eigentum als Freiheit“, „Freiheit als Eigentum“

Umweltschutz durch Eigentümer — darin findet das Subsidiaritätsprinzip eine besonders überzeugende Bestätigung[420]. Selbst wenn es keinen allgemeinen Verfassungsgrundsatz darstellen sollte, sich immer nur in Einzelbereichen, Einzelnormierungen zeigt —, im Umweltschutz ist die Interessenparallelität Staat - Bürger so deutlich, daß sich diese Subsidiarität zu rechtlich faßbaren Entscheidungen verdichtet, zugunsten der Priorität der Bürgerverantwortung, jedenfalls aber der Achtung ihrer Autonomie durch die „größere Einheit“, die Gemeinschaft.

Das Staat-Bürger-Verhältnis wird sich kaum je vollständig in Subsidiaritätsformen erfassen lassen; in gewissen Bereichen treten diese deutlich hervor, solange freiheitsrechtlich begründete Liberalität herrscht. Dem punktuellen Charakter der Grundrechtsverbürgungen entsprechen dann auch punktuelle Bereiche ins Rechtsregelhafte gesteigerter Bedeutung der Subsidiarität. Ein solcher Raum ist der Umweltschutz heute, vor allem im Bereich der Agrarwirtschaft. Hier jedenfalls laufen Eigentümer- und Staatsinteressen derart in die gleiche Richtung, daß vom Staat Zurückhaltung verlangt, weil auf den Bürger vertraut werden darf. Weithin wird er Umweltschutz schon im eigenen Interesse, „intensiver wollen“ als irgendein Parlament, eine Behörde — und deshalb auch besser leisten; sicher nicht überall. Gerade dann aber kann ihn eine Staatsgewalt, wo es wirklich nötig ist, überzeugend zurückdrängen, wenn sie ihm in Subsidiarität Raum gegeben hat.

Nachdenken über Subsidiarität ist eine ewige Aufgabe; Erfolge bringen nur konkrete Betrachtungen, hier ist eine solche versucht worden.

Und ein letztes nocht zur Freiheit: Von ihr war immer schweigend auf diesen Blättern die Rede, wenn vom Eigentum gesprochen wurde. Denn wie das BVerfG betont: „Soweit es um die Funktion des Eigentums als Element der Sicherung der persönlichen Freiheit des Einzelnen geht, genießt dieses einen besonders ausgeprägten Schutz“[421]. Diese persönliche Freiheit liegt

[420] Vgl. *Isensee*, J., Subsidiaritätsprinzip und Verfassungsrecht, 1968, der in diesem Zusammenhang die individuelle Freiheit als Grundlage der Subsidiarität besonders betont, vor allem S. 272 f.

[421] BVerfGE 50, S. 290 (340 m. RV), std. Rspr.

vor allem in jener Nutzung der Eigentumsgüter, in welcher eine echte Eigentümerverantwortung zum Ausdruck kommt, wie sie Art. 14 Ab. 2 GG will: zugleich im eigenen Interesse und dem der Allgemeinheit. Wenn sie zu erwarten ist, darf dem Bürger die Eigentümerverantwortung nicht beschnitten werden, denn der aktiv-vorsorgende Bürger steht näher bei der Freiheit als der passiv-genießende. *Eigentum als Freiheit — das bedeutet ein Verfassungsgebot der Achtung der Eigentümerverantwortung.*

Aber auch die Umkehr muß wieder bewußt werden: *Alle Freiheit hat etwas von einem Eigentum an sich* — nur dann kann ein Eintreten für sie vom Bürger verlangt werden, wenn sie ihm auch „ganz besonders und greifbar zugeordnet ist, ihm gehört" — wie eben im Eigentum. Im Namen dieser „verdinglichten Freiheit", zu ihrem Schutz, wird er weit stärker aktiv werden als noch so gemeinwohlorientierte andere Bürger oder Verbände — zum Schutze eben *seiner* Umwelt, von der ihm ein Stück gehört, in Betätigung „seiner" Freiheit, die er hier fassen kann.

Umweltschutz durch Eigentümer — das ist zuallererst eine Wette auf das Vermögen des mündigen Bürgers, seine „wohlverstandenen Interessen" selbst zu begreifen und zu verfolgen. Und sollte sie selbst verloren werden, so muß sie der Demokrat nochmals halten: weil damit die Freiheit im Eigentum erkannt, im Eigentum Freiheit vom Bürger ganz angeeignet wird.

Ergebnis

Die Dogmatik des Vorsorgebegriffs ist noch weitgehend ungeklärt — obwohl Vorsorge ein Zentralprinzip des Umweltschutzrechts darstellt, und aus übersteigerter Vorsorge schwere Gefahren für das Eigentum drohen, für die Freiheit überhaupt.

Vorsorge kann nicht Kenntnislücken über den Schaden, die Kausalität, die Wahrscheinlichkeit des Schadenseintritts schließen, sie darf nicht Rationalität schlechthin ersetzen. Dies folgt gerade aus der Verpflichtung, die technisch-naturwissenschaftlichen Standards zu beachten. Der *Gefahrenbezug der Vorsorge muß unbedingt erhalten bleiben*: Ein Schaden muß mit einer, wenn auch weit entfernten, Wahrscheinlichkeit zu erwarten sein. Das Recht der Vorsorge bezieht sich dann auf die zu ergreifenden Gegenmaßnahmen, auch sie müssen mit wenigstens weit entfernter Wahrscheinlichkeit geeignet sein, den Schadenseintritt zu verhindern.

Ein „Vorsorgestaat" könnte das Ende aller Freiheit bedeuten. Zur Verhinderung weit entfernter Gefahren kann alles verboten werden, von der politischen Opposition bis zu jeder beliebigen Veröffentlichung. *Der Verhältnismäßigkeit* kommt daher hier entscheidende Bedeutung zu; in ihre

Abwägungen müssen auch die Eigentümerinteressen mehr als bisher einbezogen werden.

Vorsorge verlangt Bestimmtheit — vom Landwirt kann nicht nur verlangt werden, daß er gewisse Einwirkungen „möglichst minimiere". In der Regel sind klare technisch-naturwissenschaftliche Standards gefordert. Auch die Gefahrenlage, auf die sich die Vorsorge bezieht, darf nicht allzu unbestimmt sein, sonst wird die Anordnung ebenfalls unbestimmt, sie darf nicht dahin gehen, „alles zu unterlassen, was schädigen könnte". Zur Gewährleistung rechtsstaatlicher Bestimmtheit muß auf einen einheitlichen Vorsorgebegriff für alle Rechtsgebiete verzichtet, es muß ein solcher bereichsspezifisch entwickelt werden.

Die Eigentümerverantwortung ist Rahmen, Fortsetzung und Ersatz der Staatsvorsorge im Umweltschutz. Das Eigentum muß hier als Schranke stärker beachtet werden. Doch es kann staatliche Vorsorgemaßnahmen auch orientieren in dem Sinne, daß dort mit Vorrang beachtet werde, was auch den betroffenen Eigentümern nützt. Schließlich kann *Eigentümervorsorge* in vielen Fällen staatliche Maßnahmen unnötig machen, sie ersetzen oder fortsetzen. Vorsorge ist für den Eigentümer eine vorrangige Verpflichtung im eigenen Interesse, vor allem in der Landwirtschaft, aus dem wesentlichen Kontinuitätsinteresse gerade bei deren Gütern. Hier kommen alle Vorteile privater Wirtschaftlichkeit zum Tragen, vor allem die der initiativen, erfinderischen Gestaltung im Einzelfall; der Bürger entwickelt im Zweifel mehr Vorsorgephantasie als die staatliche Bürokratie. *Staatliche Vorsorge sollte daher im Zweifel rahmenmäßig angelegt sein,* damit sie sich in Eigentümervorsorge fortsetzen kann.

Staatliche Umweltvorsorge ist also Gefahr, aber auch Bewährungschance für Eigentümerverantwortung.

Im Umweltschutz durch Eigentümer findet das Subsidiaritätsprinzip eine besonders überzeugende Bestätigung. Mag es kein allgemeines Verfassungsprinzip sein — im Umwelt-Eigentumsrecht verdichten sich die Interessenparallelen Bürger-Gemeinschaft in einer Weise, daß dem Eigentumsbürger wenn nicht Priorität, so doch eine weitgehende Autonomie umweltschützerischer Aktivität zugebilligt werden muß.

Eigentum verdient um so stärkeren Schutz, je mehr es Freiheit bedeutet. In der Eigentümerverantwortung steht dies im Vordergrund, *hier ist Eigentum Freiheit,* das Grundgesetz wünscht den aktiven Eigentümer, der seine und zugleich der Gemeinschaft Belange verfolgt. Zugleich wird dabei *„Freiheit auch als Eigentum erkannt"* und überzeugend faßbar, wenn dem Bürger eine besondere Verantwortung „dinglich zugeordnet" erscheint.

In diesem Sinne ist die Achtung der Eigentümerverantwortung im Umweltschutz demokratische Pflicht, weil damit die Freiheit im Eigentum erkannt, im Eigentum Freiheit vom Bürger ganz angeeignet wird.

Zusammenfassung der Ergebnisse

1. Im neueren Umweltrecht wird der *Gegensatz zwischen Eigentümer- und Gemeinschaftsinteressen stark betont*, bis hin zur Annahme grundsätzlicher, durchgehender Kollision. Dennoch werden hier, und sei es indirekt, auch Bereiche von Interessenparallelität anerkannt; die häufig eingesetzte Interessenabwägung schließt dies keineswegs aus.

Häufig werden *„Ökologie und Ökonomie" in scharfen Gegensatz gebracht*, erstere dem Staat, letztere dem profitstrebenden Privateigentum zugeordnet. Beides ist unzulässige Vereinfachung: Ökologie bedeutet oft nur langfristige Ökonomie, und der Staat hat zugleich ökonomische, der Eigentümer zugleich wert- und produktivitätssteigernde ökologische Interessen, deren Parallelität durch die überspitzte Gegensatzdiskussion verdeckt wird.

Die Landwirtschaftsklauseln bedeuten bei sachgerechter Auslegung nicht eine ungerechtfertigte Privilegierung der Agrarwirtschaft, sie bringen vielmehr das grundsätzliche gesetzgeberische Vertrauen in den Interessengleichklang von ordnungsmäßig betriebener Landwirtschaft und Umweltschutz zum Ausdruck; Kollisionen werden dadurch nicht ausgeschlossen, anerkannt bleibt jedoch eine Interessenparallelität von Eigentümern und staatlichem Umweltschutz als Regelfall.

2. *Ein Interessenparallelismus Eigentümer - Staat im Umweltschutz* zeigt sich heute in verschiedener Hinsicht deutlich. Zunächst errichtet die Privatrechtsordnung des Eigentums Schranken für Umweltbelastungen seitens Dritter; diese Grenzen schützen den privaten Eigentümer auch in seinen Umweltschutz-Aktivitäten, die zugleich im öffentlichen Interesse stehen, so etwa wenn er umweltbelastenden Erholungsverkehr verhindern darf, der keineswegs schrankenlos im öffentlichen Interesse liegt. Die vielkritisierten Ausschlußrechte des Grundeigentums sind heute ein wichtiger Faktor des Umweltschutzes. Ferner erweisen sich viele staatliche Umweltschutzmaßnahmen zugleich als Obhut gegenüber den Eigentümern, in deren Interesse sie (zugleich) wert- oder ertragssteigernd erfolgen. Deshalb aber sollten auch Eigentümerinteressen laufend in staatliche Umweltschutz-Überlegungen einbezogen werden. Die Sorge, daß es dann zu einer Vormundschaft des Staates über einen Bürger kommen könnte, der sich nicht mehr gegen Maßnahmen wenden kann, die (auch) seinem Schutz dienen, wird durch strenge gerichtliche Kontrolle zumindest gemildert.

Die Kategorie der *„Verpflichtungen gegen sich selbst"*, im Sinne der zivilrechtlichen Obliegenheit, kann auch im Umweltschutz fruchtbar werden: Wenn solche Obliegenheiten den Eigentümer treffen, bedeutet dies, daß er zwar ein Recht auf Umweltschutz hat, aber dafür auch seinerseits etwas (zur Schadensminimierung im weiteren Sinn) leisten, daß ihm dies auch vom Staat ermöglicht werden muß. Sinnt man sie dem Staat an, als dem „Umweltschutzberechtigten", so muß dieser doch Zurückhaltung gegenüber dem Eigentümer üben, ebenfalls wieder im Sinne einer „Umweltschadensminimierung" (im weiteren Sinne), in seinem eigenen Interesse. In beiden Richtungen spricht dies für eine gewisse Aktivitäts- und Entscheidungsfreiheit des Eigentümers im Umweltschutz.

Kooperation ist zwar ein begrifflich unscharfes Modewort, wird jedoch im Agrar-Umweltschutz nachdrücklich zwischen Staat und Eigentümern gefordert, technische Zwänge werden dies voraussichtlich noch verschärfen — die Grenzen zwischen Duldungs- und Kooperationspflichten des Bürgers verschwimmen, in Kategorien einer „Gemeinschaft zur gesamten Hand" muß verstärkt gedacht werden, in der dann beide Partner für Umweltschutz verantwortlich sind. Dies unterstreicht nur die Parallelität der Interessen, aus der heraus erst Kooperation wirksam begründet werden kann.

3. Die Interessenparallelität Eigentümer - Staat bewährt sich nicht nur darin, daß der Eigentümer selbst umweltschützerisch tätig wird, sondern auch darin, daß er den umweltschützenden Staat ruft — zum Schutz seiner Tätigkeit für die Umwelt, aber auch, damit der Staat sein Eigentum bewahre, auf solche Weise seine „parallelen Interessen an der Eigentumsordnung" auf Anruf des Eigentümers verfolge. Diese „Interessenparallelität aus gemeinsamen Interessen am Eigentum" kann auch für den Umweltschutz fruchtbar werden, denn zugleich schützt dann ja die Staatsgewalt Eigentum und Umwelt.

Die „Schubkraft des Eigentümerinteresses für den Umweltschutz" zeigt sich am Großphänomen des Waldsterbens. Mögen hier auch Ersatzklagen, vor allem wegen der ungeklärten Kausalitätsfragen, keinen Erfolg haben — unter ihrem Druck hat sich eine entscheidende Aktivierung des Umweltschutzes vollzogen, Interessenparallelität von Eigentum und Umweltschutz ist in größtem Umfang sichtbar geworden.

Ein Umweltgrundrecht wird heute abgelehnt — zu Recht. Solche Klagemöglichkeiten sollten nur zur Verfolgung spezieller Bürgerinteressen eingeräumt werden und nur primär zur Abwehr von Angriffen auf entsprechende Rechtspositionen, nicht auf als unklare „Rechte auf...", bei der Umwelt wäre dies so wenig realisierbar wie ein „Recht auf Arbeit". Die Demokratie wünscht Bürgeraktivität, die aus der Verfolgung spezifischer eigener Interessen motiviert ist, nicht den Bürger als reinen Sachwalter des Staates ohne Eigeninteresse, der bald zu dessen hoheitsverstärkendem Amtsträger werden müßte. Dennoch bestätigt die Diskussion um das Umweltgrundrecht und eine „Staatszielbestimmung Umweltschutz", die sich ja auch an den Eigentümer wendet, die große Interessenparallelität Eigentümer - Staat im Umweltbereich.

Das Eigentumsrecht muß zugleich als Grundrecht auf Umwelt verstanden werden. Beim Eigentümer sind jene spezifischen Interessen vorhanden, denen grundrechtlicher Schutz auch zur gleichzeitigen Sicherung der Umwelt zuteil werden kann, er ist der geborene Träger eines Umweltgrundrechts. Deshalb muß Tendenzen, nur Leben und Gesundheit als individuelle Schutzgüter des Umweltschutzes anzuerkennen, das Eigentum hier aber zurücktreten zu lassen, entgegengetreten werden. Auch gesetzgeberische Verpflichtungen zum Umweltschutz im Interesse des Eigentums, auf Beschwerde von Eigentümern, müssen anerkannt werden.

Eigentümer sind die geborenen Sachwalter für Umwelt, nicht Umweltverbände ohne spezifische eigene Interessen. *Verbandsklagen sind nicht nur bedenklich* wegen Überlastung von Verwaltungen und Gerichten, sondern auch als unzumutbare Belastungen für die Eigentümer: Hier mischen sich eigentumslose Bürger laufend als selbsternannte Staatsanwälte für Umweltschutz in Eigentumsgebrauch ein, sie behindern damit umweltschützende Eigentümeraktivitäten und begünstigen unzutreffende Vorstellungen von einer grundsätzlichen Frontstellung des Eigentums gegen den Umweltschutz, zwischen denen es Interessengemeinsamkeiten nicht gebe. Sachgerecht ist also nicht die Verbandsklage, welche immer etwas wie Träger eines „Rechts auf ..." anerkennen müßte, was aber der traditionellen Grundrechtsdogmatik nicht entspricht, sondern eher eine behutsame Ausweitung des Drittschutzes öffentlich-rechtlicher Umweltschutz-Normen zugunsten der Eigentümer, welche diese im eigenen Interesse zugleich zu Anwälten des Umweltschutzes macht.

Das *Verursacherprinzip* kann im Umweltschutz schon deshalb nicht absolut durchgesetzt werden, weil dies den vielfachen Interessenverflechtungen und -gemeinsamkeiten zwischen umweltbelastenden Bürgern und Gemeinschaft nicht gerecht würde. Auch die Gemeinschaft hat vielfache Interessen an umweltbelastenden Aktivitäten, andererseits kann dem Eigentümer nicht unterstellt werden, er greife ohne jede sachgerechte Abwägung in die Umwelt ein. Dort, wo Parallelinteressen Staat - Eigentümer sichtbar werden, muß wenigstens teilweise nach dem *Gemeinlastprinzip* verfahren werden. Staatsbeteiligung an der Folgentragung ist auch insoweit berechtigt, als der Staat seiner eigenen Verantwortung nicht nachgekommen ist — das Verursacherprinzip ist kein Instrument der Haftungsüberwälzung vom Staat auf den Bürger. Andererseits ist das Verursacherprinzip zu begrüßen als Motor von Eigentümerverantwortung und als deren Sanktion. Unter Berücksichtigung der jeweiligen Interessenlage muß es daher behutsam mit dem Gemeinlastprinzip koordiniert werden.

Die Demokratie ist die typische Staatsform der Interessenparallelität im Verhältnis Staat - Bürger und der staatsparallelen Bürgerverantwortung, welche daher in ihr staatsgrundsätzlich verankert sind. Diese Staatsform lebt aus der Grundüberzeugung, daß der grundrechtlich geschützte Bürger eben aus diesem gesicherten Freiheitsraum heraus aktiv staatsparallel handeln werde. Der durch ein besonderes Grundrecht gesicherte Eigentümer hat daher in ihr eine besondere, auf Interessenparallelität gegründete Verantwortung im Umweltrecht. So wie die Demokratie sich in der Anerkennung der Bürgeraktivität in der Marktwirtschaft bewährt hat, kann ihr dies im Umweltschutz gelingen, dessen schwer übersehbare Problemlagen nur mit Hilfe des besten Kenners der Güter zu lösen sind — des Eigentümers.

4. *„Sozialbindung" wird heute in erster Linie als Richtlinie für die sozialbindende Gesetzgebung verstanden.* Aus der „Sozialpflichtigkeit" des Eigentums ist, entgegen ursprünglichen Weimarer Absichten, die Sozialbindung geworden. Die Sozialbindung wird als ein sehr weiter Eingriffsvorbehalt angewendet. Eine dogmatisch klare Abgrenzung zwischen diesem Begriff und dem einer „Inhaltsbestimmung des Eigentums" (Art. 14 Abs. 1 S. 2 GG) im Sinne der „Gestaltung der Eigentumsordnung", ist bisher nicht gelungen.

Es gilt, *Tendenzen zu immer weiterer Ausdehnung der Sozialbindung als Eingriffsvorbehalt entgegenzutreten,* welche auch den Bürger aus seiner Eigentümer-Verantwortung drängen, um den Besitz im Umweltschutz allein zum staatlichen Eingriffsobjekt werden zu lassen.

Der *Zeitfaktor* spielt zur Bestimmung der Sozialbindung eine Rolle, eine Sozialbindung „aus Zeitumständen" kann es jedoch nicht geben. Primär kommt es dann auf Wandlungen des Sozialbindungsbewußtseins in der Gesellschaft an, nicht auf die staatliche Bindungpraxis; zu „mehr Sozialbindung" darf sich der Staat nicht auf eigenes Unrecht berufen. Das gewandelte Umweltbewußtsein ist von Gewicht, doch unter Umständen auch im Sinne stärkerer Betonung der Eigentümerverantwortung.

Im Anschluß an die verfehlte Begründung einer Entscheidung des BVerfG wird häufig *allgemein von einer verschärften Sozialpflichtigkeit des Grundeigentums ausgegangen.* Eine solche läßt sich insbesondere nicht aus einer „Unvermehrbarkeit" dieses Gutes ableiten. Diese Auffassung widerspricht überdies der neueren Lehre des BVerfG von der „Sozialbindung nach den jeweiligen sozialen Bezügen", in denen ein Eigentumsgegenstand steht. Soweit dies aus der „Angewiesenheit Dritter auf fremdes Eigentum" abgeleitet wird, ist dies bedenklich, als pauschale Umverteilungsermächtigung. Keinesfalls können aber diese sozialen Bezüge global für Grund und Boden, sie müssen vielmehr stets im einzelnen, allenfalls können sie noch für eng abgegrenzte Kategorien ermittelt werden. Unzulässig ist dagegen eine Bestimmung der Enteignungsschwelle nach dem öffentlichen, etwa dem Umweltschutz-Interesse. Eine weiträumige Verdrängung der Eigentümerverantwortung durch generell verschärfte Sozialbindung seitens des Staates ist rechtswidrig.

Maßnahmen des Naturschutzes und der Landschaftspflege liegen nach der Rechtsprechung in der Regel im Rahmen zulässiger Sozialbindungen des Eigentums und sind daher grundsätzlich entschädigunglos zu dulden. Diese *Vermutung in dubio pro natura* ist in der Judikatur immer mehr verallgemeinert und auch vom Vorbehalt der (konkreten) Situationsgebundenheit gelöst worden. Eine solche Vermutung ist jedoch unzulässig. Die Abgrenzung Sozialbindung-Enteignung ist nicht mit Blick auf die Natur des Eingriffs oder die Interessen der eingreifenden Staatsgewalt, sondern auf die dem Eigentümer auferlegten Belastungen zu gewinnen; in dubio pro natura widerspricht eindeutig sämtlichen Theorien, die bisher zur Bestimmung der Enteignungsschwelle entwickelt wurden.

Für die Eigentümerverantwortung ist dieses Ergebnis wichtig, weil es dem Bürger größeren Aktionsraum im Umweltschutz eröffnet und ihm nicht mit dem Recht auf Entschädigung die Möglichkeit eigener Initiative und die Anreize dazu entzieht.

Das Grundgesetz geht in Art. 14 Abs. 2 nicht vom Primat der Duldungspflicht entschädigungsloser Sozialbindung des Eigentums aus, sondern es verankert dort die *primäre Eigentümerverantwortung als Verfassungsgebot*. Staatliche Eigentumsgestaltung hat den Bürger in erster Linie darin zu schützen und zu fördern, sie trägt hier Verantwortung im Sinne der Autonomie- und einer Motivationsgarantie.

Wenn das Eigentum sozialpflichtig ist je nach den sozialen Bezügen, in denen es steht, so ist hier in erster Linie das Bürger-Bürger-Verhältnis angesprochen, in dem *der Eigentümer privatautonom handelt* und Verantwortung trägt. Diese zivilrechtliche Privatautonomie ist, nach wie vor, Wesenskern des Eigentums. Greift der Staat hier gestaltend, mit öffentlichem Recht, ein, so muß auch er diese Autonomie achten. Denn am besten vermag der Eigentümer, als Teil von Wirtschaft und Gesellschaft, auch die notwendige Anpassung der Sozialbindung bei wirtschaftlich-gesellschaftlichem Wandel zu vollziehen.

Das den Umweltschutz beherrschende *Abwägungsgebot* verlangt auch die Berücksichtigung der Eigentümerverantwortung, Abwägung ist ein Instrument zu ihrem Schutz, das muß noch deutlicher erkannt werden. Dasselbe gilt für die damit eng verbundene *Verhältnismäßigkeit*, welche den Umweltschutz des Staates in grundsätzlicher Subsidiarität hinter verantwortliches Eigentümerhandeln zurücktreten läßt.

Die Eigentumsdogmatik bietet also, trotz mancher Mißverständnisse, doch auch zahlreiche Ansatzpunkte für die Aktivierung der von der Verfassung geforderten Eigentümerverantwortung.

5. *„Situationsgebundenheit"* ist der wichtigste Grundsatz des Bodeneigentumsrechts. Damit wird nicht etwa ein Sozialbereich aus dem Eigentumsinhalt herausgenommen. Situationsgebundenheit konkretisiert vielmehr den Beschränkungsvorbehalt der Sozialbindung, Belastungen sind hier ohne Entschädigung zulässig. Situationsgebundenheit ist zu verstehen als ein dienstbarkeitsähnlicher Raum möglicher Sozialbindung durch den Staat. Nur wenn der situationsgebundene Bereich grundsätzlich zum Eigentum gehört, kann der Eigentümer dafür Verantwortung tragen.

Die „Situation" eines Grundstücks wird zunächst rechtlich wesentlich durch die *Zeitdauer* bestimmt, während deren sie (bereits) besteht. Der Eigentümer, welcher ein Grundstück in einer bestimmten Lage bereits übernommen oder lange schon besessen hat, hat sich auf diese einzustellen und muß sie sich vom umweltschützenden Staat entgegenhalten lassen.

Die Situation wird zunächst vom „natürlichen" Zustand des Grundstücks und seiner Umgebung bestimmt, sie wird jedoch auch maßgeblich durch *längerfristige gesellschaftliche Entwicklungen geprägt* (Stadtentwicklung in der Nähe); sie kann aber nicht allein durch kontingente politisch-administrative oder gesetzgeberische Entscheidungen der Staatsgewalt verändert werden. Diese mag sich hier als „Begleiterin von Entwicklungen eines allgemeinen Bewußtseins" legitimieren (allgemeine Einstellung zur Umwelt, zum Denkmalschutzcharakter), sie kann nicht die „Situation" dezisionistisch durch Rechtsentscheidung festlegen, sonst würde die (weitergehende) Sozialbindungsmöglichkeit der Situationsgebundenheit allein aus vorangegangenen Konkretisierungen der Sozialbindung bestimmt. Nur auf eine so verstandene Situationsgebundenheit kann sich der Eigentümer einstellen, nachdem er selbst Glied dieser „Gesellschaft" ist, und er wird sie deshalb leichter akzeptieren. Seiner Eigentümerverantwortung wird hier ein insgesamt längerfristig-konstanter Rahmen geboten, innerhalb dessen Bürger und Staat gerade im Umweltschutz kooperieren, mit Blick auf etwas ihnen gemeinsam Vorgegebenes: die Lage des Grundstücks.

Aus der Situationsgebundenheit leitet die Rechtsprechung den Grundsatz ab, die *Beschränkung von bisher legal möglichen, aber noch nicht verwirklichten Nutzungsmöglichkeiten* eines Grundstücks durch den Staat sei entschädigungslos hinzunehmende Sozialbindung, wenn sich nach der Lage des Gutes nicht *gerade diese Nutzung „anbiete" oder gar „aufdränge". Dem stehen entscheidende Bedenken entgegen*: Ein „vernünftiger Eigentümer" zieht nicht nur eine Nutzung in Betracht, die sich „aufdrängt"; der Eigentumsbürger, wie ihn das Grundgesetz will, ist nicht der passive Besitzende, der von „seinem Gut zur Aktivität angestoßen werden muß", er geht in der Wahl der Nutzungsformen initiativ voran und blickt dabei nicht ständig auf eine allgemeine Verkehrsauffassung; die Formulierungen vom BGH und BVerwG divergieren — was sich „anbietet", „drängt sich noch nicht auf";

diese Begriffe sind überdies unklar und damit rechtsstaatlich anfechtbar, praktisch führen sie zu einer Vermutung gegen den vollen Schutz eines Nutzungsrechts, zumindest zu einer Beweislastverlagerung auf den Eigentümer; aus der Bestandsschutzlehre läßt sich dies nicht rechtfertigen, Rücknahme realisierter Nutzungsmöglichkeiten und Verbot der Ausnutzung noch nicht verwirklichter Nutzungen stehen nicht in einem „erst-recht-Verhältnis"; Investitionsschutz ist nicht auf solche Weise, sondern über die Höhe der Entschädigung zu gewähren; künftige Verdienstchancen genießen zwar keinen Eigentumsschutz, von ihnen unterscheiden sich aber noch nicht realisierte Nutzungsmöglichkeiten: Sie sind meist bereits zu festen Rechtspositionen geworden und werden — das ist entscheidend — vom Verkehr auch so bewertet. Im Entschädigungsfall mag dann ein „Risikoabschlag" angenommen werden, ignoriert werden dürfen diese eigentumswerten Möglichkeiten nicht. Der Richter würde sonst der Entscheidung des Gesetzgebers vorgreifen, dieser allein darf die Entschädigung abweichend vom Verkehrswert festsetzen. Die Judikatur bedarf also hier dringend der Korrektur.

Die Behandlung nicht realisierter Nutzungsmöglichkeiten im Eigentumsrecht ist von besonderer Bedeutung für die Eigentümerverantwortung. Das Wahlrecht zwischen verschiedenen Nutzungsmöglichkeiten ist deren praktisch wichtigstes Betätigungsfeld; es darf nicht durch einen „Aktivitätszwang" eingeengt werden, den die gegenwärtige Rechtsprechung durch Prämierung der ausgeschöpften Nutzungsmöglichkeit auf den Eigentümer ausübt. Zur Eigentumsfreiheit gehören gleichermaßen Ausschöpfung und Nichtrealisierung von Nutzungsmöglichkeiten eines Gutes; letztere belastet sogar in der Regel die Umwelt weniger, die Rechtsprechung drängt also im Ergebnis die Eigentümer eher in Umweltbelastungen und privilegiert diese durch Entschädigung bei verwirklichter Nutzung.

Der „vernünftige Eigentümer" ist das Leitbild der Rechtsprechung bei der Bestimmung des Umfanges der Sozialbindung: Was er selbst täte oder hinnähme, dafür kann er sich nicht bei Eingriff in sein Eigentum vom Staat entschädigen lassen. Ein Eigentumsgebrauch, der solcher „Vernünftigkeit" nicht entspricht, gehört jedoch noch immer zum Inhalt des verfassungsgeschützten Eigentumsrechts, dieses ist nicht begrifflich nur in den Grenzen „vernünftigen Gebrauches" vorstellbar, wie schon ein Blick auf das allgemeine Eigentumsrecht zeigt: Soweit nicht spezielle gesetzliche Verbote entgegenstehen, kann der Eigentümer sein Gut auch völlig sinnlos nutzen, ja zerstören. Der „vernünftige Eigentümer" kann also nur als Ausdruck einer speziell bodenrechtlichen Sozialbindung verstanden werden, welche sich aus den besonderen sozialen Bezügen legitimiert, in denen gerade diese Güter stehen. Einer „begrifflichen Vernünftigkeitsschranke" unterliegen das Eigentum und sein Gebrauch nicht.

Vernünftige Eigentümer handeln nach entsprechenden ökonomisch/ökologischen Kriterien zur Verfolgung von Interessen, welche (zumindet zugleich) auch ihre eigenen sind. Ihre „Vernünftigkeit" bedeutet aber nicht, daß sie primär im Allgemeininteresse tätig sind, sich deshalb unausweichlich erscheinenden Zwängen der Hoheitsgewalt entschädigungslos beugen. Eine in der Rechtsprechung festzustellende Akzentverschiebung auf solche Einsicht hin entwertet das Kriterium der „Vernünftigkeit". Weder ist vom Staat betriebene Ökologie Ausdruck einer „Vernunft" schlechthin, noch ist dagegen gerichtete Kritik „unvernünftig". „Vernünftiges Verhalten" bedeutet vielmehr Einsichtsfähigkeit in die Interessenparallelität von Staat und Eigentümer. In diesem Sinn ist ein Vernünftigkeitsstandard, als rule of reason, unverzichtbar; er eröffnet den Entfaltungsraum für Eigentümerverantwortung. Dieser muß allerdings im Umweltschutz behutsam entfaltet werden, denn „Vernunft" als „gerichtlicher Standard", wie er etwa im Zivilrecht gilt, ist leichter hinzunehmen, als der „vernünftige Eigentümer" im Sinne eines von der Verwaltung gesetzten Standards im Umweltschutz, der dann allzu leicht von den Gerichten nur ratifiziert würde.

Die Lehre von der *Vorteilsausgleichung* ist bei der Beurteilung der Eigentümerverantwortung wichtig, weil sich auch hier der Bürger sozusagen „an Entschädigung abziehen lassen muß", was zugleich der Verfolgung seiner Eigeninteressen im Umweltschutz dient. Nach der allgemeinen Eigentumsdogmatik sind nur „spezielle" Vorteile für ein Grundstück bei der Bestimmung der Schwere des Eingriffs im Enteignungsfall, und damit der Entschädigung, anzurechnen, nicht aber „allgemeine", welche auch anderen Eigentümern in gleicher Lage zugute kommen; dies folgt aus dem Gleichheitssatz. Hinsichtlich solcher spezieller Eigenvorteile für ein Grundstück ist also jedenfalls Eigentümerverantwortung gefordert. Dies schließt aber nicht aus, daß der Eigentümer auch allgemeine Interessen parallel zu seinen eigenen und gleichzeitig mit ihnen verfolgt, was im Umweltschutz sogar die Regel sein wird; auch daraus sich ergebende allgemeine Vorteile für das Grundstück darf der Staat dem Eigentümer gegenüber bei der Bestimmung der Enteignungsschwelle in Rechnung stellen, solange er in voller Gleichheit allen Eigentümern in vergleichbarer Lage gegenüber ebenso handelt. Dann wird, anders als bei der Vorteilsausgleichung in einem einzelnen Enteignungsfall, die Egalität nicht verletzt.

6. Kooperation zwischen Eigentümer und Staat ist ein zentraler Entfaltungsraum der Eigentümerverantwortung im Umweltschutz. Sie bleibt zwar Aktivität in einem Autonomiebereich, der Staat hat jedoch, auch entsprechend den Ergebnissen neuerer Grundrechtsdogmatik, die Voraussetzungen für solche Freiheitsentfaltung in Kooperation zu schaffen. Daraus ergeben sich gewisse Ansprüche auf „kooperative Förderung der Eigentümerverantwortung durch den Staat", andererseits eine Legitimation für deren subventionierende Auswirkungen.

„Marktwirtschaft" bietet als solche kaum ein volles umweltrechtliches Ordnungssystem. Gerade im Agrarbereich würde etwa ein „Börsenhandel mit Umweltberechtigungen" dem Eigentümer sein Gut entziehen, das er sodann zurückkaufen müßte. In marktwirtschaftlichem Denken lassen sich aber doch wichtige Ansätze für eine Stärkung der Eigentümerverantwortung im Umweltschutz gewinnen: Auch hier kann der regulierende Staat nicht alles beherrschen, muß also auf die Eigeninititive des Bürgers setzen, diese zu stärken suchen. Allgemein-ökonomische Marktmechanismen aus der Eigentumsordnung heraus können daher für die Lösung ökologischer Zurechnungs- und Verteilungsprobleme eingesetzt werden.

Information ist für die Umweltkooperation Staat - Eigentümer entscheidend: Der Staat bedarf der Unterrichtung durch den Eigentümer, den „besten Kenner seines Gutes", vor allem ist dieser aber zunehmend auf laufende Information seitens des die gesamte Umwelt überwachenden und erforschenden Staates angewiesen. Mit Blick auf die Eigentümerverantwortung sollte daher ein *Umwelt-Informationsanspruch des Eigentümers* grundsätzlich anerkannt und im einzelnen entwickelt werden, unabhängig von etwaigen geplanten Umwelt-Verwaltungsverfahren, nicht nur zu deren Vermeidung. Mit ihm gerade macht der Eigentümer zugleich private und öffentliche Belange geltend, weil nur dann der Staat im Bürger einen informierten Helfer finden kann; und der Gemeinschaft kommt diese Information immer noch billiger als der — notwendig punktuelle — Eingriff und seine Durchsetzung.

Eigentum war früher Zwangskauf, etwas davon ist in der grundsätzlichen Verpflichtung erhalten, zunächst eine Vereinbarung anzustreben. Diese „*Eigentumsvereinbarung*" ist praktisch der beste Weg, die Eigentümerverantwortung kooperativ zum Tragen zu bringen. Vor allem sollten die Gerichte hier dem Staat zwar die letztliche Durchsetzung der Gemeinschaftsbelange nicht unmöglich machen, den Preis aber weitgehend dem vertraglichen Interessenausgleich überlassen. Solche Eigentumsvereinbarungen sollten im gesamten Umweltschutz die Regel werden. Dies setzt jedoch voraus, daß dahinter nicht immer die Drohung mit der überzogenen entschädigungslosen Sozialbindung bei grundsätzlich jedem umweltschützenden Eingriff steht. Der Ankauf von agrarischem Grund und Boden für Zwecke des Umweltschutzes ist (noch weiter) zu begünstigen und, noch umweltgünstiger, weil flexibler, können hier *Pachtverträge* ausgestaltet werden. Am Entwicklungszustand einer möglichst freien Umweltverträglichkeit wird stets der Stand der Eigentümerverantwortung abzulesen sein.

7. Eigentumsförderung wird im Umweltschutz seit langem betrieben, mit Akzent auf gezielten Anreizerleichterungen oder -verschonungen, welche der Kritik entgehen sollen, die die Agrarsubventionen zunehmend auf sich ziehen. Damit wird aber häufig ein Subventionsdruck ausgeübt, der die

Intensität von Eingriffen erreicht, Eigentümerverantwortung nicht primär als Freiheit ermöglicht, sondern im staatlichen Interesse orientiert, ja biegt. Weil aber verantwortungsgünstigere allgemeine Subventionen politisch kaum durchgesetzt werden können, liegt der Ausweg in generelle Staatsleistungen als *„Ausgleich für Umweltbelastungen des landwirtschaftlichen Eigentums"* nahe.

Damit können aber nicht *allgemeine umweltgünstige Effekte* agrarischen Wirtschaftens abgegolten werden, sondern immer nur speziellere Belastungen gerade für das landwirtschaftliche Grundeigentum; denn Ansprüche für (zugleich) gemeinschaftsgünstige Leistungen könnten auch andere Bürger, insbesondere die gewerbliche Wirtschaft, erheben. Es kann daher immer nur *speziellerer Belastungsausgleich zugunsten landwirtschaftlicher Eigentümer* in Betracht kommen.

„Ausgleichsleistungen" sind heute in nicht wenigen *Landes- und Bundesgesetzen des Umweltrechts vorgesehen,* die Tendenz ist steigend. Gemeinsam ist diesen Regelungen, daß den im Dienst an der Umwelt besonders belasteten Eigentümern Ersatzleistungen geboten werden, gerade für Belastungen, welche „unterhalb der Enteignungsschwelle" liegen. Ohne Belang ist dabei, ob dafür (unmittelbar) besonders begünstigte Glieder der Allgemeinheit herangezogen werden (Wasserpfennig).

Diese Ausgleichsfälle werden dogmatisch als „dritter Weg", neben Sozialbindung und Enteignungstatbeständen, verstanden. Verständlicherweise sollen hier die Fehlentwicklungen einer überzogenen Sozialbindung im Umweltrecht korrigiert, es sollen die Ersatzleistungen ausgeweitet werden. Bisher ist jedoch, soweit ersichtlich, eine überzeugende dogmatische Begründung für solche verfassungskräftigen Ansprüche noch nicht gelungen, sie ist auch schwierig: Was als Sozialbindung hinzunehmen ist — dafür kann doch kaum Ausgleich verlangt werden.

Aus einem vom Eigentum zu trennenden *„Persönlichkeitsrecht"* kann hier wohl kaum argumentiert werden. Aus der *Rechtsprechung des BVerfG* läßt sich die Zulässigkeit von Ersatzansprüchen bei Überschreitung der Grenzen ableiten, welche der Gesetzgeber bei einer Inhaltsbeschränkung des Eigentums von Verfassungs wegen beachten muß. Daraus läßt sich aber noch nicht begründen, daß hier Ersatzleistungen früher einsetzen sollten als bei enteignend wirkenden Eingriffen; eher wäre die Ausgleichsschwelle noch höher anzusetzen als die Enteignungsschwelle.

Ein möglicher dogmatischer Ansatz liegt, im Anschluß an Untersuchungen zur Krankenhausfinanzierung, in folgendem: Wenn der Staat eine Eigentümerstellung tiefgreifend im Sinne eines neuen Rechte-Pfichten-Spannungsverhältnisses umgestaltet, so sollte nicht von Enteignung und Entschädigung gesprochen werden, sondern von einer verfassungskräftigen

Verpflichtung zu einer Kompensation der Pflichtbelastung durch staatliche Ausgleichsleistungen, dafür, daß der Eigentümer zugleich in unausscheidbarem Gemenge privater und öffentlicher Interessenverfolgung tätig wird. So ist die Lage im agrarischen Umweltrecht. Damit könnte sich in derart legitimierten Ausgleichsverpflichtungen die Eigentümerverantwortung im Umweltschutz überzeugend bewähren.

8. *Das Vorsorgeprinzip entwickelt sich zu einem beherrschenden Grundsatz des Umweltrechts.* Durch übersteigerte Staatsvorsorge könnte die Eigentümerverantwortung ausgehöhlt werden.

„Vorsorge" will Gefahren entgegenwirken. Auszugehen ist hier vom *allgemeinen Gefahrenbegriff des Polizeirechts,* der auf die zu erwartenden Schäden und die Wahrscheinlichkeit ihres Eintritts abhebt. Die Unterscheidung von *„konkreter" und „abstrakter" Gefahr* betrifft nur die Art der Wahrscheinlichkeitsfeststellung — Blick auf den Einzelfall, oder analog typisierende Betrachtung, „von Anlaßfällen auf andere" schließend. Im Umweltrecht treten häufig abstrakte Gefahren auf, Eigentümerverantwortung ist oft an der konkreten Gefahr orientiert; dieser Begriff darf aber nicht, zugunsten genereller Annahme einer Gefahrenlage, allzuweit zurückgedrängt werden.

Durch den Begriff des *„Gefahrenverdachts"* wird der Gefahrenbegriff erweitert, die Wahrscheinlichkeit des Schadenseintritts soll erst durch „Gefahrenerforschung" näher geklärt werden. Dies ist nur insoweit zulässig, als bereits bei Aufnahme der (weiteren) Gefahrenermittlung eine, wenn auch entfernte, Gefahr vorliegt. Anderenfalls würde vor allem das Vorsorgeprinzip überdehnt werden: Verhindert dürfte bereits werden, was als Gefahr noch gar nicht feststeht; was aber vorsorglich verhindert worden ist, dessen Eintrittswahrscheinlichkeit braucht dann gar nicht mehr untersucht zu werden ... Gefahrenerforschung wird überdies von Amts wegen betrieben, hier wird, mehr als bei der Abwehr voll erkannter Gefahren, der Eigentümer ausgeschaltet, seine Verantwortung jedenfalls zurückgedrängt.

Die „große Gefahr" wird heute zur Kompensation fehlenden Wahrscheinlichkeitsnachweises eingesetzt; je größer der mögliche Schaden, desto ferner mag er liegen. Bei „Großrisiken" wird dann allein aus der möglichen Schadenshöhe auf Vorsorgenotwendigkeit geschlossen, das *Wahrscheinlichkeitskriterium wird durch das der Möglichkeit des Schadenseintritts ersetzt.* Dies trägt dann die Forderung „absolute Vorsorge zum Schutz absoluter Werte" — es könnte zu unabsehbaren Belastungen gerade für jene Landwirtschaft führen, die ständig und weitgehend Leben und Gesundheit der Bürger bedingt.

Im *Immissionsschutzrecht* vor allem haben sich die Vorsorgebemühungen intensiviert: Nun soll sichergestellt werden, daß auch erhebliche Nachteile und Belästigungen ausgeschlossen sind, nicht nur Gefahren. Darin liegt eine bedenkliche Personalisierung des bisherigen Gefahrenbegriffs; in Abkehr von vermögensrechtlicher Schadensbestimmung wird teilweise von aus der Persönlichkeitssphäre akzentuierten Begriffen ausgegangen, bei denen Beeinträchtigungen an sich schon schwerer faßbar sind und überdies (durch „Belästigungen") in schwer absehbarer Weise noch zusätzlich ausgeweitet werden können. Mit der Wendung, es müsse „sichergestellt werden", daß nichts geschehe, was „geeignet sei", solche Beeinträchtigungen hervorzurufen, wird der Wahrscheinlichkeitsmaßstab überhaupt aufgegeben. Der *Vorsorgebegriff* ist dann entscheidend erweitert — es ist zulässig, „Belästigungsgeneigtes" sogleich abzustellen, ohne einen Blick auf den „Tag X" des Eintritts von Nachteilen. Damit wird die wesentliche begriffliche Schranke der Vorsorge aufgegeben, die sich stets aus der Wahrscheinlichkeit legitimieren mußte — Vorsorge wird zur allgemeinen präventiven Überwachung.

Im Begriff eines jedenfalls in Kauf zu nehmenden *„Restrisikos"* versuchen Rechtsprechung und Lehre diese Übersteigerungen staatlicher Umweltüberwachung zu korrigieren, zu denen es vor allem durch eine Betrachtung mit Blick auf die Extremfälle der Atomrisiken gekommen ist. Auch hier zeigt sich aber, daß auf einen Wahrscheinlichkeitsmaßstab nicht verzichtet werden darf, einen speziellen Begriff des „Umweltrisikos" kann es nicht geben, Risiko bleibt Gefahr, Restrisiko bedeutet die (besonders) entfernte Möglichkeit des Schadenseintrittes. Restrisiko kann nicht in Gegenüberstellung von „theoretischer Denkbarkeit" und „praktischer Vernunft" beim Schadenseintritt bestimmt werden. „Rein Denkbares" gibt es in Naturwissenschaft und Technik nicht, es ist auch keine Katgorie rechtlicher Betrachtung.

Hier hat sich eine atomrechtlich orientierte Verfassungsrechtsprechung in schwer überwindliche Schwierigkeiten verstrickt: Sie will verfassungsrechtliche „Höchstwerte" sichern (Leben und Gesundheit), nimmt jedoch eine Addition solcher Werte als Schutzgut etwa gegenüber atomaren Katastrophen vor. Dies ist grundsätzlich unzulässig. Verdient aber jedes einzelne Leben solchen Schutz, so müßten am Ende etwa alle Kraftfahrzeuge verboten werden. Nicht die Verfassung setzt hier Maßstäbe, der Gesetzgeber hat zu entscheiden, was er im Gemeinschaftsinteresse an Risiken (noch) in Kauf nehmen will.

Restrisiken sind also — jedenfalls grundsätzlich — in Kauf zu nehmen, das Recht kann hier nur Worte zur Verfügung stellen ((besonders) weit entfernte Wahrscheinlichkeit). Die *Agrarwirtschaft* sieht sich dann weitgehend von staatlicher Überwachung befreit, von einzelnen Bereichen (Grundwasserschutz) abgesehen. Auch die „Vorsorge" des Staates ist entsprechend zurückzunehmen; sie kann nicht darauf gerichtet sein, „Umweltschädigungen von vornherein zu vermeiden".

9. *Die Dogmatik des Vorsorgebegriffs ist noch weitgehend ungeklärt* — obwohl Vorsorge ein Zentralprinzip des Umweltschutzrechts darstellt, und

aus übersteigerter Vorsorge schwere Gefahren für das Eigentum drohen, für die Freiheit überhaupt.

Vorsorge kann nicht Kenntnislücken über den Schaden, die Kausalität, die Wahrscheinlichkeit des Schadenseintritts schließen, sie darf nicht Rationalität schlechthin ersetzen. Dies folgt gerade aus der Verpflichtung, die technisch-naturwissenschaftlichen Standards zu beachten. Der *Gefahrenbezug der Vorsorge muß unbedingt erhalten bleiben*: Ein Schaden muß mit einer, wenn auch weit entfernten, Wahrscheinlichkeit zu erwarten sein. Das Recht der Vorsorge bezieht sich dann auf die zu ergreifenden Gegenmaßnahmen, auch sie müssen mit wenigstens weit entfernter Wahrscheinlichkeit geeignet sein, den Schadenseintritt zu verhindern.

Ein „Vorsorgestaat" könnte das Ende aller Freiheit bedeuten. Zur Verhinderung weit entfernter Gefahren kann alles verboten werden, von der politischen Opposition bis zu jeder beliebigen Veröffentlichung. *Der Verhältnismäßigkeit* kommt daher hier entscheidende Bedeutung zu; in ihre Abwägungen müssen auch die Eigentümerinteressen mehr als bisher einbezogen werden.

Vorsorge verlangt Bestimmtheit — vom Landwirt kann nicht nur verlangt werden, daß er gewisse Einwirkungen „möglichst minimiere". In der Regel sind klare technisch-naturwissenschaftliche Standards gefordert. Auch die Gefahrenlage, auf die sich die Vorsorge bezieht, darf nicht allzu unbestimmt sein, sonst wird die Anordnung ebenfalls unbestimmt, sie darf nicht dahin gehen, „alles zu unterlassen, was schädigen könnte". Zur Gewährleistung rechtsstaatlicher Bestimmtheit muß auf einen einheitlichen Vorsorgebegriff für alle Rechtsgebiete verzichtet, es muß ein solcher bereichsspezifisch entwickelt werden.

Die Eigentümerverantwortung ist Rahmen, Fortsetzung und Ersatz der Staatsvorsorge im Umweltschutz. Das Eigentum muß hier als Schranke stärker beachtet werden. Doch es kann staatliche Vorsorgemaßahmen auch orientieren in dem Sinne, daß dort mit Vorrang beachtet werde, was auch den betroffenen Eigentümern nützt. Schließlich kann *Eigentümervorsorge* in vielen Fällen staatliche Maßnahmen unnötig machen, sie ersetzen oder fortsetzen. Vorsorge ist für den Eigentümer eine vorrangige Verpflichtung im eigenen Interesse, vor allem in der Landwirtschaft, aus dem wesentlichen Kontinuitätsinteresse gerade bei deren Gütern. Hier kommen alle Vorteile privater Wirtschaftlichkeit zum Tragen, vor allem die der initiativen, erfinderischen Gestaltung im Einzelfall; der Bürger entwickelt im Zweifel mehr Vorsorgephantasie als die staatliche Bürokratie. *Staatliche Vorsorge sollte daher im Zweifel rahmenmäßig angelegt sein,* damit sie sich in Eigentümervorsorge fortsetzen kann.

Staatliche Umweltvorsorge ist also Gefahr, aber auch Bewährungschance, für Eigentümerverantwortung.

In Umweltschutz durch Eigentümer findet das Subsidiaritätsprinzip eine besonders überzeugende Bestätigung. Mag es kein allgemeines Verfassungsprinzip sein — im Umwelt-Eigentumsrecht verdichten sich die Interessenparallelen Bürger-Gemeinschaft in einer Weise, daß dem Eigentumsbürger wenn nicht Priorität, so doch eine weitgehende Autonomie umweltschützerischer Aktivität zugebilligt werden muß.

Eigentum verdient um so stärkeren Schutz, je mehr es Freiheit bedeutet. In der Eigentümerverantwortung steht dies im Vordergrund, *hier ist Eigentum Freiheit,* das Grundgesetz wünscht den aktiven Eigentümer, der seine und zugleich der Gemeinschaft Belange verfolgt. Zugleich wird dabei „*Freiheit auch als Eigentum erkannt*" und überzeugend faßbar, wenn dem Bürger eine besondere Verantwortung „dinglich zugeordnet" erscheint.

In diesem Sinne ist die Achtung der Eigentümerverantwortung im Umweltschutz demokratische Pflicht, weil damit die Freiheit im Eigentum erkannt, im Eigentum Freiheit vom Bürger ganz angeeignet wird.

FSC
www.fsc.org
MIX
Papier | Fördert
gute Waldnutzung
FSC® C083411

Kolibri 360 GmbH
Ferdinand-Jühlke-Straße 7
99095 Erfurt, Deutschland
produktsicherheit@kolibri360.de

Druck:
CPI Druckdienstleistungen GmbH
im Auftrag der
Kolibri 360 GmbH
Ferdinand-Jühlke-Str. 7
99095 Erfurt